U0798340

历史新阅读丛书

# 唐朝那些事儿 陆

【帝国落日卷】

冬雪心境 著

中国工人出版社

# 唐朝疆域图

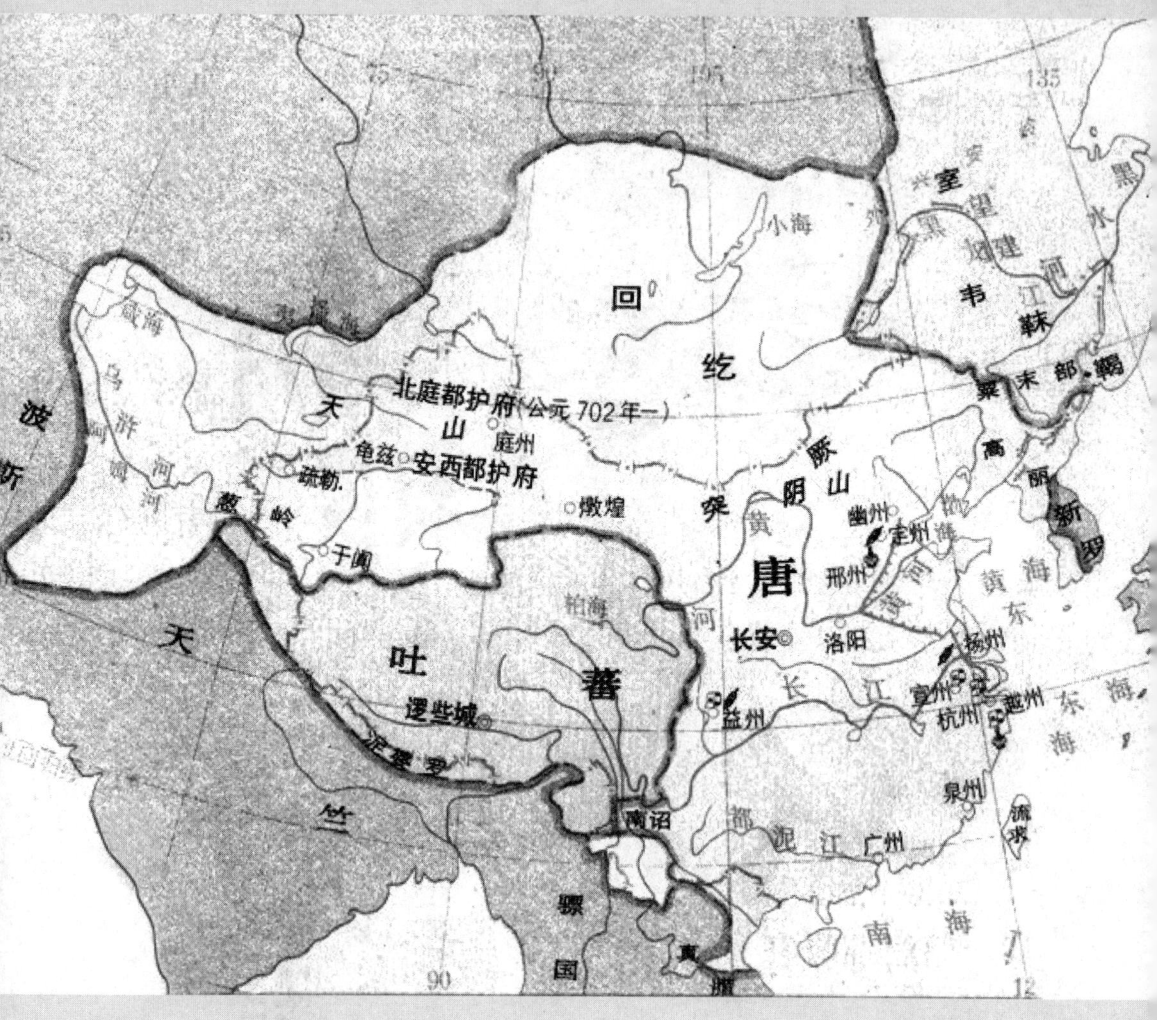
回
纥
小海
室
韦
靺
鞨
黑水
粟末部
北庭都护府(公元702年一)
天
山
庭州
龟兹
安西都护府
疏勒
葱
岭
于阗
敦煌
突
厥
阴
山
黄
河
高
丽
新
罗
幽州
定州
邢州
唐
长安
洛阳
黄海
扬州
宣州
杭州
越州
东海
益州
长
江
泉州
流
求
广州
南海
吐
蕃
逻些城
泥婆罗
天
竺
南诏
骠
国
波
斯
135
90

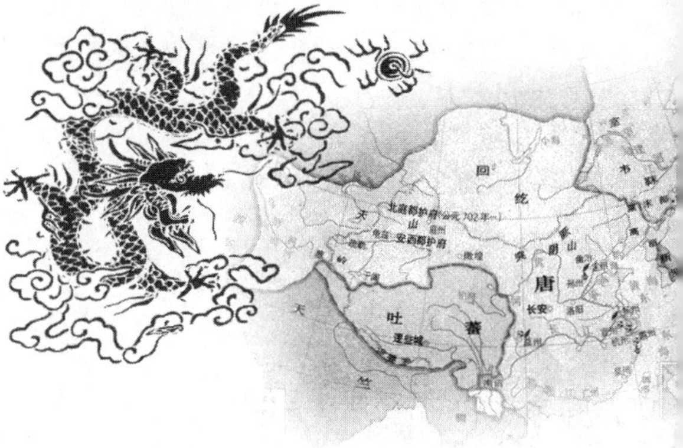


# 目录

引子 001
第一章 平定三镇 003
第二章 强征河朔 019
第三章 征讨淮西 035
第四章 藩镇平服 070
第五章 宪宗之死 084
第六章 昏庸二帝 098
第七章 时局考验 133
第八章 甘露之变 152
第九章 权臣固政 169
第十章 威制回鹘 187
第十一章 会昌废佛 205
第十二章 党争终结 226
第十三章 收复河湟 241
第十四章 遗憾结局 256

# 引 子



李纯的时代已然到来，虽然这位 28 岁的年轻帝王还没有完全在心理上做好准备，但谁也不会想到，他却开创了唐朝继贞观之治、开元盛世之后的又一个盛世局面。虽然他的时代已经无法达到先祖李世民、李隆基时代的辉煌，但经历了安史之乱后的大唐帝国，在李纯的手中算是实现了中兴之治。当李纯坐上皇帝宝座的时候，先前经历诸多变故的他，已经下定决心要重振大唐帝国的雄风。

公元 806 年正月，李纯改元元和，后世将他的时代称为“元和中兴”。

李纯早已认识到要想实现中兴之治，首先必须解决藩镇问题。于是，在即位之初，经过短暂的修整朝纲之后，他将自己的利剑对准了藩镇。

第一个目标：西川刘辟。

# 第一章
# 平定三镇



## 西川的重要性

李纯即位伊始，百事待理，亟待解决的政事有很多，如贬黜二王集团后的人事调整、解决沅水灾患问题、先皇李适的安葬事宜等。可是正当李纯被头绪繁多的政事缠身之际，有使者从西川带来消息，西川节度使、南康忠武王韦皋去世了。

韦皋作为李纯的坚决拥护者，在李纯即位的过程中出力不少。韦皋之所以会支持李纯，是因为王叔文当政时，曾经拒绝了韦皋所提出的担任剑南西川、剑南东川和山南西道三川节度使的要求，所以韦皋转而支持李纯。如果当初王叔文答应了韦皋的请求，那么李纯后来在即位的过程中，韦皋会采取什么态度也很难说，对于这一点，李纯心知肚明。

李纯同时也明白，韦皋具有拥立之功，如果他再提出担任三川节度使的要求，那么李纯自己会陷入一个尴尬的境地。如果同意韦皋的请求，不符合李纯决心削藩、强化皇权的愿望，但拒绝韦皋必然会刺痛具有拥立之功的功臣之心。现在随着韦皋的去世，李纯终于可以长舒一口气了。

目前对于西川节度使的继任人选，李纯因为政务繁忙还没有来得及认真考虑。可是此时西川节度副使刘辟却鼓动部下将领上书，请求以刘辟继任为西川节度使。

对于刘辟，李纯是十分了解的。这个贞元年间进士及第，曾经登上宏辞科的人，因为颇有才干，被韦皋任命为从事，一路升迁为御史中丞、节度副使，经常往来于京师与西川之间。当初韦皋担任三川节度使的请求，也是刘辟转达给王叔文的，当时如果不是韦执谊相救，刘辟或许早被王叔文斩首了。

对于刘辟的请求，李纯丝毫没有犹豫便给予了回绝，他有心从自己即位后第一个节度使的任命开始，改变数十年来由藩镇自己决定节度使人选的弊端。所以李纯拒绝刘辟后，立即任命御史中丞袁滋为剑南东道、西川、山南道安抚大使，前往三川宣慰。随后李纯又决定以袁滋为同平章事，充西川节度使，同时征刘辟入朝担任给事中。

李纯的意图很明显，那就是从刘辟开始，以强硬的姿态对待藩镇，将藩镇节度使的任免权牢牢地控制在自己手中。

而刘辟早有在韦皋之后割据西川的野心，所以对李纯征其入朝的诏令拒绝执行，并开始修缮甲兵，准备以武力抗拒诏命。袁滋走到半路听到刘辟即将反叛的消息，担心自己前往西川会凶多吉少，因此一直逗留不进。李纯知道消息后十分生气，下令将袁滋贬为吉州（今江西吉安）刺史。

李纯虽然急于解决藩镇的问题，但他不是莽撞之人，在自己初登大位，很多政务需要处理的情况下，对刘辟暂时选择了妥协，决定暂时批准刘辟为剑南西川副大使、知节度使事。

对于李纯而言，这已经是莫大的让步。但刘辟显然并不满足，而且在元和元年（806 年）正月，太上皇李诵病逝的时候，上疏李纯请求批准自己兼任三川节度使。

这么不合时宜的上疏，让李纯极为恼怒，这等于在公开羞辱李纯，于是他坚决驳回了刘辟的无理请求。可是，让李纯想不到的是，刘辟居然不顾他的诏令，向东川节度使李康所在的梓州（今四川三台）发起进攻，准备以武力夺取东川，进而实现自己割据三川的野心。

面对刘辟的公然叛乱，李纯当时站在了武力解决还是继续妥协的十字路口。事实上，无论是选择前者还是后者，对于李纯来讲都是个至关重要的大问题。

因为西川对李唐王朝而言，无论从哪个角度来看，都具有十分重要的战略意义，甚至可以说唐廷是否能有效控制三川地区，可以影响其国运。

自从唐朝建立以来，虽然三川地区属于“外府”，但每次京城长安发生紧急情况，三川便成为唐廷君臣的避难处所，这一点玄宗李隆基、德宗李适深有体会。后世的顾炎武甚至将唐朝之所以国祚延续 290 年之久的原因，归结为唐朝拥有西川这个避难所，可见三川对于唐廷的重要性。

正是因为如此，唐廷历来重视三川地区的官员任选。世人皆称三川乃是“宰相回翔之地”，如果任免得当，三川确实是唐廷避难的坚实大后方。可是正因为三川地区如此重要，而且物产极为丰富，如果为野心家或割据者所掌握，三川不仅起不到朝廷屏障的作用，反而会威胁朝廷的安全，直接影响帝国的命运。韦皋可以在西川干预京城长安皇位的继承事宜，便是最好的证明。

另外，从军事角度来看，三川再往西即是吐蕃，自安史之乱以来，陇右为吐蕃所占，长安经常处于吐蕃的威胁之下。三川的存在，成为唐廷应对吐蕃和南诏入侵的屏障。三川的西南与吐蕃和南诏接壤，如果设官有误，必然会对唐廷构成极大的威胁。

不过虽然三川地位如此重要，但从唐朝中期以来，朝廷对于三川的控制却是若即若离，时断时续。

从安史之乱开始一直到顺宗李诵即位前，将近 30 年内，三川地区的节度使，无论是严武还是崔宁，当政时期都是盘剥百姓，肆行猛政，尤其是崔宁当政的 14 年间，依仗蜀地险要富庶，穷奢极欲，将三川俨然建成自己的独立王国。《旧唐书》记载：“蜀川天下奥壤，自（崔宁）置其中，朝廷失其外府十四年。”

这种局面一直到了贞元元年（785 年）韦皋担任节度使依旧如此，他盘剥百姓、厚给士卒，士卒们婚丧嫁娶，他都供给费用，因而三川将士只知道蜀中有韦皋，不知道远在京城还有个高高在上的皇帝，这些官军逐渐变成了韦皋的私人军队。为了更加牢固地控制西川，韦皋禁止部下入朝做官，不许手下人和朝廷中人来往，西川的割据独立状况比之崔宁当政时期有过之而无不及。

很长时间以来，李纯对任何割据一方的藩镇都极为不满。不过，由于韦皋具有拥立之功，而且李纯又是刚刚即位，所以对他采取了容忍的态度。虽然韦皋的去世为李纯提供了解决西川问题的机会，但李纯依然想将解决西川的问题推迟。可是现在刘辟居然公然以武力试图兼并三川，完全无视中央权力的存在，无视新皇帝李纯的权威。

“如果继续妥协，朝廷还有什么法度可言，天下藩镇岂不是都要效仿西川！”

这是李纯得知刘辟进攻梓州后，心中冒出的唯一想法。

基于上述考虑，李纯决定以武力解决西川的问题。当然，在此之前，李纯没有任何军事经验，万一讨伐失败，不仅三川会彻底丢失，而且他作为皇帝的声誉也会从刚一即位就一败涂地。为此，他还是十分慎重地将讨伐西川的事宜交付大臣们讨论。

## 讨平西川

事实上，当时朝臣十分明白李纯召集他们这些人商议的目的，不是不讨伐而是怎样讨伐的问题，所以以宰相杜黄裳为首的朝臣们坚决拥护李纯出兵。

“刘辟不过一介书生，臣建议让有勇有谋的神策军使高崇文出任统帅，取消监军，朝廷一定会打败刘辟。”杜黄裳跪地说道。

对于杜黄裳的见解，李纯深表赞同，也就是从此时开始，“以法度裁制藩镇”就作为李纯解决藩镇问题的一个指导性思想而贯穿于元和年间的始终。

由于得到了杜黄裳等一批大臣的坚决支持，李纯对西川用兵的决心已定。于是在元和元年（806 年）正月二十三日，李纯正式发布《讨刘辟制》，开始征讨西川。

在征讨西川的军队安排上，李纯除了命令剑南东川节度使李康和山南西道节度使严砺互为掎角、相互接应外，还听从了杜黄裳建议，派高崇文率领五千人马向西川进军，同时派神策京西行营兵马使李元奕领兵两千协同出战。

李纯决定出兵讨伐西川，朝廷中功臣宿将有很多，按资历是轮不到高崇文挂帅的。李纯听从宰相杜黄裳的意见，不拘一格起用他，在朝廷内着实掀起了一阵波澜。

高崇文是幽州人，身在平卢从军，李适在位时跟随神策军偏将韩全义驻守长武城（今陕西长武西北），治军颇有声望。贞元五年（789 年），在佛堂原与吐蕃的交战中，率领三千人马击败数倍于己的吐蕃大军，贞元十四年（798 年）晋升长武军使。

可以说高崇文是一位边将，在他的心中随时做好了为帝国出征的准备，这一次他带着李纯的诏令，目标指向西川。在高崇文看来，这是皇帝陛下给予自己抬升资历的绝好机会。

高崇文受命以后，立即从长武领兵南下，从郿县（今陕西郿县）经斜谷穿过秦岭进入兴元（今陕西汉中），与山南西道节度使严砺和神策京西行营兵马使李元奕会合。

三路人马兵会兴元，前方即将进入蜀地。摆在高崇文面前的有三条入川之路，最正面一条路为剑阁道，那里有刘辟的重兵把守，剑门关历来有一夫当关万夫莫开之称，采取正面强攻显然不是上策；西面一条路为阴平道，经龙州（今四川平武）、昌明（今四川江油），绕出剑阁关，可以直奔成都。不过，这条道路山高路远险隘不断，当年邓艾偷渡阴平，差点在那里全军覆没，所以这条路高崇文也不加考虑。

那么，剩下的第三条路就是从剑阁关的东南方阆中（今四川阆中）进入蜀中。由这条路入川，既可避开上述两条路的艰难险阻，又可以直达剑南东川的梓州（今四川三台），可以尽快解除刘辟对东川节度使李康的围困，所以这条路是最佳选择。

高崇文决定从阆中入川，首先解救被困的梓州。可是当他刚刚上路时，就得到了梓州陷落，李康被俘的消息。为此高崇文昼夜马不停蹄从阆中入川，进入剑州境内。同时严砺为了牵制敌军领兵攻打剑州，斩杀了刘辟的剑州刺史文德昭。

高崇文随即以极快的速度南下，在三月即领兵攻打被刘辟占领的梓州。刘辟没有想到官军会这么快进入蜀地，所以虽然占领了梓州，但守备力量十分薄弱，高崇文不费吹灰之力就重新收复了梓州。

高崇文入川首战告捷，这让书生出身的刘辟感到了巨大的压力。在强大的军事压力面前，刘辟有意改变策略，主动释放西川节度使李康，并要求洗刷自己的罪过，但谁都明白，造反这项事业是开弓没有回头箭的。

梓州的收复明显增强了皇帝李纯的信心，因此三月十三日李纯发布《招谕剑南诸道诏》。在诏文中，李纯再次申明这次进兵蜀中，完全是刘辟造成的，朝廷实在是迫不得已。同时斥责了刘辟的反叛行为，并削夺了刘辟的一切官职，号召西川将士要幡然悔悟。为了孤立刘辟，李纯在昭文中宣称凡是参加反叛但立即重新归顺朝廷的，一概既往不咎。

从李纯发布诏书的立意与措辞来看，这个年轻的帝王始终坚信刘辟叛乱很快就能够平定。当然，在以高崇文为核心的征讨西川的将军们看来，皇帝陛下的诏书是总动员令，那就是这一战必须打到底。

得到了皇帝陛下的诏令，高崇文立即考虑向刘辟的老巢成都进军，目前唯一的通道是成都东北方一百五十里处的鹿头关（今四川绵竹东）。刘辟在鹿头关屯下重兵扼守两川之要，又在鹿头关的东面万胜堆修筑了八个战栅，分布于关口两侧，形成多方位的掎角之势，高崇文想要攻破这里并不容易。

五月十日，高崇文经过一个多月的休整后领兵来到鹿头关。十天后官军与西川军在鹿头关开始了第一回合的较量，由于高崇文指挥得当，此役斩杀西川军两万余人。可是就在高崇文准备向鹿头关发起总攻时，老天爷偏偏下起了大雨，由此西川军开始闭关不战，试图消耗官军。

高崇文见正面进攻的愿望落空，鉴于官军远征不能耽误时间太久，所以立即调整策略，集中优势兵力向鹿头关东面西川军控制的战栅“万胜堆”发起进攻。

“万胜堆”在山头之上，西川军居高临下本就占据有利地形，加上西川守军拼死抵抗，官军数次进攻都被击退。高崇文见战事不利，命令部将高霞寓亲自擂动战鼓，自己则带着突击队冒着山上如雨而下的箭石，向“万胜堆”发起了冲击。

俗话说得好，火车跑得快，全凭车头带。官军看见主将亲自突前，士气为之大振，全都跟着高崇文向“万胜堆”冲去。经过几次冲击，虽然官军伤亡很大，但最终还是攻破了“万胜堆”。值得一提的是，由于“万胜堆”

的高度高过鹿头关，官军占领“万胜堆”后能够居高临下，鹿头关城中的一举一动全都历历在目，因而取得了地理上的优势。

在进攻鹿头关的同时，高崇文还派兵进攻德阳(今四川德阳)，汉州(今四川广汉)、玄武（今四川中江）。山南西道节度使严砺也派其子严秦在绵州(今四川绵阳)击败刘辟的军队。七月二十七日,李纯为了便于统一指挥，诏令所有讨伐西川的官军都接受高崇文的统一调度。

李纯本以为高崇文很快就可以拿下成都，而且除了鹿头关之外，其他战事相当顺利。可是谁也想不到，一直到了九月份，高崇文依旧困于鹿头关下，始终无法继续向前，这不得不让李纯开始心情急躁起来，当时山南西道节度使严砺上疏请求李纯继续征调关中、河东的部队进行增援，与高崇文配合经阆中、果州（今四川南充)，进攻合州（今四川合州)、渝州（今重庆市)。

严砺的意图是想让官军避开鹿头关，从刘辟布防兵力较弱的东南方向向成都进军。就在李纯准备采纳严砺的建议时，时任翰林学士的李吉甫站出来明确表示反对。

李吉甫认为，高崇文之所以始终无法突破鹿头关，是因为高崇文本身资历不够，虽然作战勇敢，但协调诸路人马的能力还是欠缺。如果继续征调援军，朝廷的负担会加重许多，不仅粮草供应不上，还可能会引发类似于当年泾原兵变式的动乱。况且吐蕃一直虎视眈眈，征调援兵会让边境守备空虚，吐蕃可能会趁势侵扰。

针对上述理由，李吉甫建议不要征调援军，同时他也对接下来如何对西川用兵提出了自己的看法：他认为，汉代讨伐公孙述，晋代讨伐李势，南朝讨伐谯纵、刘季连、萧统的五次伐蜀之役，其中有四次是沿长江北上的。宣（今安徽宣城)、洪（今江西南昌)、蕲（今湖北蕲春)、鄂（今湖北武汉）四州的水军号称天下精兵，现在应该组织四州的水军沿长江北上直捣西川。这样一来，高崇文就会因担心四州水师抢了功劳，必然会全力攻取鹿头关，成都就会立等可取。

从李吉甫的建议来看，这个始终待在京城的翰林学士是很有些战略头脑的。李纯虽然采纳了李吉甫的建议，但后来随着战争形势的变化，四州水师还没有来得及行动，高崇文已经打到了成都，这一切源于高崇文一次未实施的惩罚。

当初皇帝李纯征调河东诸镇军队和神策军支持高崇文作战，河东军裨将李光颜也在征调范围之内。高崇文规定了李光颜到达鹿头关的准确日期，可是因为天降大雨，李光颜迟到一天。他知道高崇文治军以严厉著称，为了避免遭到军法处置，他决定戴罪立功，领兵从鹿头关以西深入敌营，迅速占领西大河口，截断了鹿头关守军的粮草供应通道。西川军闻讯，顿时乱了阵脚，当天绵江栅守将李文悦即率三千人马向高崇文投降。九月十二日，鹿头关守将仇良辅见大势已去，也率领守军两万人投降高崇文。

鹿头关一破，成都等于洞门大开，高崇文一路势如破竹，西川军投降者沿途数十里。同时德阳（今四川德阳）、汉州（今四川广汉）等西川军也纷纷投降，高崇文仅仅用了两天时间便到达了成都。

九月二十一日，高崇文领兵攻进成都，刘辟闻讯大惊失色，急忙率领数十名亲兵向西北方向逃去，准备投奔吐蕃。高崇文得知消息后，派部将高霞寓、郦定进带领数百骑兵连夜追击，最终在羊灌田（今四川彭县）追上了刘辟。刘辟见无路可逃，遂投入岷江之中，被郦定进在水中擒获。

至此，历时九个月的西川叛乱终于被平定。

坦白地讲，平定西川李纯并没费太多的力气，动用的兵力也不算很多。接下来的关键问题在于平定西川的善后事宜，因为这不仅关系到李纯今后如何对待其他藩镇的问题，同时也关系到其他藩镇今后如何看待中央政府的问题。

## 善后事宜

对平定刘辟叛乱的善后事宜，李纯已经大致有了方针，那就是除了刘辟之外，尽量以宽恕为原则，维护大局稳定。

十月五日，李纯颁布《平刘辟诏》，在诏令中李纯再次指斥刘辟的叛乱行为是“人之乱常，法所不容”，并高度赞扬了官军不畏艰险、平定西川之乱的壮举，当然诏书中最重要的内容当属提出平定西川之后有关的具体善后措施。

对于在平定西川之乱中有功的将士，特别是攻占成都擒获刘辟的将士，由高崇文和都监使俱文珍共同条疏分等第申报，朝廷将论功行赏，主动投降的西川将士也按照等第给予奖赏，阵亡将士从厚给予家属抚恤。

对于刘辟执政时期那些誓死不从却被刘辟杀害的人，除了给予其家属丰厚的抚恤之外，还追赠称号。西川诸地方官、将领、百姓中所有被胁迫屈从者，一律不予追究，同时命令西川观察使依据当地的情况，适当减免两税钱。

此外，李纯为了防止西川再生变故，在行政区划上进行了调整，将原本归属西川地区的资、简、陵、昌、泸六州，规划到东川节度使管辖。

李纯对西川的善后措施，虽然对钱粮租税进行了减免，但诏令同时也明确规定，西川的租税必须上交中央，这就从根本上改变了西川等藩镇长期专擅赋税的局面。同时对于西川行政区域规划的调整，他也是想表明，大唐中央政府是全国疆域区划及官吏任免的最高决策者。

在颁布诸项善后措施的同时，李纯在十月五日还任命高崇文为剑南西川节度观察处置使、统辖近界诸蛮及西山八国兼云南安抚等使，封南平郡王；十月七日，任命严砺为剑南东川节度使。

依据李纯的旨意，高崇文除押送刘辟进京之外，仅处斩了刘辟的大将邢泚、沈衍等数人，其余一概既往不咎。刚刚进入成都时，那些从前依附刘辟的官员全都吓得跪在高崇文面前请罪，等到李纯的诏书一到，这些人才放心下来。当然在这些人中还是有一些人才的，高崇文根据这些人的才能，向李纯上奏推荐了一批官员。

高崇文之所以这样做，是因为韦皋、刘辟当政时，不允许西川士人入京为官。西川之乱平定后，李纯决心彻底改变这种现状，所以要求高崇文推荐相关人才入京，这从中也表明李纯重视人才的一种态度。

对于西川叛乱的罪魁祸首刘辟，高崇文派人用监车押送入京，可是这位文人出身的叛乱首领，却在进京的路上表现出了一副满不在乎的态度，睡眠饮食依旧。或许他在极力掩饰着自己的惊恐，或许他自知难逃一死，已经变得彻底麻木不仁。

十月十五日，押送刘辟的监车到达京城长安，李纯在兴安楼上亲自受俘，大声呵斥刘辟。就在刘辟想要辩解的时候，李纯丝毫没有给他任何机会，下令将其处斩。

刘辟是李纯即位后，第一个挑战皇权的人。从元和元年（806 年）正月开始到九月结束，刘辟的挑衅行为仅仅维持了九个月便宣告失败，同时西川之乱也是刘纯即位后所经受的第一次考验。从结果来看，由于李纯态度坚决，指挥得当，算是经受住了考验。值得一提的是，这不仅是李纯即位后一系列征服藩镇战争的开始，同时也是自德宗李适建中初年（780—783 年）的二十五年来所取得的对藩镇的最大胜利。平定西川的成功不仅极大鼓舞了李纯和有志平服藩镇割据的朝臣，同时也震慑了其他诸藩，为李纯进一步实现“以法度制裁藩镇”打下了良好的基础。

## 平定夏绥

元和元年（806 年）三月，就在李纯集中精力平定西川刘辟叛乱的同时，关内道发生了杨惠琳在夏绥（今宁夏白城子）勒兵抗拒王命的事件。于是，李纯不得不在征讨刘辟的同时，进一步组织力量讨伐杨惠琳。

杨惠琳是原夏绥节度使韩全义的外甥，他的叛乱与韩全义有着很大的关系。韩全义本是行伍出身，早年为宦官神策军中尉窦文场所赏识，被任命为神武军长城使，奉命驻扎在长武城（今陕西长武）。贞元十三年（797 年），德宗李适征调韩全义任夏、绥、银、宥节度使。可是由于其部将不愿意去较为艰苦的夏州，于是在韩全义临走的那天夜里发动兵变。韩全义闻讯大惊，弃城逃跑，幸亏部将高崇文率兵诛杀了发动兵变的将领，动乱才得以平息。

从上述事件中我们可以看出，韩全义是不能够担当大任的，他的能力与他所担任的官职实在不相符。除了胆小怕事之外，韩全义的军事才能也实在让人不敢恭维。虽然在贞元十三年的兵变事件中，他的表现有失水准，但德宗李适没有放弃对他的信任，依然让他领兵作战。可是在贞元十四年、贞元十六年韩全义两次领兵征讨淮西的吴少诚，因为其指挥不当，全都打了败仗，而且官军损失惨重。后来正是因为他的这两次惨败，德宗李适才不得不下诏为吴少诚平反昭雪，这等于唐朝中央政府向地方藩镇进行了妥协，朝廷当时颜面尽失。

可是，最让人无法理解的是，韩全义从前线班师回来时，宦官窦文场极力掩盖韩全义的惨败事实，极力向德宗李适美言。李适不仅没有治韩全义的罪，反而认为吴少诚的归服完全是韩全义的功劳。而韩全义败军回朝，由于羞愧难当不敢面见皇帝陛下，竟然在未面见李适的情况下，匆匆返回了夏绥本镇。

李适对于韩全义的姑息，让当时朝廷诸臣为之震惊，他们认为韩全义的表现是“隳败法制，古来所无”。当然韩全义的表现，也让当时已经23岁的太子李纯看在眼里。作为旁观者李纯对于韩全义丧败王师、不谒皇帝、擅归本镇的行为极为愤慨，也就是从这个时候开始，李纯暗暗发誓，如果自己有一天继承大统，一定不会饶过韩全义。

永贞元年，李纯即位后，整治韩全义的机会完全摆在了他的面前。李纯有意撤换韩全义，这让韩全义的内心十分惧怕，主动要求归朝。永贞元年八月，韩全义入朝后，李纯密令宰相杜黄裳以韩全义当年出征淮西不利、桀骜不驯为借口，让其以太子少保的名义退休回家。

韩全义就这样灰溜溜地离开了朝廷。于是，李纯立即派遣右骁卫将军李演出任夏绥节度使。然而就在李演奉命前往夏州就任的时候，韩全义的外甥杨惠琳突然发飙，以武力拒绝李演前往夏州就职，并同时上表称藩镇将士推举自己为节度使。

显然，杨惠琳武力抗拒王命是出于两种目的，一是对舅舅被勒令退休表示严重不满；二是趁着夏州群龙无首之际，自己掌控夏州，继续称霸一方。无论从哪个角度来讲，李纯都十分怀疑其背后主谋是韩全义。对于杨惠琳企图造成既成事实，迫使朝廷接受的做法，如果加以妥协那就是对韩全义以往藐视朝廷的纵容，更是对数十年来藩镇以武力手段决定节度使恶习的姑息，何况当时朝廷正处在平定西川叛乱的关键时刻。

此外，夏州辖地虽然只有四州十四县，但其战略地位十分重要。其西边的吐蕃、北边的回纥全都对大唐虎视眈眈，如果朝廷不能十分有力地控制这一地区，吐蕃和回纥都有可能通过这一地区挥兵南下，直接构成对朝廷的军事威胁。在以往的历史上，夏州这个地区经常会成为少数民族国家威胁中原的通道。

“一定要控制住夏州的局面！”

这是李纯当时内心唯一的想法。

李纯决定出兵讨伐杨惠琳之际，河东节度使严绶上表请求出兵。于是李纯诏令河东军、天德军合兵共同讨伐杨惠琳。河东军（治所在今山西太原）地处夏绥以东，天德军（治所在今内蒙古乌拉特前旗）地处夏绥以北，李纯的目的显然是想从东、北两个方向夹击夏绥，使其没有逃窜的余地。

事实证明，李纯的部署十分有效，平定夏绥之役出乎预料的顺利。元和元年（806 年）三月，河东节度使严绶派遣部将阿跌光进、阿跌光颜兄弟二人领兵向夏绥进军，同时天德军从其北部向夏绥大兵压境。在朝廷巨大的军事压力面前，杨惠琳很快崩溃，三月十七日，夏州兵马使张承金从内部反水，斩杀杨惠琳，后将其首级献给严绶。

平定杨惠琳的叛乱，李纯几乎没有费什么力气。也许是对外甥杨惠琳起兵不久便宣告失败而失望，也许是惧怕李纯接下来会问罪自己，没过多久，韩全义便吃下伸腿瞪眼丸一命归西。

平定夏绥虽然是李纯在位期间一次很小的军事行动，但由于是其即位初期，而且正值平定西川叛乱的关键时刻，成功平定夏绥可以说是平添李纯信心的一战。这不仅为几个月后彻底平定西川刘辟叛乱增强了极大的信心和勇气，而且更让初登大位的李纯立下了威严。



## 平定镇海

李纯在初登大位不到一年的时间里，接连平定夏绥、西川叛乱，这不得不让全国其他藩镇对这个年轻的帝王刮目相看，为了一睹这位新皇帝的风采，很多藩镇开始提出入朝的请求。

按照唐代制度，地方高级官员应定期入朝觐见皇帝。可是安史之乱以后，由于藩镇割据局面的形成，地方官入朝的制度逐渐被破坏，一些藩镇节度使终身甚至几代人不入朝。虽然代宗、德宗皇帝多次强调藩镇入朝制度，但由于朝廷威信受损，所以基本上等于是说空话，没人会买账。也正是因为如此，唐朝中后期地方官员能否主动入朝，已成为衡量其是否效忠的一个关键因素。

夏绥、西川叛乱平定后，第一个主动提出入朝觐见皇帝李纯的是镇海节度使李锜。不要认为李锜主动提出入朝，是多么的诚心诚意，事实上这是一种试探。

李锜是淄川王李孝同的五世孙，也是高祖皇帝李渊的八世孙，属于皇室宗亲。早年因父亲李国贞的原因，以门荫成为凤翔府参军，贞元年间先后担任宗正少卿，杭州、湖州刺史；由于李锜多以珍宝贿赂当时受德宗李适宠信的李齐运，因而调任润州刺史、浙西观察使、诸道盐铁转运使。

盐铁转运使一职关系着朝廷的财政命脉，一般都由德高望重的大臣或者宰相出任。而李锜担任该职后，利用职权之便，汇聚大量珍宝进献德宗李适，深得李适赏识。他就是凭借皇帝的信任，桀骜不驯、专横跋扈，漕运之利任由其随意支配，并且广加贿赂朝廷权贵，而国家的收入却日渐减少。

李锜当时的所作所为引起了很多大臣的不满。但凡是上疏揭发李锜罪行的大臣都受到其迫害，这让很多人选择了沉默，于是李锜越发得志，随之而来的就是野心的暴露。

李锜得志后，在润州大肆扩充兵力，选择善于骑射的勇士组成一支军队，名为"挽硬随身"（挽强弓的亲兵），以胡、奚等少数民族长胡须者组成一军，名为"蕃落健儿"。他以这些人为骨干，给予他们的军饷超过其他士兵数倍。

就在李锜扩张势力的时候，顺宗李诵登上了皇位，他察觉出了李锜怀有异志。因此，在贞元二十一年（805 年）三月，诏令免去了李锜的盐铁转运使一职，夺回了盐铁漕运大权，但同时为了稳住李锜，将其浙西观察使的官职升迁为镇海节度使。

镇海军当时所领的润、苏、常、杭、湖、睦六州，是大唐帝国财政来源的主要地区。针对当时藩镇逐渐脱离中央朝廷领导的现状，李纯即位后，有意解除宰相杜佑的盐铁转运使之职。当李锜得知这一消息后，千方百计地贿赂当朝权贵，企图重领盐铁转运使的职务，并要求将宣州（今安徽宣城）、歙州（今安徽歙县）划归镇海。针对李锜的无理要求，翰林学士李吉甫坚决反对。

李吉甫举出了当年韦皋经营西川，结果最后让刘辟钻了空子反叛的例子，来说明李锜在镇海有不臣之心已非一日，如果让他重新担任盐铁转运使之职，掌握江淮财富，那无异于更加促使他谋反。李吉甫的话让李纯深以为然，于是他拒绝了李锜的请求，另派李巽出任盐铁转运使之职。

李锜得知消息后，对李纯的安排颇为不满，也就是从这个时候开始，李锜逐渐将谋反提到日程上来。

西川叛乱平定后，李锜第一个主动提出入朝觐见皇帝，这一点颇出乎李纯的意料。李纯在高兴之余，于九月派遣使者前往润州，在宣慰镇海军的同时征召李锜入朝。然而李纯在这件事上显得过于天真，李锜主动提出入朝，其时是想试探一下皇帝李纯对自己的看法，因为在过去的许多年中，朝廷往往会拒绝那些特别受到信任的藩镇大臣入朝。

李纯没有想到，自己的一番盛情征召，反而让李锜生出了疑心。于是李锜一方面继续摆出想要入朝的假象；另一方面称自己有病，一再拖延入朝日期。

对于李锜的拖延，李纯当时搞不清他的葫芦里卖的什么药，因此将此事提交宰相们商议。武元衡认为，李锜这明显是藐视朝廷，与其任其坐大，养虎为患，不如现在趁机强征其入朝，如果李锜继续拖延，那就用武力讨伐。

武元衡的建议十分对李纯的胃口，十月五日李纯再次诏令李锜入朝担任尚书左仆射，同时任命御史大夫李元素为镇海节度使。

对于李纯的再次征召，李锜预感到这似乎隐含着一股杀气。他再三权衡之后，借口镇海发生兵变，自己需要控制住局面，暂时不便离开镇海，婉言回绝了李纯。

在回绝皇帝的同时，李锜明白这可能会激怒皇帝李纯，于是他一边上表，一边精心准备。他派心腹将领率领数千人马，分赴苏、常、湖、杭、睦五州，杀掉朝廷任命的各州刺史，直接掌握五州。同时，他又派部将庾伯良带领数千人马奔赴江宁修缮修筑工事，准备武力对抗朝廷。

李锜已经将武力对抗朝廷付诸行动。李纯决议兴兵讨伐，十月十一日，他正式发布《讨李锜诏》，和先前讨伐刘辟、杨惠琳不同的是，他除了在诏书中历数李锜的罪行之外，还特别在诏书中提到了征讨李锜是“不得已遂复用师”。

从李纯的志向来说，他是要平服天下藩镇，重振大唐国威。这就免不了要兴兵动武，而一旦动武，受伤害最深的就是普通百姓，对于这一点，李纯十分清楚。因此，这次在向天下人发布的诏令中，李纯特意强调了再次用兵的无奈，以此求得天下百姓的谅解与支持。应该说李纯这样做显然是一种明智的策略，至少从名义上来讲是师出有名。

颁布讨伐诏令后，李纯立即任命淮南节度使王鄂为招讨处置使，宦官薛尚衍为都监招讨宣慰使，统领宣武（治所汴州）、武宁（治所徐州）、武昌（治所鄂州）、淮南（治所寿州）、宣州（治所宣城）、歙州（治所歙县）等六州兵马出宣州，江西军出信州（今江西上饶），浙东军出杭州，共同讨伐李锜。

宣州地处长江上游，李纯的意图是将淮南、宣、歙等军队会合于宣州，从长江上游顺流而下进攻润州（今江苏镇江）。信州江西军队从正南方北上进攻润州，杭州浙东军队从东南方向进攻润州。按照李纯的军事部署，汴州宣武军、徐州武宁军的军队也要到宣州会合，不过在李吉甫的建议下，宣武、武宁军队直接从北方南下，使李锜受到来自北、西、南、东南四路官军的夹击。

李锜面对来自四面官军的军事压力，认为宣州是江南的富饶之地，如果首先攻取宣州，不仅可以给官军来个下马威，而且可以获得大量的军需物资，在战略上也可以取得主动地位，更可以平息当初求治宣、歙二州不得的怨恨。

于是，李锜派兵马使张子良、李奉仙、田少卿带领三千人马突袭宣州、歙州和池州。可是张子良等人知道官军已经形成四面合围之势，李锜叛乱必定失败，所以他们带领人马走出润州城后便和身在润州城内的李锜外甥裴行立共同密谋向官军投降。

当夜，张子良等人带领三千人马急速返回润州城。裴行立在城中放火擂鼓回应，并引导张子良的人马进攻李锜的府衙。李锜最初不知道发生了什么事情，当听说张子良等人反水后十分震惊。

“吾何望矣！”

愤恨之下的李锜无奈高喊了一声，不过此时他并没有慌乱，立即组织起贴身卫军“挽硬随身”从府中杀出，裴行立早就料到李锜当时所依靠的反抗力量必定是“挽硬随身”或者“蕃落健儿”，所以在李锜的府外已经埋伏下人马。等到“挽硬随身”的士兵杀出府外，裴行立的人马立即展开突袭，结果斩杀其首领李均，并传首守城军士，李锜兵马顿时大乱，李锜不得已只得退回府中。

此时张子良等人以朝廷监军所持的李纯诏令宣示城内外，指出朝廷只追究李锜一人，其余人一概不问。府中守兵闻言立即将光脚藏在府中深处的李锜五花大绑地送到府外，然后向张子良投降。

李锜被擒的消息在十月十九日传到京城长安，李纯得知消息后大喜过望，命令各路人马返回本镇。十一月十一日，李锜被押解至京。李纯在兴安门前斥责李锜的叛逆之举，然后下令将李锜及其子李师回腰斩处死。

从十月初李锜准备攻打宣州开始到最终兵败被擒，仅有半个多月的时间，是李纯即位第一年平定西川、夏绥、镇海三大叛乱中用时最少的。从平定镇海之乱中，李纯认识到藩镇堡垒从内部攻破的重要性，事实证明，在未来李纯一系列平定藩镇的战争中，他着重加强了这方面的运作，并取得了相当成效。

对于李纯而言，李锜叛乱的平定虽然说不上是多大的军事胜利，但在政治上却产生了至关重要的影响。它向天下藩镇表明，李纯具有不惜一切手段迫使叛逆的藩镇就范的决心。另外，镇海的成功收复，在经济上为后来平定淮西、平卢等藩镇打下了坚实的基础。

事实上，李纯虽然决心以法度裁制藩镇，但他并不是穷兵黩武。他深刻地认识到藩镇之乱绝非是一朝一夕就可以平服的，当然也明白无论是西川刘辟，还是夏绥的杨惠琳、镇海的李锜，朝廷之所以很快就能平定他们，其中一个原因就是他们的实力远不如平卢、魏博、成德等藩镇那样强大。鉴于此，李纯在即位初年就对那些强藩暂时采取了妥协策略，如平卢节度使李师古去世后，众将没等朝廷任命，就拥立其异母弟李师道为节度使。后来李师道对朝廷经常缴纳两税，李纯见其毕恭毕敬也就采取了默许的态度，这对于朝廷争取时间积蓄经济、军事力量都是十分必要的。

但事实证明，那些强藩犹如欲望永无止境的强盗，越发对以李纯为核心的唐廷采取极端蔑视的态度。因此当元和四年（809 年）成德节度使王承宗拒绝朝命时，李纯在很长时间的犹豫不决后，终于再也忍耐不住，决定以此为契机，彻底解决长达近半个世纪之久的河朔三镇问题。

# 第二章
# 强征河朔



## 最终决定

自建中三年（782 年）成德招讨使王武俊诛杀李惟岳自任节度使后，成德曾一度归服朝廷，后来因德宗李适处置不当，导致王武俊与魏博、平卢、幽州联合，形成了四王并立的局面。兴元元年（784 年）德宗李适大赦天下后，王武俊又重新归降朝廷，并在巨鹿打败幽州刺史朱滔，受到了李适的嘉奖。贞元十七年（801 年）王武俊去世，李适任命其子王士真为成德节度使。王士真此后对朝廷颇为恭敬，因此，李纯即位后加封王士真为同中书门下平章事。

元和四年（809 年）三月王士真去世后，其子王承宗上表要求袭任成德节度使。长期以来河朔三镇在节度使职位上，一直实行父子兄弟世袭制，朝廷的任命完全流于形式。当年德宗李适就是因为这个问题而兴兵征讨河朔藩镇，但最终也被迫以承认这种世袭制而告终。所以李纯接到王承宗的表文后，没有立即批复，而是让朝臣们进行讨论。

当时朝臣们意见不统一，有的人主张贯彻以法度制裁藩镇的策略。而以宰相裴垍为代表的部分朝臣则认为，德宗李适在平卢节度使李纳去世后，允许其子李师古袭任节度使之职。元和元年（806 年）李师古去世，皇帝李纯又批准其异母弟李师道为节度使，而现在却不允许王承宗袭任父位，这样会失信于天下，更会让藩镇找到借口生事。

由于意见不统一，李纯没有贸然作出决策，他转而向翰林学士们征求意见。当时翰林学士之一的李绛为此四次上疏，不仅坚决反对对成德镇采取强硬态度，而且更反对在目前局势下对成德镇用兵。

李绛认为，朝廷目前征讨成德的时机尚不成熟，一是成德镇割据多年，人们已经习以为常。二是王承宗实际已经掌握成德的军政大权，在这种情况下，如果朝廷固执地改任他人，即使到任也很难取得成功。三是一旦现在用兵，会加重刚刚恢复些元气的帝国的负担。

李绛的上疏让李纯陷入了深深的思考之中。其时，李纯并不想再次向王承宗妥协，因为当时魏博镇节度使田季安、幽州节度使刘济都身染重病，都面临着朝廷要承认其后代承袭父位的局面。如果照这样发展下去，那每个藩镇岂不成了和大唐平起平坐的国家？

李绛看出了李纯心里极不平衡的状态，他更看出了李纯由于平定西川、夏绥、镇海三镇叛乱的成功，而轻视了征讨河朔藩镇的困难程度。为此，李绛专门为李纯分析了其中的利害关系。

李绛指出：西川、夏绥、镇海三镇从地理位置来看都是孤立的，周围处于忠于大唐的州县包围之中，而且发动叛乱的人其根基在当地并不牢固。但河朔藩镇则不同，他们在当地经营了将近五十年的时间，其辖地的人甚至只知道有节度使而不知有皇帝，几十年来其内部十分统一，将士与节度使关系深厚。虽然藩镇之间存在矛盾，但在针对朝廷的事务上，河朔藩镇从来都是一致对外，朝廷如果轻易用兵，河朔藩镇一定会联合起来对抗朝廷。

此外，李绛还指出，大唐的边境并不太平，吐蕃、回纥全都虎视眈眈，如果贸然征讨河朔藩镇，它们恐怕会趁机侵扰边境。

李绛对朝廷与藩镇情况的分析，指出了不可马上对河朔用兵的原因，逐渐让李纯明白了其中的利害关系。虽然他对征讨河朔藩镇还处在犹豫之中，但李纯和他的祖父不同，是绝不肯轻易承认王承宗世袭节度使之位的。李纯坚持认为，即使王承宗的节度使之位不经过朝廷任命，朝廷也必须要通过一种有效的方式让王承宗对朝廷的权威表示尊重并作出让步。

带着这样一种想法，李纯暂时放弃了征讨成德。他提出，王承宗必须向李师道那样承诺向朝廷缴纳两税，同时将德州（今山东陵县）、棣州（今山东惠民）归还给朝廷。

八月九日，李纯派京兆尹裴武前往成德镇治所真定（今河北正定）宣慰。裴武到达真定后，王承宗给予了热情款待。裴武向王承宗宣读了皇帝陛下的诏书，王承宗随后上表检讨自己擅自接任成德节度使的过失，并表示愿意归还德、棣二州给朝廷。

李纯得到王承宗的上表后大喜过望，于九月二十七日发布诏令正式任命王承宗为成德节度使兼恒、冀、深、赵观察使，同时任命德州刺史薛昌期为保信军节度使兼德、棣二州观察使。

从结果来看，这本来是双方皆大欢喜的结果，但很多事情往往越到最终将要尘埃落定时，越会节外生枝。当李纯的诏书已经拟定，但尚未发至德州时，魏博节度使田季安得到了消息。在他看来，如果成德镇和朝廷关系好起来，那么魏博镇将会受到极大的威胁。于是，他立即派使者前往真定，开始了一番挑拨离间。

田季安让使者告诉王承宗，薛昌期暗中与朝廷勾结，因此朝廷才让薛昌期担任信保军节度使。王承宗听完后大怒，在没有认真思考的情况下，立即派出数百名亲兵火速前往德州，将薛昌期拘捕，押回真定，关进大牢。

王承宗态度的突然转变让李纯极为震怒。他认为，王承宗这样做是早有预谋，明显是根本不想归还德、棣二州，而且薛昌期已经被朝廷任命，算是朝廷命官，王承宗擅自拘捕朝廷命官，性质极为严重，这是对朝廷和皇帝的公然藐视。如果就此听之任之，朝廷刚刚树立起来的些许权威，今后恐怕就会荡然无存，眼下唯一的一条路似乎只有用武力解决。

但是在裴垍、李绛等朝臣的极力劝说下，李纯依然做着最后的努力。九月二十日他克制自己即将临界爆发的脾气，依然派出使者前往成德，诏令王承宗释放薛昌期，但遭到王承宗的拒绝，于是最后一线避免战争的希望终于破灭。

元和四年（809 年）十月十一日，李纯颁布《削夺王承宗官爵诏》，决定讨伐王承宗。就是从这封诏令开始，李纯就此踏上了征讨河朔藩镇的漫漫长路，同时也拉开了他平服藩镇，实现帝国中兴之治的序幕。

## 夹攻成德

在李纯颁布讨伐王承宗诏令的同时，任命左神策军中尉吐突承璀为左、右神策、河中、河阳、浙西、宣歙等道行营兵马使、招讨处置使；任命龙武将军赵万敌为神策先锋将；任命内常侍宋惟岳为河南、陕州、河阳馆驿使；任命内侍曹进玉、刘国珍、马江潮等分别担任河北行营粮料馆驿使。

李纯挑选的讨伐王承宗的人选大部分都是宦官，这就遭到了以裴垍、李绛为首的朝臣们的反对。他们认为让宦官监军就已经很不合适，现在又让宦官担当讨伐藩镇的重任，这完全乱了祖宗的法度，而且让藩镇们知道了，会笑话朝廷实在无人可派，进而损害皇帝的威严。

但李纯的内心显然不这么想，半年以来在王承宗的问题上，支持李纯进兵讨伐的一是掌握神策军的宦官；二是部分地方藩镇，而反对动武的则是朝廷的那些文臣。所以这次李纯不顾朝臣的反对，坚决起用宦官为统帅，也是表达出对朝臣反对用兵的无声抗议，更是对朝臣经常对自己形成掣肘的一次抗拒。

十月二十七日，吐突承璀率领神策军从长安出发。李纯亲自在通化门城楼上召见吐突承璀，一再给予勉励，希望他早日平定成德凯旋。虽然此前因为朝臣反对的巨大压力，李纯被迫去掉了吐突承璀河中、河阳、浙西、宣歙等道行营兵马使的头衔，但其进讨成德的统帅地位丝毫没有动摇。吐突承璀流着眼泪表示，一定不会辜负皇帝陛下的重托，然而直到他亲临战场时才知道，打仗这件事儿真不是他这种一直处在深宫之中的人能干的事儿。

战争已经拉开序幕，无论是朝廷还是成德镇都在制定自己的作战方略，成德周围的藩镇此时也在考虑自己的对策。由于成德镇紧靠太行山，东部毗邻渤海湾，因此李纯决定从南北两个方向夹攻成德，所以朝廷进攻成德的军队除了吐突承璀率领的中央神策军之外，另外依靠的就是成德镇周围的藩镇。

当时与成德镇接壤的藩镇中，正北方向是幽州卢龙镇；北方偏西的是义武镇；正南方是魏博镇；南部偏西的是昭义镇；南方偏东的是平卢镇；正东方向的是横海镇；这其中最为担心的当属魏博镇的田季安。

田季安虽然和王承宗始终保持友好关系，但当听到朝廷决定征讨王承宗时，田季安还是表现出了一丝惊恐。他召集部下说：自从德宗李适征讨魏博没有成功以来，朝廷已经25年没有踏上魏博镇的地界。如果现在朝廷大军一旦渡黄河经过魏博讨伐成德，成德失败了，魏博镇也很快就会灭亡。田季安话音刚落，他的一个部将就信誓旦旦地表示愿意带领五千人马对抗朝廷大军。于是田季安决定以武力对抗朝廷，拒不奉诏。

可是田季安的想法却被正在出使魏博镇的卢龙节度使牙将谭忠所否定。

谭忠认为，如果官军一旦在魏博镇受挫，皇帝李纯必定不会善罢甘休，必定会举天下精兵进攻魏博镇。到那个时候魏博镇纵使再强大，也是难以抵御的。现在最好的办法是等官军进入魏博后犒劳官军，并以自己的精兵逼近成德镇声称讨伐。同时派人告诉王承宗，魏博镇现在夹在朝廷与成德镇之间进退两难，请他能割出一个城为魏博镇所有，这样魏博镇可以向皇帝报捷，即无反君之名，又可以继续保持两镇之间的良好关系。

谭忠的一席话让田季安豁然开朗，于是他立即派人前往成德说明此意。王承宗欣然同意，下令将堂阳县（今河北新河）、枣强县（今河北枣强）先后让给魏博。然后田季安向朝廷报捷，此后便按兵不动。

与魏博镇情况相似的便是平卢镇，节度使李师道虽然最初对朝廷毕恭毕敬，但随着时间的推移，在看到朝廷无暇顾及自己的时候，他开始渐渐懈怠。这次朝廷出兵成德，让李师道感到极大不安。自从十月以来，他接到皇帝李纯的好几道命令自己征讨成德镇的诏书。可是李师道为了保存实力，一直迟迟不肯行动，并上表敷衍李纯说愿意进献绢帛万匹，并自行解决一月的军粮用料，以便减少朝廷的开支。李纯虽然明知道李师道是有意拖延，但出于大局考虑，还是下诏褒奖。后来一直到元和五年（810年）年初，李师道迫于形势，才效仿魏博镇，“占领”成德一个县城，此后便也按兵不动。

魏博、平卢二镇的消极怠工，让皇帝李纯大为失望。不过，在成德镇周边的藩镇中，并不是所有藩镇都像魏博、平卢二镇那样。其中幽州卢龙镇就是与成德镇结怨最深的，当卢龙节度使刘济接到皇帝李纯讨伐成德的诏令后，立即兴兵向成德进军。

元和四年（809 年）十二月十七日，刘济以长子刘坤为节度副使留守幽州，亲率七万大军进攻成德，攻克成德镇辖地饶阳（今河北饶阳），缴获大量物资，并下令将被俘的成德军将领履朝清等四人押赴京城长安。

刘济的旗开得胜，让李纯异常高兴，立即下令予以褒奖，这让刘济更加兴奋。元和五年（810 年）正月，刘济一鼓作气又领兵攻克束鹿（今河北深县）。李纯再次下诏予以褒奖，并加授刘济及其子孙官爵，他认为此次讨伐成德是“破竹之势可乘，覆巢之期非远”。然而他仅仅依据刘济的胜利就断定很快可以平定成德，显然过于乐观，自从朝廷征讨成德以来，总的来看军事行动是比较缓慢的。

按照朝廷事先制定的作战方略，官军主力从南北两个方向夹击成德。北部方向的官军在义武镇的定州集中，由河东军、河中军、振武军、义武军组成，由范希朝指挥南下。南部方向则由吐突承璀率领中央神策军与昭义镇卢从史配合，向北进攻成德，形成南北夹击成德之势。

可是，自从李纯发布讨伐诏令以来，除了刘济打了胜仗之外，南北两路大军均进展缓慢。一直到元和五年（810 年）正月以后，北部讨伐军才陆续到达指定地点集合。而南部讨伐军的吐突承璀在元和四年（809 年）十月二十七日离京以后，也是在元和五年正月才到达昭义镇与卢从史会合。

也就是说，一直到元和五年正月以后，朝廷讨伐成德的战争才在南北两个方向同时展开。

南部战场上的战事一开就颇为不顺，由于吐突承璀是宦官出身，所以部下不听其指挥，屡次与成德军交战都遭到失败。现在史书上能找到北路军当时获胜的唯一记载还是在《白居易集》中，称卢从史上报朝廷，他在柏乡（今河北柏乡）击败过成德军的三万人马，受到了李纯的嘉奖，不过这一战绩是否属实还有待商榷。除此之外，北路军再无任何胜绩，倒是不久后曾在西川活捉刘辟的大将郦定进战死疆场，让南路军的士气受挫不少。

南部战事进展不顺，让李纯陷入焦虑之中，但紧接着便传来北部战场也陷入困境之中的消息。虽然正月二十六日河东军将领王荣在洄湟镇击败六千成德军，但在这次胜利后，北路军再也没有取得过任何胜利。尤其是官军在进攻成德镇治所真定的北大门新市镇时严重受挫，使得王承宗反而主动出击，攻占了义武镇的深泽（今河北保泽）和卢龙镇的乐寿（今河北献县），让官军陷入到了极其被动的境地。

就是在这样一种情况下，朝廷内部逐渐产生了要求罢兵的呼声，其中呼声最高的当属时任翰林学士的白居易。

白居易，字乐天，号香山居士，又号醉吟先生，河南郑州新郑人。唐代伟大的现实主义诗人，唐代三大诗人之一，诗歌题材广泛，形式多样，语言平易通俗，有“诗魔”和“诗王”之称。官至翰林学士、左赞善大夫。

提出停止征讨成德镇的白居易当时只有 34 岁，但他始终怀揣兼济天下的理想。当看到因为征讨成德而使百姓遭受流离之苦后，他没有进行过多的思考，便果断地上疏李纯，提出罢兵的请求。

白居易在他的《请罢恒州兵事宜》的奏文中指出，从这次征讨成德的实际进展来看，想要平定成德不是件容易的事情。朝廷不仅会虚耗经费、丧失权威，而且官兵的战斗力会逐渐丧失，这就会给吐蕃、回纥以入侵的机会。最重要的是战乱已经使百姓受苦不堪，照此发展下去定会引发民变。

继白居易上疏之后，兵部侍郎权德舆也从军事角度指出，神策军久居京城，不善于远征作战，一旦接连失败，这些人就要逃散成为强盗，进而会使京城长安防备空虚。

白居易、权德舆等人的上奏虽然分析得很中肯，但一心想要削平藩镇的李纯并不想就此退缩。在此之前，李纯一直坚信战场的形势会有所好转，但随着时间的推移，前线战场将领的表现越来越让李纯感到失望。

尤其是昭仪节度使卢从史的表现，让李纯有了制裁他的想法。

## 诱捕

昭义节度使卢从史战前极力主张讨伐成德，但讨伐开始后却又一直逗留不前。柏乡之战是不是真的像他所说的那样取得大捷不得而知，但很多迹象表明，卢从史从来都没有间断与王承宗的私下联系。据史料记载，卢从史手下的士兵随身都藏有成德镇的军标，战时只要出示军标，对方便立即休兵，而且卢从史故意操纵市场，提高粮草价格，使朝廷购买粮草的开支加大。

卢从史其实也是个极具野心的人，他曾经不断请求朝廷加封自己同平章事的职务，而对于开战以来进展不顺的原因，则归结为其他藩镇与成德镇串通。卢从史的目的是要通过与成德、魏博的暗中联合，使本镇的地位能够像河朔三镇一样巩固下来，并以此要挟朝廷对自己作出更多的让步。

自开战以来，李纯已经逐渐对卢从史的伎俩有所察觉。不过鉴于战争依然在继续，他不得不暂时隐忍不发，但同时又命令宰相裴垍加强对卢从史部下的笼络和争取。

裴垍了解到昭义军的大将王翊元、乌重胤、第五钊等人与卢从史矛盾颇深，便利用王翊元出使京城的机会，努力争取王翊元并取得成功，使其成为潜伏在卢从史身边的一颗朝廷的棋子。王翊元将卢从史的种种阴谋诡计上报给了朝廷，并将昭义都知兵马使乌重胤也争取到朝廷这边，而且王翊元告诉裴垍，卢从史阴险狡猾，如果不尽快加以裁制，将来必定成为朝廷大患。

因此，裴垍向李纯建议，为了保证讨伐成德的战争不受影响，朝廷应该采取诱捕卢从史的方法将其除掉。

裴垍的建议让李纯有些愕然，因为在李纯看来，作为高高在上的皇帝，用诱捕的方法解决臣子的问题有失礼法，甚至可能会招致天下人的耻笑。

"陛下！一切当从实际出发，切不可为名声所累！现在卢从史已经威胁到朝廷，如果不加以制裁，定生危害。可是讨伐成德的战事还在继续，如果再大张旗鼓地讨伐昭义，恐怕朝廷还没有这个能力，臣认为目前局势下用什么方法并不重要，重要的是哪种方法对朝廷更有利！"

在李纯犹豫的时候，裴垍努力地再次劝说李纯赶快下定决心。

李纯虽然有制裁卢从史的想法，但用诱捕的方式他还从未想过。可是一想到卢从史在讨伐成德时的表现，为了尽快平定成德，李纯还是听从了裴垍的建议，开始了诱捕卢从史的计划。

李纯了解到卢从史到达前线以来，从不把讨伐成德之事放在心上，却经常到吐突承璀的营中去玩乐，尤其将吐突承璀当作婴儿一样戏耍，搞得吐突承璀很是没面子。于是李纯密令吐突承璀寻找机会拘捕卢从史。

当吐突承璀接到皇帝陛下的密令后，特意在营中摆上很多奇珍异宝，迎合卢从史贪财的心理不时地赠送，让卢从史放松警惕，更加信任自己。在卢从史逐渐麻痹大意之下，元和五年（810年）四月十五日，吐突承璀与行营兵马使李听事先在营中埋伏好士兵，然后召卢从史来营中赴宴。卢从史像往常一样毫无戒备地来到吐突承璀营中，结果他刚进入营中，便被埋伏在四周的士兵擒获。

昭义镇的士兵听到主人被擒的消息后，立即赶来营救。吐突承璀下令斩杀十几个士兵，同时宣布皇帝李纯关于拘捕卢从史的诏令，士兵们听到是朝廷要拘捕卢从史后便逐渐散去。为了防止再次发生意外，吐突承璀下令立即押送卢从史前往长安。

李纯得到卢从史被擒获的消息后十分高兴。此时北路招讨军范希朝、张昭茂带领大军在木刀沟（今河北无极）大败王承宗，而且张昭茂的长子张克让还险些活捉王承宗。这多少提升了些讨伐军的士气，为此李纯下令进行嘉奖。

卢从史被擒，使得昭义镇的节度使一职暂时陷入真空状态。李纯十分明白，如果接下来解决不好昭义镇的节度使任命问题，那么昭义镇就如同一颗定时炸弹，随时会被引爆。尤其目前还处在征讨成德的过程之中，稳住昭义镇的局势是摆在李纯面前亟待解决的问题。

自从卢从史被拘捕以后，昭义镇的局势一直不稳定，李纯为了嘉奖乌重胤，准备让其接任昭义节度使。但翰林学士李绛则认为不妥，他主张将河阳节度使孟元阳调任昭义节度使，让乌重胤出任河阳节度使。就在这件事情还没决定时，李纯收到吐突承璀从昭义军发来的奏报，称已任命乌重胤为昭义节度使留后，请朝廷追封任命。

对于吐突承璀的奏报，李绛依旧表示反对。他进一步向李纯指出不能让乌重胤担任昭义节度使的原因，他指出昭义镇地理位置特殊，多年来朝廷全凭昭义镇制裁和抵挡河朔藩镇的对抗，它甚至决定整个帝国的安危。卢从史从前据有昭义镇已经让朝廷寝食难安，好不容易朝廷才重新控制昭义镇，现在如果让乌重胤担任节度使无异于再次失去昭义镇。

最关键的是，诱捕卢从史已经让朝廷失去大体，朝廷刚刚复得昭义镇本是件大快人心的事情，现在又将节度使职位授予一位昭义镇的牙将，这更会让朝廷失去威严。吐突承璀的一封表文就让乌重胤当上了节度使，那么今后其他藩镇也效仿这种做法，朝廷该怎么处理，如果拒绝的话，会不会再次引起动乱？

李纯为此听从了李绛的建议，元和五年（810 年）四月二十三日，任命乌重胤为河阳节度使，孟元阳为昭义节度使。

但是让李纯没有想到的是，在将乌重胤与孟元阳互调的时间里，李纯虽然暂时让吐突承璀代理昭义镇事务，结果昭义镇还是出现了变故。

由于讯息不通畅的缘故，昭义镇内忽然传出朝廷要将参与卢从史叛乱的所有士兵全部治罪的消息。五月六日夜晚，昭义军三千多士兵逃奔魏州，即使是还在昭义镇的士兵也心存疑虑，计划出逃。李纯得到消息后十分焦虑，昭义军一旦失控则意味着南路讨伐军有可能土崩瓦解，而南路讨伐军一旦不复存在就意味着整个讨伐成德的计划基本宣告失败。

在这种敏感的局势下，李纯立即派人持诏书前往昭义军所在地潞州（今山西长治）进行宣慰。他希望昭义军士兵不要轻信流言，保证除卢从史之外，其余人一概不追究责任，并给予士兵们赏赐。

李纯及时采取措施，让昭义镇暂时安定下来，但很多人还是担心新的节度使到任后，会追究本次外逃之事。针对昭义镇士兵们普遍存在的顾虑，李纯不久后又发布了第二道诏书。在诏书中李纯不仅分析了昭义镇之所以会出现动乱的缘故，而且一再说明士兵们是受了卢从史的蛊惑，并向士兵们充分介绍了新任节度使孟元阳的为人，总之一句话，让昭义镇的士兵把心放在肚子里。

经过李纯的不懈努力以及对昭义镇将士一再下诏进行安抚，由拘捕卢从史而引发的动乱终于得到平息，进而征讨成德的南路大军得以继续保存。但昭义镇出现的动乱其影响并没有就此终结，从军事角度而言，讨伐军因为昭义军动乱而依旧步伐缓慢。最重要的是朝廷内很多人在看到皇帝焦头烂额的状态后，罢兵的呼声继续高涨。

其中以先前两次上疏的白居易为典型代表。

## 罢兵三疏

在元和五年（810 年）六月，征讨成德王承宗的战争已经进行了半年，北路讨伐军自四月木刀沟之战后，没有新的进展。而南路讨伐军自郦定进战死后，诸将畏惧不前，加上朝廷拘捕卢从史以后昭义军出现的动乱，使得讨伐战事陷入停滞状态。

战争最终还是向李绛、白居易等大臣先前预料的那样，可谓是进退两难。在这样一种局势下，六月十五日翰林学士白居易第三次上疏请求罢兵，在奏文中白居易从四方面分析了战争的形势，强烈主张立即罢兵。

白居易首先分析了战场的总体形势，他认为现在的局势比他上次上疏的时候要糟糕得多。在此之前朝廷命令李师道出兵收复棣州，可是李师道至今也没有奉诏出兵。魏博镇的田季安装模作样地攻下了两座成德空城后，到目前为止没有任何动作。昭义镇的动乱致使士兵投奔魏博镇，然而田季安竟然隐瞒不报，今后恐怕田季安更会为所欲为。总结南北两路讨伐形势，白居易认为北路军屯兵半年不进，南路军的吐突承璀寸功未建，而且总是向朝廷请求增兵，但诸道又称兵力不足无法抽调。在白居易看来，至少总体讨伐的形势十分不妙。

针对李纯十分依赖的幽州刘济问题，白居易也提出了不同看法。他认为皇帝陛下之所以迟迟不肯罢兵，其中一个很重要的原因就是幽州刘济自兴兵以来，表面上看十分忠于朝廷，而且也打了胜仗，朝廷现在如果罢兵，会伤了刘济的热情。但白居易显然有着另外一种想法，刘济本身是个大奸似忠之人，他之所以在征讨成德以来最为用力，除了他和王承宗矛盾不可调和之外，事实上他通过这场战争，可以在成德镇获得丰厚的利益。皇帝陛下实在不应该为了照顾刘济的情绪，而让整个帝国陷入一片窘境中。

在白居易看来，朝廷现在提出罢兵是最有利的时机，除了昭义镇军队因为孟元阳刚刚到任需要整合之外，征讨大军还没有失去信心。在这种局面下如果立即罢兵，赦免王承宗师出有名，罢兵也会罢得有气势，让天下人看到皇帝陛下的宽宏大量。

最后白居易向李纯分析了如果继续征讨会引发的严重后果。他认为如果现在不立即罢兵，由于军心不稳可能会造成各镇军队失控，进而引发当年泾原兵变式的动乱；而且朝廷会失去罢兵的良好时机，等到局势发展到无法控制的状态，那么朝廷刚刚平定三镇积累起来的权威会丧失殆尽，天下很可能再次陷入一片混乱之中。

“今日已前，所惜者威权财用，今日已后，所忧者治乱安危。国家有天下二百年，陛下承宗社十一叶，岂得以小忿而忘国家大计，岂得以小耻而忘宗社远图？”

白居易在奏疏的最后写下了上述一段话，可谓痛心疾首。

这次上疏比起前两次言辞激烈很多，明显可见带有质问皇帝陛下的口吻，而且在最后的落款上白居易加上了“读臣此状一二十遍，断其可否”的字样，可以说几乎到了让李纯必须罢兵的地步。

当李纯看完白居易的奏疏后，他第一次开始重新审视征讨成德的问题。虽然白居易的奏疏言辞激烈，李纯看完后的第一反应并不舒服，但他知道这是一个忠心的臣子发自内心的呼喊，从中可以看到白居易的忧国忧民之情。所以李纯并没有计较白居易的用词，而是冷静下来仔细分析白居易所说的话，至少从心理状态来看，李纯不是像最初那么激进了，甚至开始考虑是否停止征讨成德的问题。

就在李纯左右徘徊，针对成德问题进行慎重思考的时候，七月二日，王承宗忽然派使者进京上书谢罪。自称当初拒绝朝廷割让德、棣二州，主要是因为卢从史的挑拨，并表示现在自己愿意割让德、棣二州，并向朝廷定期缴纳两税，接受朝廷任命，希望皇帝李纯能够赦免自己。

王承宗态度的转变出乎李纯的意料之外，于是在继续征讨已没有绝对的把握，朝臣又一再强烈要求罢兵的情况下，李纯最终下定决心停止征讨成德。元和五年（810 年）七月九日，李纯正式颁布《复王承宗官爵制》，在制文中李纯对讨伐成德之战进行了总结，指出发生叛乱必须讨伐，一旦归顺可以从宽处理这是惯例。王承宗既然已经请罪，朝廷可以给予赦免，官复原职，至于谈到这战争的根本原因，李纯也是将其归罪于卢从史的挑拨。

事实上谁都明白目前情况下双方握手言和必须要找一个共同的敌人，无论从哪个角度来看卢从史都是最合适的人选。虽然李纯明知道兴兵讨伐的根本原因是他反对节度使权力世袭，但既然决定罢兵就必须要让王承宗赚足面子。

从元和四年（809 年）十月至元和五年（810 年）七月所进行的讨伐成德之战，可以说是李纯即位后对藩镇用兵以来，第一次严重受挫。虽然最终是以王承宗请罪而让李纯停止了征讨，但在很多人看来，朝廷如果继续征讨已经是强弩之末。表面看起来好像是王承宗最终妥协，但包括李纯在内的所有人都明白这实际上是王承宗给了朝廷急流勇退的契机。

关于这次战争，李纯在战后有着深刻的总结，在他看来，正像白居易所分析的那样，发动征讨的时机和对象不当、选择征讨的人选不合格、统帅与诸将之间的矛盾以及整个战局缺少统一协调的指挥，都是这次征讨成德无果的原因。

这次征讨使朝廷的权威再次削弱，王承宗是不胜而胜，挑战朝廷的权威后，凭借一封请罪的表文就可以官复原职。而朝廷发动征讨成德之战的主要目的，是解决中央政府在藩镇节度使的继承问题上是否有决定权的问题。从这个角度来看，朝廷则是不败而败，因为在解决藩镇节度使权力的世袭问题上，朝廷没有取得任何进展。从结果上来看，李纯事实上是被迫承认王承宗世袭节度使的合法性，从而也导致李纯在即位之初平定三镇叛乱的胜利黯然失色。

很多人不断发出冷嘲热讽，认为朝廷是“举天下之兵，不能破一方镇，为天下人耻笑”，但李纯的心中却始终没有放弃“以法度裁制藩镇”的想法。李纯是一个韧劲十足的皇帝，讨伐成德的无功而返，虽然他的权威暂时受损，但同时也让这个年轻的帝王对解决藩镇问题的难度有了更为客观的认识。讨伐成德罢兵不久后，李绛曾建议李纯多多聚财，但李纯却认为目前国家很多地方政令全都达不到，而且国家的耻辱还没有彻底洗刷，皇宫之内应该勤俭节约。

李纯的转变从注意节约宫内的用度开始做起，这说明他通过征讨成德，开始转变思想，扎扎实实地为讨平藩镇铺就坚实的道路。

就在李纯扎实做基础工作的同时，元和七年（812 年），魏博节度使田季安去世，魏博镇由此发生了动乱。不过这也给了李纯以解决魏博镇问题的机会，相对于先前的讨伐成德而言，李纯在解决魏博镇问题的时候明显成熟了很多。

## 魏博归服

魏博节度使田季安在朝廷征讨成德的战争中，徘徊于朝廷和王承宗之间，不仅没有受到任何损失，反而从朝廷那里获得不少钱粮物资。田季安是个生性残忍之人，朝廷征讨成德无功而返，使得他更加肆无忌惮，对部下的任何不从表现，都予以残酷的镇压。

田季安虽然贵为魏博节度使，但就是因为他太过苛刻，所以将士们对这个主帅很是惧怕，内心并不十分拥护。元和七年（812 年）田季安去世时，其妻元氏召集诸将，准备立长子田怀谏为节度使，结果遭到了将士们的一致反对。事实上在这些将士的心中，早已经有了合适的人选，那就是田季安的族叔，时任内兵马使的田兴。

田兴的祖父田延恽是魏博镇首任节度使田承嗣的叔父，父亲田廷玠曾经在建中初年为田承嗣守卫沧州，顶住了李宝臣、朱滔的联合进攻，进而受到德宗皇帝李适的嘉奖。当族侄田悦背叛朝廷时，田廷玠曾严厉进行斥责，甚至告诉田悦如果其与朝廷为敌，就先杀了自己再说。可是田悦不予理睬，最终在他与朝廷为敌时，田廷玠称病闭门不出，建中三年（782 年）抑郁而终。

田廷玠的为人深深影响着田兴。田兴自幼学习儒家经典，通晓兵法，受家族习武风气的影响善于骑射，伯父田承嗣在位时，极为宠爱这个侄子。

田季安担任节度使时，对于这个族侄的乱施杀伐，田兴曾多次规劝，因此受到不少将士的拥戴。但田季安认为田兴是有意拉拢部下，鼓动人心，所以将田兴外派，出任临清（今河北临西）镇将，并准备寻机将其处死。田兴察觉到了田季安的阴谋，因而自称身患风痹，告病在家，将自己烫得体无完肤，最终瞒过田季安，才得以保存性命。

现在田季安已经去世，将士们拥戴田兴为节度使，这等于将田兴推到了风口浪尖上，远在京城长安还有高高在上的皇帝，这一点田兴必须要顾及。所以面对将士们的拥戴，田兴告诉大家，既然推举自己为节度使，就必须听从自己的命令，今后魏博镇须奉守朝廷法令，如果众人不能答应这个条件，那节度使之位最好另选他人。最终将士们答应了田兴这个唯一的要求，田兴顺利上位，然后立即上表朝廷，表示愿意归附。

田兴的父亲田廷玠本来就以忠于朝廷而著称，田兴又饱受儒家理论的影响，因此继任之后主动归顺朝廷并不稀奇。但是就在田季安刚刚去世之际，围绕着如何处置魏博的问题，以李纯为代表的唐廷内部却发生了一场争论。

田季安的死讯刚刚传到京城时，李纯立即召集宰相们共同讨论魏博镇的形势及如何应对的问题。李吉甫认为，朝廷自征讨成德至今，两年来已经积累了足够的财力和军力，现在完全可以利用田季安死去的机会发兵征讨魏博，进而洗刷因为征讨成德无功而返带来的耻辱。

但另一位宰相李绛则不同意李吉甫的看法，他认为，针对魏博镇不必动兵，用不了多久魏博镇就会主动归顺朝廷。虽然李吉甫反复陈述用兵的有利条件，但李绛则坚持认为魏博镇不久一定会主动归顺。

从双方的观点来看，李吉甫的观点似乎更合情合理。而李绛的观点则有些主观，他为李纯分析形势的时候虽然说明兵不可轻动的道理，但拍着胸脯保证魏博镇一定会主动归顺，未免有些铤而走险。如果魏博镇没有归顺，那李纯断然接受不了李绛的如此忽悠，定会将他治罪，所以结论只有一个，那就是李绛很可能与魏博镇存在暗中来往。

只有深刻熟悉魏博镇的形势，才能下定结论。

换句话说，在很多人还不知道魏博镇是个什么走向时，李绛已经知道了田兴必将上位。

清代的王夫之曾经评价李绛，说他是筹划于朝堂之上，遥制于千里之外；度测未来之事，而后来验之果然。

这个世界上没有什么先知先觉，李绛之所以能精准的预测，是因为他事先已经做了大量的调查分析，甚至是已经知道了即将产生的谜底。

元和七年（812 年）十月十日，魏博镇监军将田兴成功上位和要求归顺朝廷的消息上报给了朝廷。李纯极为兴奋，立即派中使张忠顺前去魏博宣慰，并在给田兴的《授田兴魏博节度使制》的诏书中，夸赞田兴是“忠孝是力，介若金石，深惟大体，义勇斯奋”。

当时或许连李纯也不会想到，他当政时代的中兴之治，居然是从魏博镇的主动归顺开始的。从当时的影响来看，魏博镇的主动归顺深刻影响了后来李纯对其他藩镇的策略，意义堪称重大。

河朔三镇几十年来一直联盟。例如，建中年间的四王联兵以及李纯征讨成德时，魏博镇与成德串通一气。田兴的归顺使魏博六州之地归于朝廷，使得成德失去了南面的屏障，也使得平卢的李师道失去了西面的屏障。因而魏博镇的归附在坚固的河朔三镇版块上打开了一个重要的缺口。

也正是因为田兴的主动归顺，才引起了成德、平卢及淮西等藩镇的极大恐慌，如平卢的李师道就企图领兵进攻魏博，但因为宣武镇威胁要进攻平卢，才使得李师道未敢轻举妄动。可以说魏博的归顺，在当时来讲，至少让那些强藩不再是铁板一块，为李纯后来解决河朔藩镇的问题，打下了坚实的基础。

最关键的是，魏博镇的归顺使朝廷在未来征讨藩镇的战略姿态上，取得了有利地位。当时谁也没想到，后来征讨淮西就是因为魏博镇的归顺，使得平卢的李师道始终感觉受到掣肘而不敢援救淮西，从而使朝廷一举取得平定淮西的胜利。

当然,目前的形势是对朝廷有利的,但李纯要想实现“以法度裁制藩镇”的策略，还必须要靠他的努力。要知道不是所有藩镇都会像魏博镇这样主动归顺，如何平定这些强藩，重振大唐帝国的雄风，是摆在李纯面前的一个课题，更是他需要走的一条漫长道路。

# 第三章
# 征讨淮西

魏博镇的主动归顺更加坚定了李纯解决藩镇问题的信心，同时也更加坚定了他走扎实道路的决心。此后李纯十分重视经济问题，注意整顿财政，采取多种措施劝课农桑，兴修水利，赈恤灾民，改革税法，整理漕运，使帝国的经济、财政情况有了很大的改善，为全面开展“以法度裁制藩镇”提供了有力的保证。

元和九年（814 年），李纯在帝国国力逐渐上升的时候，开始继续着手解决藩镇问题。继平定三镇叛乱和强征河朔之后，李纯终于迎来了他平定藩镇割据的最重要一役，也是李纯当政时期影响重大而深远的政治事件，即元和九年（814 年）至元和十二年（817 年）的征讨淮西之战。在这场规模空前、耗资巨大、困难重重、历时长达三年的战争中，李纯的意志和能力受到了严峻的考验，同时也使他平定藩镇的事业逐渐进入高潮。

## 淮西叛逆

淮西镇自李希烈担任节度使后，一直处于割据独立的状态。德宗皇帝李适征讨淮西时，淮西镇将陈仙奇毒杀李希烈，淮西镇重新归顺朝廷，后来兵马使吴少诚又杀死陈仙奇为李希烈报仇，当时朝廷已经无力讨伐，被迫只得任命吴少诚为淮西节度使。

吴少诚为人阴险狡猾，自从担任节度使后，不断招兵买马扩充实力，抗拒朝廷命令。贞元十四年（798 年），吴少诚派兵侵掠霍山（今安徽霍山），贞元十五年（799 年）又占领唐州（今河南泌阳），朝廷因为财政拮据而无力讨伐。此后吴少诚气焰更加嚣张，不断进攻临颍（今河南临颍）、陈州（今河南淮阳）、西华（今河南西华）等地。面对吴少诚的嚣张行为，德宗李适实在忍无可忍，在朝廷财力拮据的窘境下，于贞元十六年（800 年）二月削夺吴少诚的官职，并发兵征讨淮西。

可是讨伐的结果却让李适大跌眼镜，在溵水（今河南商水）之战中，吴少诚打败官军，官军几乎损失殆尽，吴少诚扬言打到长安。于是，李适被迫停止征讨淮西，重新恢复其官职。

就是在那一战后，朝廷再也无法驾驭淮西镇。吴少诚治下的淮西镇俨然成为一个独立王国。

溵水之战发生的那一年，李纯 23 岁。对于当时朝廷的失败和祖父被迫赦免吴少诚的情境，年轻的李纯全都看在眼里，一直到他即位后都始终难以忘记淮西镇带给李唐皇族的耻辱。因而在平定西川刘辟以后，他即有心征服淮西，只是因为后来征讨成德始终无暇顾及。

事实上，当时李纯想要征讨淮西除了想一雪前耻之外，还在于淮西所具有的战略地位。淮西镇地处中原腹地，其势力如果向东北方向推进，可以扼制汴河上的甬桥（今安徽宿县），进而切断朝廷东南漕运这一经济命脉；如果向北推进，可以控制汴梁，进而威胁东都洛阳；向西发展，可以直取襄州地区，切断朝廷通过长江进入汉水北上的漕运路线；因此朝廷一日不得淮西，中原便始终存在隐患。

元和四年（809 年）十一月，吴少诚病死，对于朝廷来讲这是解决淮西问题的绝好机会。可是鉴于当时李纯已经展开了对成德镇的讨伐，为了避免两线作战，李纯只得放弃征讨淮西，于元和五年（810 年）正月，任命吴少诚之弟吴少阳为淮西节度使。

李纯本以为吴少阳上位后，会一改其兄的叛逆行为，但让李纯失望的是，吴少阳反而变本加厉，不仅派人越界抢掠寿州（今安徽寿县）的茶山，截杀往来的商旅，而且扩充军事实力，修筑防塞，并且在职期间一直不肯入朝。李吉甫担任淮南节度使时，请求将淮南治所扬州（今江苏扬州）迁至寿州（今安徽寿县），以便随时征讨淮西，但由于当时征讨成德正陷入胶着，所以其建议未被采纳。

元和九年（814 年）八月，吴少阳病死，其长子吴元济密不发丧，以父亲的名义上表，请求朝廷批准吴元济袭任淮西节度使。对于这突如其来的请求，李纯觉得十分蹊跷，于是派遣太医前往蔡州，以帮助吴少阳治病为名探视真伪。可是吴元济坚决拒绝太医入境，并在辖地的边境上大肆陈兵，在这种情况下，出使在京的淮西镇判官杨元卿认为吴元济蓄意谋反，所以将淮西镇的军事布置及讨伐方略一并上奏给皇帝李纯。

对于杨元卿的上奏，李纯立即召集朝臣们开会讨论。李吉甫认为淮西镇不同于河朔三镇，四周孤立无援，所以应该立即发兵征讨，如果失去这次机会，未来很难再找到合适的机会。而以张弘靖为代表的朝臣则认为吴少阳刚刚去世，朝廷应该先派使者前去吊唁，然后探听虚实，如果吴元济确实有不轨的行为，朝廷再发兵征讨，这样算是师出有名。

李纯听从了张弘靖的建议，派工部员外郎李君何前往淮西镇吊唁。但是李君何刚刚到达淮西边境，吴元济却禁止李君何入境，同时派兵屠杀舞阳（今河南舞阳）百姓，焚毁叶县（今河南叶县）城池，抢掠鲁山（今河南鲁山）、襄城（今河南襄城）。一时间关东地区陷入一片恐慌，各地告急文书接连传到京城长安。

面对吴元济的公开反叛和肆无忌惮的烧杀抢掠，朝廷内外人心惶惶，究竟是讨伐还是姑息，这已经是摆在朝廷面前必须决定的事情。很多朝臣面对吴元济的凶猛来势，希望皇帝李纯能够接受现实，立即任命吴元济为淮西节度使并赦免其罪行，而且他们还指出淮西节度使这个职位不接受朝廷任命，已经有五十年的历史，如果现在贸然改变这一现状，以朝廷目前的实力恐怕很难。

当时在朝臣中主张坚决讨伐的只有以李吉甫为代表的少数朝臣。但就在这极少的主战派中，李吉甫在元和九年（814 年）十月三日不幸病逝，这让李纯悲痛万分，这么多年来似乎只有以李吉甫为代表的少数朝臣是李纯“以法度裁制藩镇”的坚定支持者，现在随着李吉甫的去世，李纯失去了一个强有力的支持者。不过，也正是因为李吉甫的去世，使得悲痛之下的李纯决心讨伐淮西，誓要一雪前耻。

十月二十一日，李纯正式发布《招谕淮西诏》，在诏书中，他首先申明吴元济的罪行主要是未经朝廷批准，擅自继任节度使职位，并且大肆烧杀抢掠。值得一提的是，李纯在谈到这个问题时，十分注意将淮西的普通士兵与吴元济本人区分开来，认为士兵们是受吴元济的胁迫，并非出于本心。因此李纯任命严绶为招抚使，前往襄州、蔡州等地进行招抚。

在唐代，招抚使这个职务具有招抚归顺和讨伐叛逆的双重职责，能招抚最好就招抚，如果招抚不成就进行讨伐。严绶因为能宽以待人和以柔克刚所以被李纯委以招抚的重任，进而号召淮西将士要主动归顺朝廷。

由此可见，李纯的策略是先礼后兵，其重点在于招抚，为了充分表达诚意，李纯许愿淮西将士如能主动归顺朝廷，将赐予淮西将士二百万贯钱。这个数字比起魏博镇当时主动归顺朝廷后所赏赐的价钱要高出五十万贯。

严绶到达襄州后，为争取吴元济的主动归顺，确实作了些努力，但吴元济依然顽固不化，严绶的招抚最终以失败告终。于是，李纯在元和十年（815 年）正月十七日，发布《讨吴元济诏》，正式开始了对淮西吴元济的讨伐。

在征讨淮西的军事将领配置上，李纯是颇费了一番脑筋的。事实上，早在李纯得知吴少阳去世的消息时，便在元和九年（814 年）十月九日，以洺州刺史李光颜为陈州刺史，同时兼任忠武军都知兵马使，统率河东、魏博、合阳三军人马，在北部加强对淮西镇的防御。

在西北方向上，将汝州（今河南汝阳）划归河阳节度使乌重胤，使得河阳军进一步临近征讨淮西的前线，并让乌重胤统帅朔方、义成、陕、益、凤翔、延、庆七地军队，从西北方向淮西镇施压，与李光颜军队形成掎角之势。

在淮西东部，李纯以泗州刺史令狐通为寿州防御使，统领宣武、淮南、宣歙、浙西四军；南部以鄂岳观察使柳公绰率领五千人马奔赴安州（今湖北安陵），与安州刺史李听会合，负责从南面进攻淮西，不过从军队数量上来看，李纯并没有将南路作为主攻方向。

从军事角度来看，可以说李纯自吴少阳去世起，就做好了征讨淮西的准备，这次下定决心征讨淮西，最主要的任务就是任命一个讨伐淮西的总指挥。

李纯下达讨伐诏令后，将讨伐的事宜顺理成章地交给了招抚使严绶，让他负责指挥讨伐淮西之战的全面事宜。严绶显然不是将帅之才，做招抚工作尚且合格，但指挥战争并非所长。接到皇帝陛下的讨伐诏令，严绶并没有制定统一的战略作战方案，而是在事先没有充分准备与诸道军队联系约定的情况下抢先进军，虽然初战取得小胜，但二月二日夜间在磁丘（今河南遂平）被吴元济闪电突袭，严绶猝不及防惨败而逃，带领残兵奔逃五十里退守唐州（今河南泌阳）。

二月九日，寿州团练使令狐通在淮西军队的进攻下也损失惨重，寿州与光州交界处的重要城栅被淮西军队全部攻破。李纯闻讯后十分恼火，于二月二十一日下令以左金吾大将军李文通取代令狐通，将令狐通贬为昭州（今广西平乐）司户。

三月二十九日，李光颜在临颍（今河南临颍）击败淮西军队。四月三日在南顿（今河南项城）再败淮西军队，同时魏博镇节度使田兴派其子田布率领三千人马援助官军讨伐淮西。

李光颜接连打了两个胜仗，挽回了先前令狐通惨败的损失，而且朝廷从四面八方向淮西施压，也让吴元济感受到了极大的压力。在吴元济看来，如果仅凭淮西三州的兵马对付朝廷几路大军，确实存在相当大的困难，于是他派使者奔赴成德、平卢二镇，向王承宗、李师道求救。

早在二月份时王承宗和李师道就相继多次向李纯请求赦免吴元济，但李纯深知成德、平卢二镇与淮西的莫逆关系，征讨吴元济也是变向对王承宗和李师道的一种打压，所以李纯拒绝了王、李二人的请求。

王、李二人的请求遭拒，于是，便开始采取各种手段直接破坏朝廷对淮西镇的征讨。最初李纯在征发诸道人马出兵淮西时，考虑到李师道和吴元济的关系，就没有命令平卢出兵。而李师道为了达到援助吴元济的目的，公然不顾朝廷的权威，派两千人马奔寿春（今安徽寿春），名义上是协助朝廷征讨淮西，事实上是为了观察形势，伺机援救吴元济。

为了进一步达到援救吴元济以及让朝廷罢兵的目的，元和十年（815年）三月，李师道认为朝廷用兵最重要的莫过于粮草的供给，如果能将朝廷在河阴地区（今河南荥阳）转运院所存的江淮租赋烧毁，必然能够动摇朝廷的军心。于是在经过精心策划后，在四月十日夜晚，李师道派数十名精兵突袭河阴转运院，放火将其仓库55间尽皆烧毁。

河阴转运院作为江淮地区上交朝廷租税的主要存放地，是朝廷经济来源的咽喉，具有极其重要的战略地位，说是京城长安的生命线一点也不为过。现在被李师道一把火烧毁，在东都洛阳瞬间出现了骚乱，不少官员为之震惊，纷纷上疏请求皇帝李纯停止征讨淮西。

面对如此严峻的形势，李纯十分担心如果照此发展下去，征讨淮西将难以再继续。不过此时的李纯已经不再是刚刚即位的那个毛头小子，自征讨成德无功而返后，李纯对一切困难与挫折，已经有了极强的心理承受能力，对于目前战场形势的分析，也有了更为清醒的认识。在李纯看来，放火人将河阴转运院烧毁目的就是为了迫使朝廷放弃征讨淮西，如果现在就停止征讨淮西，事实上正好落入圈套。

所以，李纯决定无论如何征讨淮西绝不能停！

不过李纯当时也感到，朝廷军队进展缓慢说明在指挥和战术上存在很大的问题，具体是哪方面的问题，一时间他还不能确定。为了更加有效地摸清战场一线情况以利决策，李纯派出时任御史中丞的裴度奔赴前线行营进行宣慰，一方面表明李纯对前线官兵的关心，另一方面调查官军进展缓慢的根本原因。

就在裴度领命刚刚离开京城长安的时候，李纯就又接到了许多要求停止征讨淮西的奏文。面对这种情况，他当时十分挠头，他不明白为什么这些朝臣遇到些困难，就那么容易退缩，目前的李纯十分需要有人站出来为他打气。

在这个关键时刻，朝廷中一个不起眼的官员勇敢地站了出来，他为皇帝李纯上了一封全面分析征讨淮西之战的奏文，名为《论淮西事宜状》，在这篇奏文中他对征讨淮西的形势提出了自己的看法和建议。

这个官员的名字叫韩愈。

## 论淮西事宜状

韩愈，字退之，河内河阳（今河南省焦作孟州市）人，世称韩昌黎，唐代文学家、哲学家、思想家，古文运动的倡导者。贞元八年（792年）进士及第，累官至监察御史，时任考功郎中、知制诰，晚年任吏部侍郎，又称韩吏部，谥号“文”，又称韩文公，唐宋八大家之一。

贞元十九年（803年），韩愈因为请求减免灾民赋税，被德宗李适贬为阳山（今广东阳山）县令。李纯即位后，重新召韩愈回到朝廷，担任国子监博士、迁都官员外郎。后因才学出众被任为考功郎中、知制诰、中书舍人。

自从李纯下诏征讨淮西以来，韩愈一直关心战事的发展。近来由于前方战事进展缓慢，许多朝臣向李纯施压请求停止征讨淮西，这让韩愈感到有必要向李纯进言，分析战场的形势，提出具体建议，坚定李纯继续用兵的决心。

于是，经过慎重的思考后，韩愈挥笔写下了《论淮西事宜状》，呈献给了皇帝李纯。

在奏文中韩愈针对朝臣们要罢兵的议论，仔细分析淮西目前的局势。他认为淮西镇虽然貌似强大，但难以持久，因为淮西镇以三州之地偏居一隅，而朝廷举天下之力攻破淮西是必然的。韩愈重点建议李纯一定要坚持征讨淮西，不能有丝毫的犹豫。尤其是不能受四个方面的干扰，即经费问题、反战言论、伤亡情况以及国家暂时遭受困难的影响。

韩愈的这些言论并非无的放矢，自从元和五年（810年）朝廷征讨成德无功而返之后，在很多朝臣和将领看来，皇帝李纯对待藩镇的招数，无非先是征讨，征讨不了就进行招抚。正是基于这种看法，这次征讨淮西，虽然很多将领身在一线战场，但都抱有坐而观望不肯主动出战，遇上小挫便畏缩不前的想法，甚至有人还和吴元济暗中来往。例如，李师道就暗中资助过吴元济很多食品和药物。

所以针对上述种种情况，韩愈尖刻地指出了李纯尤其不要受诸多方面的影响，并且对于下一步的战事，也提出了六方面的具体建议：

一、改变军队组成方式。韩愈认为有必要进行改变。因为现在诸道发往前线的军队，一般由两三千人组成，势力单薄又对敌军不甚了解，因而往往会产生怯敌心理，难以前进。而且将帅们因为士兵不是原来所属，所以缺少优恤之心，有的还将本不属于自己的士兵分割开来，分别隶属于不同的地方，让士兵和原来的将领分离，这样极大打击了士兵们的士气。针对这种现状，韩愈认为陈、许、安、唐、汝、寿六州与淮西接壤，每个村落的百姓都有兵器，应该充分发挥这些百姓的作用。因为他们都会担心淮西镇会侵扰他们的家乡，都有保卫自己家乡的意愿，即使不是朝廷刻意组织，他们也会自发组织，防备侵略。如果朝廷再加以招募，立即就可以编成新军，而且还能随时补充兵员，等到平定淮西后，予以重赏荣归故里。

二、集中兵力，协调攻防。韩愈指出环绕淮西各州县的防守线，官军虽然都有大量军队屯驻，但具体到每一处，则兵员甚少，而且相互之间距离也很远，难以互相接应。所以常常被淮西军队劫掠造成伤亡。如果将这些征讨的军队整体划分为四道，每道各领兵三万，选择要害地区屯聚一处，审量事势，乘时逐利，四道可以一同进发，进而一定会使淮西军队狼狈不能相顾，首尾不能兼济。如果不便于进军，则构筑高垒坚守，这样就可以不分散兵力分别设防。对于前线临敌的小县，可以将百姓迁到方便的地方作为行县。





韩愈关于集中兵力、协调行动的建议，是抓住了官军一再失利的关键所在。事实上朝廷的官军总数远远超过淮西军队，但具体到每一城、每一县，甚至是每个堡栅，则由于兵力分散，使得局部兵力反而不如淮西镇。从吴少诚接手以来，淮西镇凡派遣诸将领兵出战，都听由各位将领依据实际情况各自为战，授以机动作战之权，所以就能发挥出每个人的才能。例如，吴元济部将赵昌洪、凌朝江等人都成为了机动灵活、独当一面的将领。试想以这样机动灵活、兵力充足的劲旅，攻击分散固守的朝廷官军，胜败肯定立即能够分出。

三、关于对淮西镇将士的政策问题，韩愈也提出了具体建议。韩愈认为蔡州士卒已被官军击败者，不能大肆杀戮。在韩愈看来，淮西将士为吴元济所胁迫，迫不得已才与官军为敌，而实际上这些人都是国家的百姓。韩愈希望皇帝李纯应该向诸道军队发布诏令，和淮西军队作战时，重点应该是攻心为上，如果对方失去抵抗能力，则不应该过分地杀戮，对每个人都应该广泛宣扬皇上圣德，放他们回家，使其心悦诚服。

四、韩愈在奏文中一再说明万万不可轻易罢兵，甚至将它列为专项的一点，来为李纯详细说明。韩愈认为官军之所以屡次征讨无功而返，都是因为欲速则不达，换句话说叫作心急吃不了热豆腐。原因在于朝廷很在意战争耗费的钱财，只要稍稍亏空，立即请求罢兵。在这样一种情况下，无论是河朔三镇还是淮西镇，都已经摸透了朝廷的脾气，知道朝廷必不会毕其功于一役，所以全都并力苦战，然后请求赦免恩赐。而这种情况又会对朝廷内部产生反作用力，那些主张罢兵的大臣，不惜损害皇权也会主张罢兵。

韩愈在这里着重提醒皇帝李纯，不要因为某些大臣出于私心请求罢兵，就轻而易举地放弃征讨，也不要在淮西镇请求赦免时去轻易地赦免。站在皇帝李纯的角度，必须要做好将征讨淮西坚持到底的准备，直至最后的胜利，即使打上三年也要在所不惜。

五、从整个战略角度来看，韩愈认为征讨淮西要想取得胜利，朝廷在目前局势下不能树敌过多，尤其要稳住成德、平卢二镇，不能让它们与淮西镇联合起来。因为平卢的李师道、成德的王承宗，与淮西吴元济属于同一类人，现在他们听到朝廷讨伐吴元济，其内心必然有援救之意。只是因为两镇实力有限，不会公开支持吴元济，但朝廷应该采取措施提防他们暗中勾结。韩愈建议李纯应该立即下诏，说明朝廷本有意让吴元济担任节度使，只是担心他年少轻狂，所以暂时没有任命，可是吴元济不理解朝廷的良苦用心，抗拒朝命，擅自攻城略地，朝廷是迫不得已才进行征讨，朝廷征讨的用意在于使吴元济归顺，不会占有淮西的一寸土地。

韩愈提出上述建议，显然是出于策略上的考虑，在集中力量讨伐淮西的情况下，要想让王承宗、李师道不因自己也是世袭节度使而产生不安，就尽量使他们相信朝廷不会在平定淮西以后对成德、平卢有所图谋，防止他们倒向吴元济一边。

总体来看，韩愈的《论淮西事宜状》比较全面地指出了征讨淮西战争中存在的问题，并提出了解决这些问题的具体措施，很多见解都属于精辟之见。这在朝廷罢兵呼声极高的情况下，确实给了皇帝李纯巨大的支持。

虽然史书没有明确记载李纯对待韩愈的这些建议的态度，但从后来李纯坚定不移地将征讨淮西进行到底的行动来看，韩愈的建议大多被李纯采纳了。同时也因为韩愈坚决支持李纯征讨淮西的立场，两年后韩愈被李纯任命为淮西宣慰处置使裴度的行军司马，和裴度一起奔赴征讨淮西前线进行督军。

韩愈凭借《论淮西事宜状》，使他在政治领域取得了成就，但千百年来，人们对于韩愈文学成就的认同，远远大于他在政治领域的成就。原因在于他是唐代古文运动的倡导者，所谓古文运动，就是改变汉魏六朝以来的骈体文，恢复先秦时代的散文体。韩愈把古文运动推向了一个新的阶段。他的古文众体兼备，举凡政论、表奏、书启、赠序、杂说、人物传记、祭文、墓志乃至传奇，无不擅长，其论说文气势雄浑，结构严谨，逻辑性强，语言上亦独具特色，尤善锤炼词句，推陈出新，许多精辟词语已转为成语，至今仍保存在文学语言和人们的口语中。

后人把他与柳宗元、苏轼、苏辙、苏洵、曾巩、欧阳修、王安石合称为唐宋八大家，并尊他为唐宋八大家之首。杜牧把韩文与杜诗并列，称为“杜诗韩笔”；苏轼称他“文起八代之衰”。

从此“古文自唐以后为一大变”，一改淫靡的文风。苏轼据此称赞韩愈“文起八代之衰”。韩愈的文学主张，对于后代文学理论的发展和文学实践活动都有积极的影响。

韩愈是一个气场和存在感均极强的人物。作为文坛领袖，他“手持文柄，高视寰海”“三十余年，声名塞天”。作为一个生命个体的“人”，他刚直敢任，人格伟岸，诚为伟丈夫。以继承儒学道统自居，开宋明理学家之先声。故宋人苏轼对他推崇备至，称他立下“文起八代之衰，道济天下之溺”的丰功伟绩。

## 谋杀

韩愈的《论淮西事宜状》让李纯信心大增，从而使得征讨淮西之役没有半途而废。一直到元和十年（815 年）五月，征讨淮西之战已经进行了半年有余，虽然战场的形势并不十分乐观，但李纯讨平淮西的决心丝毫没有动摇。在这样一种现状下，五月二十六日，前线终于传来了好消息：李光颜在时曲击败淮西军队。

李光颜自受命出征以来，一直在陈州方向独当一面，进驻溵水河畔后，开始向时曲逼近。由于时曲距离郾城不远，淮西军队倾力进攻李光颜，企图逼迫其后撤。当时由于李光颜军营前的栅门被敌军封死，李光颜下令从左右两面自毁栅墙，领军奔出迎战。李光颜冲锋在前，一连四次反复冲击敌阵，敌军知道他是主将，便集中弓箭向他射击，李光颜身中数箭，依然奋战不止，官军士气于是为之大振，便跟着主将奋力冲杀，进而打败淮西军队，杀敌数千人。

捷报传到长安，李纯十分高兴，朝官们纷纷入朝拜贺，这更加坚定李纯继续征讨淮西的决心，于是他决定让宰相武元衡全权负责针对淮西的用兵事宜。

武元衡因先前不依附王叔文集团而受到当时还是太子的李纯的赏识。元和初年，武元衡力劝李纯征召镇海节度使李锜入朝，使得李锜谋反的企图暴露。高崇文平定西川后就留在那里镇守，所以李纯以武元衡取代高崇文，出任剑南西川节度使。元和八年（813 年），李纯将武元衡召回京城，任命为宰相。当时由于李吉甫和李绛两位宰相矛盾颇深，都极力拉拢武元衡加入自己阵营，但武元衡不偏不倚，所以被李纯称赞为长者。

淮西吴元济反叛以来，武元衡力主讨伐，在李吉甫去世后，他算是成为了首席宰相，为皇帝李纯分担征讨事宜。李光颜在时曲取得大捷后，李纯将讨伐淮西的事宜正式交给武元衡处理。而武元衡也的确没有辜负李纯的期望，自他全面接手后，兢兢业业为讨平淮西之事昼夜忙碌，同时也使战场的形势逐渐好转起来。

李纯将征讨淮西事宜全权交给武元衡，这充分说明武元衡在他心目中的位置，但无论是李纯还是武元衡自己都一定不会想到，一场杀身之祸正向武元衡逼近。

朝廷征讨淮西的每一个胜利，都会让吴元济感受到前所未有的压力，同时也让平卢的李师道和成德的王承宗感到恐慌。李师道先前派人烧毁朝廷的河阴仓院，在洛阳制造骚乱，这些都没能使朝廷罢兵休战，反而加强了对淮西的用兵力度，这让他们感觉有必要前往朝廷走一趟，为吴元济进行开脱。

于是王承宗派牙将尹少卿前往长安求见武元衡。在和武元衡的交谈过程中，尹少卿口吐狂言，对武元衡十分不敬，结果被武元衡严厉斥责。尹少卿回到成德向王承宗禀报后，王承宗大怒，立即上疏皇帝李纯，竭力诋毁武元衡。

但李纯并不为其所动，在给王承宗的回复中，李纯告诉他：武元衡作为自己的代表，能够接见藩镇派来的代表，已经算是很给他面子了。尹少卿居然还口吐狂言，如果换作自己，一定不会让他走出宫中半步，现在武元衡是征讨淮西的全权负责人，他的位置无人能够代替。

正是李纯这最后的一句话，给武元衡带来了杀身之祸。

王承宗在皇帝陛下那里吃了闭门羹，这让他十分郁闷。他将皇帝的回复带给了李师道，李师道知道后也感觉如鲠在喉，他们一致认为以武元衡为首的主战派是横在他们面前的一道强有力的障碍。如果没有这些主战派，李纯征讨淮西的信心会大为受挫。

于是，一个刺杀计划就这样应运而生。

元和十年（815 年）六月三日清晨，京城长安天色未明，宰相武元衡像往常一样早早起身，准备去宫中早朝。自五月李光颜时曲大捷以来，皇帝李纯一再指示中书省、尚书省等有关部门要加紧协调配合，做好征讨淮西的各项相关事宜，保证前线将士及粮草物资的相关供应，因此这段时间里武元衡相当忙碌。

武元衡的居住地在长安城东南的靖安坊，是朱雀门街东第二大街第五坊，属于万年县管辖区域。这一坊是不少达官贵人居住的地区。

武元衡与护卫从靖安坊东出门后，秉灯烛沿街北行，准备由丹凤门入大明宫。当时护卫在前开路，武元衡骑马居后而行，就在他们刚刚出门不久，忽然从旁传来一声高喊：

“灭烛！”

“是谁在乱喊？”武元衡的护卫警觉地呵斥道，然后向两旁不断察看，已经将刀抽出。

护卫们的反应十分正常，因为此时天色未明，而且宰相出行居然有人在路边高喊，这已经是犯了冲撞之罪，所以护卫们立即紧张起来。

此时武元衡也觉得事有蹊跷，正准备下马询问究竟，但就在他还没完全下来的时候，一支冷箭射中了他左肩。

“哎哟！”武元衡疼得一头栽落马下。

“保护宰相大人！”领头的护卫一声高喊，紧接着护卫们开始向四周扩散试图找出放冷箭的人。

几乎就在同一时间，路边忽然闪出几个人影，以极快的刀法瞬间劈倒两名护卫，径直奔到试图挣扎站起的武元衡身边。没等武元衡反应过来，一刀砍下了他的头颅，然后又以极快的速度向东南方呼啸而去。

这一切都是在瞬间完成的事情，等到护卫们反应过来迅速围拢过来的时候，只见失去头颅的武元衡已经倒在血泊之中。

案发的时候夜色依然很浓重，坊间路上还没有行人，巡逻的兵卒得知武元衡被害后，立即高声呼喊：

“贼人杀害宰相了！”

很快，这个消息传到了皇宫之内。

当时宫中很多官员不知道究竟是哪位宰相遇害，等到不久后武元衡的护卫将其坐骑牵到宫中后，人们才知道遇害的是李纯最为信任的武元衡。

当时众多朝官人心惶惶，事实上，那时他们还不知道，几乎就在武元衡遇害的同一时间，距离靖安坊不远的通化坊也发生了袭击事件。

这次刺客们的目标是另一个支持李纯征讨淮西的御史中丞兼刑部侍郎裴度。

裴度最初担任河阴县尉，后为监察御史，因上疏批评权贵而获罪，被贬河南府功曹。元和六年（811 年）以司功员外郎身份知制诰，参与起草皇帝诏命。元和七年（812 年）出使魏博进行宣慰，元和九年（814 年）作为李纯的特使巡视淮西行营，归朝后告诉李纯，朝廷只要坚持讨伐淮西，一定能够取得胜利。

因为裴度也力主讨伐淮西，所以他和武元衡一同被藩镇列进了暗杀的黑名单中。

裴度当时居住的通化坊，位于长安城东南角最后一坊。六月初三清晨，裴度也是骑马与护卫出通化门上朝。事先埋伏在路旁的刺客上前挥剑猛砍，由于裴度躲闪及时，第一剑砍断了束带，可是裴度没有躲过第二剑，被砍在后背上，第三剑砍在了头部，裴度剧痛之下翻身落马，跌入路旁的沟中。在这紧急关头，随从王义猛扑上前，抱住刺客，并大声疾呼捉贼，刺客一时间脱身不得，于是挥剑砍断王义的手臂，仓皇向南逃去。

裴度此次被袭，所幸当时头戴扬州毡帽较厚，所以不至于送命，又有王义拼死相救，最终免于一死，可是当时伤势极为严重。

天色大亮之后，李纯准备在宣政殿上朝，忽然听到有司上报宰相武元衡遇袭身亡和裴度遇袭受伤的消息，大为震惊。当他恢复理智后转入延英殿后，终于抑制不住悲痛之情，放声大哭起来。

武元衡的身亡和裴度的受伤，使李纯受到极大的打击。一年多来坚决支持自己讨伐藩镇的宰相李吉甫病逝而去，而现在这两位力主讨伐藩镇的宰相，一个身亡，一个重伤，这不禁犹如抽去了李纯的主心骨，让李纯一时间有些不知所措。

当然，此时年近不惑的李纯，不再是十多年前刚刚即位的毛头小子，如果说那时李纯对西川刘辟的挑战尚有所犹豫，那此时的李纯可以说是愈挫愈强，不达目的绝不罢休。

“传朕旨意，三日内缉拿袭击两位宰相的凶手，从今天开始增兵淮西，不讨平淮西绝不停止。”

李纯已经下定决心，可以说武元衡的死和裴度的重伤让李纯的心瞬间强硬起来，即使未来遇到再大的困难，都不会动摇他讨平淮西、重振大唐帝国雄风的决心。

李纯当日下令宣布缀朝五日以示哀悼武元衡，追封武元衡为司徒，赠谥号“忠愍”，并规定今后凡是宰相出入，都由金吾卫士兵张弦露刃，严加保护。

李纯要求三日内缉拿凶手，这当然是很难完成的任务。但在袭击事件之后，在京兆府、长安县、万年县等地的路边墙上，留下了“勿急捕我，我先杀汝”的字条。因此一些官员纷纷担心祸至自身而不敢紧急搜捕刺客。当时兵部侍郎许孟容见到负责缉拿刺客的官员全都消极怠工，为此上疏李纯，认为自古以来还从来没发生过宰相横尸路边，却没有找到凶手的事例，这真是朝廷的耻辱。

李纯接到许孟容的奏疏后，针对官员们消极怠工的现状，在六月八日发布《捕杀武元衡贼诏》，诏文言辞激烈，并悬赏两万贯钱缉拿凶手。李纯让人将悬赏的榜文贴在京城中心地带，据韩愈的记载，当时百姓围观者每天有数万人。为了尽快找到凶手，李纯要求在京城长安进行全城大搜捕，公卿百姓凡是家中有夹壁、重楼的都要搜索一遍，尤其要对来往行人特别是燕赵之地的人进行严加排查。

六月十日，神策军将领王士则等人上报，说在京城的成德进奏院（类似于现在的地方驻京办事处）捕获恒州士卒张晏、李惠嵩等八人，系刺杀武元衡和裴度的凶手。李纯接奏后，命令京兆尹裴武、监察御史陈中师加以审讯核查。

经过半个多月的认真审讯核查，张晏等人对刺杀武元衡和裴度的罪状供认不讳。于是，李纯在六月二十八日发布《诛杀武元衡贼张晏等敕》，下令处死张晏等八人。

当时凶手是在成德进奏院里被抓到的，从表面上看好像成德镇的王承宗是幕后主谋，而且王承宗也的确上疏诋毁过武元衡。因为征讨淮西，李纯不想树敌过多，所以李纯在敕文中只字未提王承宗，但人们似乎更相信王承宗是这次袭击事件的始作俑者。

不过对于张晏等八个人是否就是杀害武元衡的凶手，刑部尚书张弘靖表示怀疑，他上疏请求李纯一定要谨慎处理这件事，但李纯并没有接受，依然下令将张晏等人处死。

当时李纯只想着及时破案，为武元衡和裴度报仇，同时也是为了挽回朝廷的脸面，他并不知道事实上袭击两位宰相的真凶另有其人。

这件事情一直到侦破一件谋反案方才真相大白。

## 圆净谋反案

宰相武元衡被害身亡，裴度身受重伤，反而激发了李纯继续加大对淮西用兵的力度。在裴度修养疗伤的二十多天里，李纯诏令宫中卫士驻扎通化坊日夜守卫，时刻保护裴度的安全。

袭击事件发生后，朝廷主张停止征讨淮西的大臣请求李纯免去裴度的官职进而安慰成德、平卢藩镇的情绪。李纯听到这样的意见后，顿时怒不可遏。

“如果罢免裴度，那就正好中了他们的奸计，朝廷从今以后再也没有纲纪可言，只要裴度还在，足破藩镇。”

这是李纯当时甩给那些大臣的话。

六月二十四日，在裴度尚未完全伤愈的情况下，李纯召裴度入宫密商平藩之事，并指示裴度今后如果有事不必等待在宣政殿上朝时再说，可以直接入延英殿奏见。六月二十五日，李纯颁布诏令，以裴度为中书侍郎、同平章事，全面负责征讨淮西事宜。

作为武元衡的接替者，裴度也很好地履行了自己的职责，他向李纯建议集中优势兵力一举平定淮西。为了让裴度更加及时地了解前线的战况，李纯破除了宰相不得在家中见客的规定，特许裴度可以在家中会见各方人员。

裴度全面执掌征讨淮西事宜后，朝廷内自武元衡被杀后的惶恐气氛逐渐消失，朝臣们一致认为裴度有能力担当重任。同样，裴度的出山，也让藩镇们开始产生焦虑。

七月五日，李纯针对王承宗派刺客袭击宰相之事，颁布《绝王承宗朝贡敕》，追究王承宗的责任。在敕文中李纯虽然指明王承宗袭击宰相的罪状，但鉴于征讨淮西不便树敌过多，李纯只是断绝了王承宗的朝贡，没有继续深究。

就在所有人都以为王承宗是幕后主使时，平卢的李师道向所有人证明了他才是整个事件的始作俑者。之所以李师道会站出来，原因在于他低估了李纯的信心，以及对裴度出山的顾虑。

李师道派人袭击宰相以后，原本认为李纯会因此被迫停止征讨淮西。但事实恰恰正相反，李纯不仅没有罢兵，反而继续增兵，并且重用裴度，实在有些不荡平淮西誓不为人的架势。在李师道看来，裴度是个和武元衡一样厉害的角色，裴度执掌征讨淮西事宜，丝毫不逊于武元衡。

眼下指望再派刺客进行二次暗杀已不现实，毕竟朝廷已经加强了戒备，因此李师道只得谋划采取另一种方式，准备在东都洛阳发动叛乱，再次迫使李纯罢兵。

七月七日，李师道与嵩山僧人圆净密谋，意图在东都洛阳发动兵变。之所以他会找到圆净，是因为圆净早年是史思明的部将，年轻时勇猛强悍，安史之乱平定后，削发为僧隐匿于嵩山之中，但仍与河北藩镇保持着密切的联系。虽然此时圆净已经是个80岁的老人，但他依旧贼心不死，妄图有一天东山再起为史思明报仇。

圆净曾经向李师道献计，在伊阙（今河南伊川）、陆浑（今河南嵩县）两地十余处地方多多购置田地，然后聚集山棚（以打猎为生的山民）居住，供给他们衣食，以便将来在东都起事。

正是基于上述原因，李师道觉得要想在东都制造混乱，圆净是个很好的人选。

当时李师道的平卢镇在洛阳设有进奏院，因为平卢将士强悍，他们往来其间朝廷官员全都不敢过问。在此之前淮西军队已经多次逼近东都洛阳，因此守卫洛阳的军队基本上都屯驻于伊阙，而洛阳城中的守备力量则相对空虚。

八月二日，李师道暗中挑选勇士数百人交给了圆净，潜伏在洛阳进奏院中，准备在第二天发兵焚烧东都皇宫。李师道准备得相当充分，他现在唯一等待的就是明天太阳的升起。

然而，就在这一夜意外发生了。

当天晚上，圆净在进奏院中烹宰牛羊犒劳这些第二天跟着他一同起事的兄弟。可是因为食物分配不公，其中两个士兵杨进和李再兴因为口出怨言而被圆净责罚，两个人心中越想越气，因此决定前往东都留守吕元膺那里告发李师道。

吕元膺得知消息后大吃一惊，立即派人从伊阙调回大量兵马，迅速包围平卢进奏院。当叛军得知官军前来围剿时，立即关闭大门试图与官军对抗，一时间官军将平卢进奏院围得水泄不通。

由于叛军防守严密，官军虽然努力想冲进进奏院，但效果并不理想。就在官军稍微松懈之时，圆净带领叛军开始向外突围，当时防御判官王元茂杀死一名叛军士兵准备冲进进奏院，结果叛军被迫强行突围，官军的包围圈被冲开了一个缺口，叛军迅速突围渡过伊水，逃往西南的深山之中。

东都洛阳的西南方向，与邓州（今河南南阳）、虢州（今河南栾川）接壤，边境上山高林深，如果仅仅依靠官军的力量去搜捕叛军，那无异于是大海捞针。所以为了将叛军一网打尽，吕元膺决定发动那些山棚来为自己做事，为此他设立重奖，只要能协助官军活捉叛军者及提供叛军行踪消息的，奖赏一百两白银。

在那些普通的山棚们看来，这绝对比李师道给的供给要诱人得多。

所以，几个月后，有一个山棚外出卖鹿肉时，被叛军洗劫一空，于是这个山棚将消息告诉了吕元膺。吕元膺当即领兵迅速包围叛军隐藏的地方，将圆净和全部叛军活捉。

吕元膺将参与叛乱的士兵全部处死，其中包括和李师道勾结并接受李师道授职的东都留守将领一人、防御将一人以及驿卒八人。当然最关键的是在案件的审理过程中，圆净交代了暗杀武元衡的刺客是李师道所派，并非王承宗所为。吕元膺立即将这个消息密奏皇帝李纯，同时建议李纯加强东都洛阳的防卫，防止再次出现变故。

东都事件的发生，使李纯再一次感到震惊。在他看来，如果叛乱没有及时得到制止，叛军数千人完全占领洛阳不是没有可能的事情。洛阳如果失控，吴元济很容易就会北上进兵中原地区，那时候形势的变化将对朝廷十分不利。

为此李纯重赏了吕元膺，同时他也知道李师道虽然罪大恶极，但目前局势下他只能牙掉了往肚子里咽，绝对不能表现出知道刺杀武元衡的幕后指使者是李师道的事实。因为目前讨伐淮西依然未果，前段时间又断绝了王承宗的朝贡，现在再贸然和李师道决裂，朝廷断无必胜的把握。

“李师道！朕暂且忍下了，平定淮西后，下一个目标就是你！”

## 二讨成德

元和十年（815 年）九月，征讨淮西的战争已经进行了将近一年，可是战场形势依旧未发生根本变化。李纯所倚重的严绶自二月在磁丘打了败仗后，在拥有襄、邓、唐、随、均、房、郢、复八州兵马的情况下，居然壁垒自守不敢出战。李纯一怒之下将严绶撤职，改由宣武节度使韩弘任统帅。

韩弘，颍川滑州（今河南滑县）人，少年父母双亡，依靠舅舅汴宋节度使刘玄佐长大。舅舅去世后，汴州出现兵变，韩弘被推举为节度使留后，带领人马将叛军 300 人全部杀死，此后二十余年的时间里，汴州再也没有胆敢犯上作乱。当时宣武镇所辖汴、宋、亳三州，处于河北藩镇与淮西之间，战略地位十分重要。十几年来韩弘不曾入朝，甚至有时还暗中允许李师道经其防区以食盐接济淮西镇。

即使这样，李纯依然决定让韩弘担当统帅，除了宣武镇战略地位十分重要之外，韩弘的威望在当时也是无人能比。

除了更换主帅之外，李纯同时将严绶先前统辖的山南东道一分为二，分别设立两个节度使，由户部侍郎李逊任襄、复、郢、均、房五州节度使，主要负责以五州赋税供给前线。以右羽林大将军高霞寓为唐、隋、邓三州节度使，专事于征讨淮西。

韩弘接任统帅后，于十一月二十五日请求李纯批准命令众军从四面合围淮西。当攻击开始之后，淮西军队集中力量攻击正北方向的乌重胤阵营。乌重胤带领士兵拼死奋战，身中数枪，血染战袍。在形势十分危急的情况下，乌重胤派人请李光颜火速增援。李光颜在来不及请示韩弘的情况下，立即派部将田颖、宋朝隐前去救援。田、宋二人领兵袭击淮西军的小溵桥营垒，迫使淮西军队回军自救，从而解除了对乌重胤的包围。

可是此次救援行动虽然成功，但韩弘却认为李光颜违反军令擅自调动军队，应予以处罚，命令李光颜将田颖、宋朝隐押至都统行营，准备按军法处置。恰在此时，朝廷派使者景忠信前来宣慰，景忠信了解情况后，矫称皇帝有令暂时将田、宋二人关押听候处理，然后飞速向李纯说明详细情况，最终赦免了田、宋二人。

但这样一来，就遭到了韩弘的强烈抗议。当时韩弘看到李纯的诏书后极度不满，他派使者进京，向李纯讨要说法。而这边李光颜也上疏说明情况，李纯看到两大将领各不相让，于是采取和稀泥的方式让韩弘的使者回去劝慰韩弘：目前形势下平定淮西是首要的任务，即使李光颜犯些小错误，在战局如此胶着之下，也可以通融。

韩弘在皇帝那里碰了一鼻子灰，内心十分郁闷，也就是从此时开始，他对征讨淮西开始产生消极的态度。据史书记载，韩弘甚至有了拥兵自重，以战养战，逐渐将自己的势力做大做强的想法。每当听说官军在征讨淮西之战中打了胜仗，他都闷闷不乐很多天。

从元和十年（815 年）十月韩弘担任征讨淮西的统帅，到元和十一年

（816 年）五月，半年多的时间里，官军在淮西不同方向的战场上都取得一些小胜利，如元和十年十一月，李光颜、乌重胤在小溵水击败淮西军；元和十一年三月寿州刺史李文通在固山击败淮西军队；同年四月，李光颜、乌重胤在陵云栅斩敌三千。

不过虽然官军在局部战场取得一些胜利，但从整个战场形势来看，征讨淮西之战依然处于相持阶段，再加上主帅韩弘心思不整，所以官军一时间尚不能平定淮西。而淮西方面也没有实力向官军发起大规模的反攻，就是在这样一种局面下，谁也没有想到的是，李纯居然下令第二次征讨成德。

自从李纯诏令断绝王承宗的朝贡以后，考虑到淮西之战正在进行，所以没有立即征讨成德。但王承宗显然并不安分，不断在与魏博交接地区挑衅，为此，田兴的军队屡次遭到偷袭。于是，田兴被迫上表朝廷，请求皇帝李纯批准本镇讨伐王承宗。

元和十年（815 年）十月，在田兴的一再请求下，李纯正式批准田兴进兵贝州（今河北清河）。此外，由于王承宗纵兵四处抢掠，除魏博之外，幽州、沧州、定州三镇也深受其害，因而三镇也跟着上表，要求一同征讨王承宗。

近几个月来，王承宗尤为嚣张，不仅与李师道互通，而且在武元衡被刺杀后，四处派遣盗贼多方骚扰，焚烧襄州佛寺，砍断建陵（唐肃宗李亨陵墓）门戟四十余支，烧毁献陵（唐高祖李渊陵墓）寝宫。对于王承宗的胡作非为，李纯也是一忍再忍，目的就是为了避免在征讨淮西的同时，在河北地区建立第二战场。

事实上，成德的祸害在李纯心中尤甚于淮西。曾经征讨成德无功而返，让李纯始终耿耿于怀，而且成德距离京城比淮西要近很多，彻底削平成德这一河北藩镇毒瘤，一直是李纯心中挥之不去的结。

可是，要同时兼顾淮西和成德两个战场，朝廷的财政及军事力量的确难以支撑。李纯又是一个极重君臣情感的皇帝，对于那些主动放弃拥兵自重而归顺朝廷的藩镇，李纯尤为关照。早在第一次征讨成德时，李纯心中已有罢兵的打算，只是碍于卢龙刘济的情面，迟迟未肯罢兵。张茂昭主动放弃义武军节度使之职，全家归顺朝廷，李纯也是给予了特别的优待。现在田兴屡屡请求征讨成德，如果拒绝下去，李纯担心会伤害田兴的忠正之心，而且二次征讨成德，主要是河北藩镇自己出兵，想来不会对征讨淮西有太大的影响。

考虑再三，李纯最终同意了以田兴为代表的河北藩镇讨伐成德的请求，但却遭到了朝中诸多大臣的反对。中书侍郎、同平章事张弘靖认为，征讨淮西还没有结果，现在再讨成德，朝廷难以支持两场战争同时开打，所以应该等平定淮西后再讨成德。翰林学士、中书舍人钱徽，知制诰萧俛等人不断进言劝李纯罢兵。然而此时的李纯决心已定，为避免反战的大臣们干涉征讨成德事宜，李纯解除了钱徽、萧俛的职务，进而借以警告其他人勿再进罢兵之言。

依据当时的情况分析，李纯决定二讨成德，应该是得到了宰相裴度的支持，因为在史料中没有裴度阻止征讨成德的记载，而且元和十年底，朝廷宰相班子成员有裴度、张弘靖、韦贯之、李逢吉等人。张弘靖、韦贯之二人明确表示反对征讨成德，而裴度是个直率之人，如果他不赞成征讨成德，绝不会缄默不言。

元和十一年（816 年）正月十七日，李纯正式发布《讨镇州王承宗制》。不过制书发布后，依然有大臣反对向河北用兵，韦贯之力主先征讨淮西，再讨王承宗，并请李纯一定要吸取当年德宗李适在位时泾原兵变的教训。对于韦贯之的建议，李纯根本未予理睬。

事实证明，二次征讨成德对于李纯最后平服藩镇具有十分重要的意义，而且征讨成德开始以后，魏博镇接连取得胜利：

元和十一年（816 年）正月，攻取成德武强（今河北武强），一胜。

二月二十三日，占领固城（今河北大名），二胜。

三月十八日，攻占乐寿（今河北献县），三胜。

四月三十日，于九门（今河北正定）斩杀成德军千余人，四胜。

七月六日，于南宫（今河北南宫），五胜。

这一连串的胜利，让李纯十分兴奋，同时也堵住了那些反对征讨成德大臣们的嘴。可是就在征讨成德一切顺利时，淮西战场传来了官军惨败的消息。

## 铁城之败

元和十年（815年）十月，李纯免去严绶的职务，任命韩弘为征讨淮西统帅，同时也任命高霞寓为唐、隋、邓节度使，专事进攻淮西西部地区。可是一直到元和十一年（816年）四月，高霞寓在西线一直没有采取大的进攻行动。

高霞寓，范阳人，自幼熟读《左氏春秋》及孙吴兵法，有大志，喜好高谈阔论。李适在位期间，投身于高崇文的部队，由于作战勇敢受到高崇文的赏识。征讨西川时，高霞寓作为先锋连战连捷，曾攻克鹿头城。平定西川后，高崇文向皇帝李纯极力推荐高霞寓，被任命为彭州刺史。元和五年（810年），以左威卫将军随大将吐突承璀征讨成德，归京后任为左散骑常侍、三城都团练防御使。

李纯重用高霞寓，本来是因为他久经战阵，非常骁勇，希望他能在淮西战场建立新功。但是高霞寓是个优点与缺点同样突出的人，其缺点就是勇猛有余，智谋不足。作为一员战将高霞寓是十分合格的，但作为独当一面的统帅，他并不擅长。

元和十一年（816年）六月，高霞寓统率大军从唐州（今河南泌阳）出发进兵淮西，在萧坡（今河南泌阳东部）小胜淮西军队后，其下令大军进攻文城栅（今河南遂平）。文城历来号称坚固难破，因此被称为"铁城"。

两军再次交战时，淮西军队佯装败退，而高霞寓却错误地判断敌军败局已定，于是下令全军出击。可是当他带领人马进一步深入后，敌军伏兵齐出，突袭高霞寓大军，最后高霞寓仅得只身逃回，退保唐州。

唐州当时是官军征讨淮西的重点方向之一，铁城之败史书上没有记载官军损失的具体数量，但从高霞寓仅以身免来看，官军可谓损失惨重。事实上自从征讨淮西以来，诸将胜则夸大，谎报战果；败则隐匿不报；这次高霞寓全军覆没，实在无法再掩盖，于是只得上报李纯。铁城之败的消息在朝廷一经传开，所有人无不惊惧万分。

铁城之败是官军继磁丘之败后的又一次惨败。面对这种形势，以宰相韦贯之为代表的罢兵之音再一次响起，而以宰相裴度为代表的部分朝臣则坚决主张继续征讨淮西，为此两派之间展开了激烈的争论。不过李纯倒是始终保持清醒的头脑，在韦贯之和裴度争得面红耳赤的时候，李纯只给两位宰相说了一句话:“兵食不足者助之耳，岂得以一将失利，遂以罢兵乎？”

可见遭遇两次惨败依然没有让李纯丧失信心。

七月十八日，宣武军奏报在郾城击败淮西军两万人，魏博镇也传来击败成德军队的消息。这些战报让一个月来始终因铁城之败而闷闷不乐的李纯十分高兴，幸好他一个多月前选择了继续坚持，否则征讨淮西将会功亏一篑，为此他罢免了韦贯之的宰相之位，后来又以结党营私的罪名贬其为湖南观察使。

应该说韦贯之的离去是一个标志，也就是从此时开始，在征讨藩镇的问题上，李纯彻底扫清了障碍，独用裴度之言，朝廷之内再也没有响起罢兵的声音。

铁城之败显然是因为用人不当，对于这一点李纯进行了深刻的反思。当他诏见高霞寓责问其失败原因时，高霞寓为了推卸责任，谎称失败是由于负责军饷供给的襄、复、郢、均、房五州节度使李逊接济不及时所致。李纯明白高霞寓这是在强调客观原因，于是下令将他贬为归州（今四川秭归）刺史，李逊贬为恩王傅（恩王的老师）；同时调河南尹郑权任山南东道节度使，荆南节度使袁滋为漳义节度使，以唐州作为治所。

调任郑权属于提拔，而调任袁滋则是李纯及时纠偏的行为。

在征讨之初，李纯曾以袁滋在元和初年不敢出使西川的表现，将袁滋调离征讨淮西的前线，但后来任用严绶、高霞寓都以败军而严重失职，于是李纯开始考虑当初调离袁滋是否正确。

袁滋本是蔡州郎山（今河南确山）人，其祖先的坟墓都在郎山，他担任山南东道节度使时，吴元济曾为其整修过祖坟，并禁止无关人员在墓区放牧，袁滋亲属有在家乡者，则授予官职供以俸禄。元和十一年(816 年)初，当征讨淮西的战争久无进展，许多官员上疏请求罢兵时，袁滋也从荆南奔赴京城准备面见李纯请求罢兵。当行至邓州（今河南邓县）时，听说萧俛、钱徽因请求罢兵被贬，所以他改变主意，在见到李纯后极力主张征讨淮西。

高霞寓在铁城惨败后，李纯想到袁滋曾经主张征讨的进言，又想到其善于治民的优点，认为让袁滋重归故地任职，也许可以为征讨淮西发挥作用，于是才有了以袁滋为漳义节度使的任命。

值得一提的是，从地理角度而言，袁滋担任的漳义节度使其实就是淮西节度使，包括淮西的蔡、申、光三州。在未收复淮西三州的情况下，李纯的这个任命，是向淮西将士及百姓表示朝廷对淮西的关怀和重视，以治民有方的袁滋取代暴虐的吴元济。

考虑到袁滋出身儒生，李纯又于七月二十四日调任武将杨旻担任唐州刺史、行营都知兵马使，配合袁滋开展对淮西的工作。李纯这次的目的本来是希望袁滋以怀柔和征讨两种策略展开对淮西的攻势，然而袁滋的表现却让李纯大失所望。

袁滋上任后，下令撤去边境上的巡逻点，规定军官不可越入吴元济的淮西境内，甚至当淮西军队进攻唐州东北的新兴栅时，袁滋竟以十分卑微的言辞劝说淮西军队不要进攻。吴元济因此不再将袁滋放在眼里，袁滋到任半年，不仅毫无建树，而且再一次上疏李纯请求罢兵。

这一下李纯愤怒了！

袁滋的所作所为，显然已经违背了李纯的初衷，于是他决定再次改易淮西西部战场的官军统帅。十二月二十三日，李纯宣布以太子詹事李愬出任唐、随、邓节度使，同时贬袁滋为抚州刺史。自李愬来到唐州后，淮西西部战场的形势才逐渐好转。

高霞寓在淮西西部战场上遭遇惨败的同时，唐军在淮西的北部战场却接连取得胜利，可是这种战况不足以改变整个战场的形势。李纯认为征讨淮西的官军多达九万人，可是两年多的时间里，居然没有取得带有战略转折性的胜利，淮西各战场上的局部胜利未能使淮西镇瓦解，这有必要加强对诸军的督察。

元和十一年（816 年）十一月二十日，李纯派宦官梁守谦担任监军宣慰前线，同时带去空白的告身（唐代授官的凭证）五百张以及大量的金帛，以奖励有功将士。十一月二十九日，李纯加封李光颜等人为检校官，同时也下诏严厉训诫李光颜等人，如果战事依旧不能取得决定性进展，朝廷将对有关将领予以严厉惩戒。

事实证明，正是在李纯这种恩威并施，并不断调整策略的努力下，征讨淮西之战终于现出了胜利的曙光。

## 李愬备兵

元和十二年（817年）初春，征讨淮西的战争已经进入到了第四个年头，战场形势仍无明显好转。二月二十四日，从包围淮西的南线战场传来消息，岳鄂团练使李道古进攻淮西申州失利。

李道古是唐朝宗室曹王李皋之子，德宗时期李希烈发动叛乱时，李皋曾率江汉军队遏制李希烈的叛军。元和十一年（816年），李纯认为岳鄂观察使柳公绰在淮西战场没有取得明显战绩，因此听取裴度的建议，调任李道古出任鄂、岳、沔、蕲、安、黄六州团练观察使，希望李道古能在淮西南部战场上牵制吴元济。然而事实却是他和袁滋一样，也让李纯倍感失望。

李道古接受诏命后，由黔中火速赶往鄂岳治所安州（今湖北安陆）。当他到达安州时，柳公绰听说新任观察使到任，连忙出来迎接，可是李道古自恃宗室之子，态度傲慢无礼，入城后竟将柳公绰的不少家产据为己有。

李道古到任的第一天便诬奏安州刺史李听作战不利，将李听免职，自己直接统领安州的军队。柳公绰在任期间，与安州刺史李听配合默契未曾失败过，现在李道古免去李听独揽大权，这引起了将士们极大的不满。

元和十二年（817年）二月，李道古督军从黄州（今湖北新州）出穆陵关（今河南新县南），进攻淮西镇南部的申州（今河南罗山），李道古首先攻下了申州外城，随后进逼中城。入夜之后，城中淮西士兵突然在城头上大声呼喊，然后同时打开城门，从城内猛然杀出，李道古猝不及防，仓皇而逃，官军损失惨重。

申州之败最终使得皇帝李纯对征讨淮西南线的战事再也难以抱有期望。

鉴于南线、西线战事进展不顺的局面，数月来李纯一再诏令韩弘、李光颜等人尽快进兵，在南线、西线均进展不顺的情况下，李纯当然希望在北线战场上有所突破，进而打破整个战事的僵局。

三月下旬，李光颜派遣部下行营兵马使王沛带领五千人马乘夜从溵水合流处渡河，经过一番苦战，终于在溵水南岸稳住阵脚，其余官军趁机渡河，直逼郾城。

三月二十七日，在溵水与郾城之间，官军与淮西军队大战，击败淮西军队三万余人，取得大捷。为了防止吴元济增援郾城，李光颜派部将曹华包围了郾城以南的据点青陵（今河南漯河），切断了郾城淮西军队的归路及与蔡州的联系。结果在战无胜算、退无归路的情况下，四月六日，郾城守将董昌龄向李光颜投降。

为了防止吴元济杀害郾城守将亲属，李光颜听从董昌龄等人的建议，佯装继续攻城。董昌龄等人则向蔡州伪发求救烽火，随后在援军不到的情况下开门投降，李光颜领军顺利进驻郾城。

郾城失守使吴元济极为恐慌，为阻止李光颜率军继续南下，吴元济将蔡州的精兵以及自己的亲兵全部派至郾城与蔡州之间的时曲（今河南西平），由亲信董重质率领，抵抗官军。于是李光颜南下受阻，北线战场再次陷入僵局。

在北线战场战局胶着的情况下，西线战场在李愬到任后，一直进行作战准备，随后在李愬的精心组织下，西线战场取得决定性突破。

李愬是德宗李适在位时收复长安的名将李晟第十一子。作为名将之后，李愬有谋略，善于骑射。当李纯为淮西西线战事因用人不当而遭受失利烦恼之际，李愬主动上表自告奋勇，表示愿意承担西线战事的进攻任务。看到名将之后主动为国分忧，李纯十分高兴，于是任命李愬为随、唐、邓三州节度使，负责西线战场的全部事宜。

李愬上任之后，并没有急于寻找淮西军队开战，而是重点做了四项工作：

一、示敌以弱，懈怠敌军。

初到唐州，李愬即向三军宣告，皇帝派自己来不是为了让大家继续打仗（战非吾事），而是让自己来宣慰大家。由于将士们刚刚遭遇铁城之败，士气正低，不敢立即出战，听到李愬说这番话全都放下心来。当时吴元济听说李愬担任征讨淮西西线战场的指挥官，根本不屑一顾，他认为李愬是个名不见经传的角色，一下子掌握军权，肯定会邀功，所以积极备战，准备和李愬开展。可是经过一段时间的观察后，他发现李愬统军纪律涣散，并无与淮西军队作战之意，又听说李愬公开宣称“战非吾事”的言论，于是开始不再重视西线战事，而让他想不到的是，他最终的失败正是败在西线之上。

二、善抚将士，养精蓄锐。

李愬刚刚上任就发出不战言论，一方面是要麻痹吴元济；另一方面也是为了使遭遇铁城之败的西线将士得到充分的休息。他亲自巡视军营中每一位士卒，对伤员更是抚恤有加，对于家中生计困难者，则给予一定的补助和救济。在善待士卒的同时，李愬更加严于律己，不仅与士卒同甘共苦，而且遣散军营中专为将领配设的伎女乐人，取消官员的宴饮活动。由于李愬耐心细致的工作，他渐渐取得了将士们的信任和拥护，为后来一举攻克蔡州奠定了良好的基础。

三、招纳敌将，为我所用。

作为独当一面的军事指挥官，李愬深知了解敌情的重要性。元和十二年（817 年）二月，李愬俘获淮西捉生虞候丁士良，作为吴元济的得力干将，丁世良多次击败官军，很受吴元济的赏识。这次听说俘获了丁世良，官军不少将士请求凌迟处死他。而李愬经过与丁世良交谈之后，认为丁世良并非死心塌地地为吴元济效力，而且丁世良对淮西镇的情况十分熟悉，如果能够将他争取过来，那将会极大削弱吴元济的实力。于是李愬决定赦免丁世良，任命其为捉生将。

丁士良本以为必死无疑，看到李愬如此真诚，内心十分感动，于是他动用自己先前的关系，为李愬争取了淮西一大批将领归降。最关键的是，李愬对这些降将大胆起用，毫不怀疑，得到了这些降将们的一致拥护。

四、重新组兵，严加训练。

自铁城之败以来，西线战场出现兵力严重不足的现象，为尽快取得平定淮西的胜利，元和十二年（817 年）二月，李愬向皇帝李纯请求增兵。李纯对李愬抱有很大期望，对于李愬可以说是无条件支持，立即诏令昭义、河中二镇拨精兵两千人增援。李愬在此基础上精心组织了一支由唐、邓二州兵将组成、号称“六院兵马”组成的三千人敢死队，作为精锐突袭部队，李愬亲自加以指导训练，使之成为后来突袭蔡州的主力部队。

在元和十二年年初到七月的半年时间里，李愬在淮西西线战场上虽未组织大规模的战役，却也取得了一系列具有重要意义的小胜利。

元和十二年（817 年）三月五日，李愬率军自唐州迁至宜阳栅。三月二十八日，引兵至淮西境内的文城栅（今河南遂平）西五里的地方，招降了文城栅守将吴秀琳，收服其兵众三千余人。三月二十九日，李愬派遣部将董少玢等分兵进攻淮西沿边诸山栅，占领马鞍栅（今河南遂平西南）、路口栅。四月又攻占嵖岈山（今河南遂平西），生擒淮西将领柳子野。四月七日，部将闫士荣攻下白狗栅（今河南息县西北）、汶港栅（今河南汝南）。四月十四日，游奕兵马使王义攻占楚城（今河南汝南西南）。五月十八日，又成功偷袭郎山（今河南确山）。

经过将近一个多月的努力，从整个战场形势来看，李愬在西线战场已经基本扫清淮西镇治所蔡州的外围据点，为下一步攻取蔡州做好了准备。

经过数年的战争，一直到元和十二年（817 年）年中，淮西镇的处境已经十分困难，境内所有粮食都被供应士兵食用，而百姓大多都已经食不果腹，许多百姓和士兵开始外逃投靠官军。随着时间的推移，官军对淮西镇的压力逐渐增大。六月四日，吴元济迫于形势，上表谢罪，表示愿意归顺朝廷。李纯也是急于早日结束战事，派特使赐诏许诺吴元济不死，然而由于董质等淮西诸多将领的阻挠，吴元济始终没有前往京城。

在这种情况下，李纯认为吴元济没有诚意，于是他召集宰相商议接下来究竟是战还是不战的问题。



## 裴度督军

开战三年来，淮西镇的经济、军事状况已处于接近崩溃的边缘。事实上朝廷的状况也好不到哪里去。这些年朝廷为了保障前方军队的各种军用物资及粮草供应等一系列事宜，一再在全国范围内加税，百姓因此而疲惫不堪。在通往前线的运输道路上，牛马死于路边的随处可见，百姓为了支持前线，只好用驴耕地，因此国内一片怨声载道。

现在吴元济主动上表请罪，虽然因为某种原因一再拖延进京的时间，但李纯也有心尽快停止这场战争，所以他利用吴元济主动请罪这个机会，召集朝臣们再次讨论是否继续征讨的问题。

当时宰相班子成员李逢吉、王涯等人竞相发表意见，认为数年来朝廷因为征讨淮西，财政已经到了枯竭的境地，目前是罢兵的最好时机。李、王二人的意见得到了多数朝臣的附和，但只有裴度在朝堂之上默默不语。

李纯当时注意到了裴度反常的态度，于是他让裴度发表意见。

裴度并没有多讲战与不战的问题，只是提出了自己要亲自到前线督军。对于裴度的这个请求，李纯当时的反应可谓惊诧，为了慎重起见，他没有贸然答应裴度，而是告诉这个始终主战的宰相给自己几天考虑的时间。

散朝后，李纯单独召见裴度，他开口便问裴度是否真的能代表自己去前线督军。

“臣誓不与吴贼俱生。”裴度斩钉截铁地说道。

接着裴度为李纯具体分析了当前的形势，他认为从吴元济的上表来看，淮西已经到了势穷力竭的地步，难以再继续坚持下去。目前官军之所以暂时不能彻底平定淮西，在于诸军人心不齐，没有形成压垮吴元济的力量，致使吴元济虽然上表请罪，但依然抱有一丝幻想而一再拖延进京时间。

裴度觉得如果自己亲赴前线，诸军将领必然会担心自己夺了他们的功劳，肯定会争相进兵淮西，相信这样很快就能平定淮西。

事实上如果不是因为朝廷财政困难、百姓疲敝，李纯是坚决主张将征讨淮西进行到底的，但在裴度说出亲自督军的想法之前，李纯一直找不到合适的人选将征讨淮西的诸军捏合在一起，这也是困扰李纯三年多的一个让人挠头的问题。

以李纯的性格，他并不愿意和淮西开战三年多，在淮西未降的情况下一朝罢兵而功亏一篑。三年多来朝廷耗费无数钱财不说，如果朝廷集天下之兵、聚天下之财，尚不能对付偏居一隅的三州之地淮西，岂不让天下人耻笑，那就更谈不上重振帝国的雄风，实现中兴之治了。

先前李纯已经针对征讨淮西的部分战场进行了相关将领的调整，如果裴度再前往前线督军，平定淮西指日可待。

“朕等着爱卿凯旋！”

刹那间裴度似乎给了李纯无穷的力量，让这个刚毅果断的帝王下定决心，继续将征讨淮西进行到底。

元和十二年（817 年）七月二十九日，李纯正式发布诏令任命裴度为门下侍郎、同平章事兼彰义节度使，仍充淮西宣慰招讨处置使。诏书下达后，裴度认为宣武军韩弘已经任诸军统帅，自己再担任招讨处置使不利于诸军团结，所以奏请去掉招讨使之号，只保留宣慰处置使之职，同时奏请选用一批得力的官员作为自己的助手一同前往前线，这其中就包括前面我们提到的韩愈。

在出征之前，为防止自己出征之后那些主张罢兵的大臣们在宫中拆自己的台，裴度推荐户部侍郎崔群担任中书侍郎兼平章事，主持朝廷大政。崔群历来以忠正耿直为名，从不惧怕奸邪小人，裴度推荐崔群，意在用他来抵制主张罢兵的大臣们在皇帝面前兴风作浪。

为了进一步削弱主和派，裴度又以起草诏书言辞不当的罪名，请求李纯将李逢吉的亲信，时任翰林学士的令狐楚贬为中书舍人。裴度之所以这样做，是因为中书舍人虽然也参与制诏，但与翰林学士的“内制”诏书相比，中书舍人只负责外朝制诏，目的是为了防止令狐楚在内朝与在外朝的李逢吉联合再上罢兵之议。

对于裴度的用心，李纯心知肚明，为了彻底让裴度放心地在前线督军，九月十四日，李纯干脆下令将李逢吉调出京城出任东川节度使。

裴度前往前线督军，虽然辞去了“招讨”之号，但实际上谁都知道裴度到任后，已经实际承担起统一指挥征讨淮西的全部事宜，在到达郾城后，为了尽快平定淮西，裴度开始了自己的一套行之有效的工作。

裴度经过认真的调研后发现，造成诸军不能团结协作的一个关键因素在于宦官监军。于是在奏请李纯同意后，裴度免去了宦官监军制度，将监军宦官梁守谦调回长安，使得将帅可以自专军事。

裴度一上任便出手不凡，让诸军将帅刮目相看，而裴度明白决定战争胜负的因素有很多，其中至关重要的便是军队的士气。针对很长时间以来征讨淮西进展不顺，各路人马士气普遍低落的现状，裴度不惧危险，深入最前线亲自慰劳诸军，宣谕皇帝李纯的旨意，鼓舞全军士气。

尤其在十月的时候，裴度前往郾城前线的沱口镇（今河南漯河东南）视察，驻扎在洄曲的淮西守将董重质发现淮西裴度的动向后，率领精兵直扑裴度。先锋军的兵刃几乎触到了裴度，幸好李光颜奋力拼杀，才使得裴度脱险，即使是这样，裴度依然无所畏惧，脱险之后依然坚持视察前线，这种身先士卒的精神感动了全军将士，而且裴度每到一处，利用其善于演讲的才能，向将士宣讲征讨淮西的意义所在，极大地鼓舞了官军的士气。此外裴度还从内库支出钱财，作为对立功将士的奖励。

针对淮西镇内部财政枯竭的现状，裴度因势利导，在元和十二年（817年）七月免除了淮西四面州县的赋税，以争取民众对官军更大的支持。自讨伐淮西以来，淮西四面州县一直是负担最重、受害最为严重的地区。朝廷虽然曾经减征过一些赋税，但实际上各种征税依然让老百姓负担不起，如李墉担任淮南节度使期间，在元和十一年（816年）曾经上供绢布三万匹，黄金五百两，白银三千两。元和十二年（817年）又进助军绢三万匹，这些绢帛钱财事实上都是征自淮南的百姓。

裴度到任后，除了朝廷在七月减免淮西四面州县的夏税后，又于九月请求朝廷减免秋税。裴度十分清楚即使不减免，百姓们也很难再凑齐赋税上缴，与其这样，不如让百姓无法缴纳赋税合法化，这无疑在安定百姓，争取百姓对征讨淮西的支持上起到了极为重要的作用。

值得一提的是，裴度虽然是一介文臣，但其军事才能丝毫不逊于那些阵前厮杀的将领，在接下来如何用兵的问题上，裴度具体部署了相关战略战术，其总的指导思想是以官军大部分人马集结在洄曲（今河南西平北）一带，进而吸引吴元济的主力部队，而在西线则让李愬麻痹敌军，然后准备突袭蔡州，直捣吴元济的老巢。后来的事实证明，裴度的这一战略战术十分奏效，淮西镇的平定正式由此开始。

## 雪夜袭蔡州

在裴度的督军下，李愬在淮西战场的西线进行了充分准备，使得平定淮西的步伐进一步加快。

关于突袭蔡州的战略设想，事实上李愬酝酿已久，本来想在元和十二年（817年）五月即付诸实施，但由于五月至七月间大雨不断，洪水泛滥，导致李愬的计划一再推迟。裴度来淮西督军以后，李愬将突袭蔡州的设想告诉了裴度。裴度大力支持，所以订下了以大军在洄曲吸引淮西军队主力，李愬伺机突袭蔡州的计划。

十月八日，李愬进一步确定了突袭蔡州的计划，在得到裴度的批准后，他开始付诸行动。十月十五日，李愬命令马步都虞候、随州刺史史旻留守文栅城，命令六院兵马使李佑和部将李忠义带领三千敢死队为先锋，自己与士卒三千人为中军，命令部将李进诚带领三千人马殿后，大军离开行营向东进发。

当时所有人都不知道此次进兵何处，行军六十里后天色渐暗，到达张柴村（今河南遂平东南）。张柴村位于洄曲和蔡州之间，仅有淮西的极少军队和负责传递烽火信号的烽火手负责。李愬没费吹灰之力便攻下了张柴村，在稍事休整后，他留下义成军五百人留守，意在切断洄曲通往蔡州的要道和桥梁，防止身在洄曲周围的淮西军队发现蔡州被围时回援，安排好一切后，李愬领兵继续向东。

对于李愬的动向，将士们全都莫名其妙，于是有人问李愬究竟要到什么地方去，李愬的回答只有十个字：打进蔡州城，活捉吴元济。

当时很多人知道这个消息后大惊失色，在他们看来，这是个不可能完成的任务，毕竟征讨淮西已经多年，却依旧没有进展，现在直接攻打重兵防守的蔡州，这无异于自杀式的袭击。此时正值隆冬时节，风雪天气忽然降临，气温不断下降，士卒和马匹冻死路旁的有很多，从张柴村向蔡州方向的道路，官军从来没有走过，前方会是个什么状况，谁都不知道。很多人都认为此次攻打蔡州肯定是有去无回，但畏于军纪只好硬着头皮前进。

入夜时分风雪越来越大，几步开外便难以看清前面的人马，积雪越来越厚，大军行进极为困难。在这种极端恶劣的天气下，李愬领兵向东南方向行军七十里后，终于到达距离蔡州十五里的地方。

由于是大部队行动，为防止惊动蔡州城内的淮西军队，李愬命令就近攻下蔡州近城的一个鹅鸭池，用鹅鸭的叫声掩盖本部人马的动静。

自从吴元济抗拒朝廷以来，官军不至蔡州城下已经三十余年。蔡州人从来没有想到官军这次居然会来到这里，因此蔡州城外的防备力量呈现空虚状态，而且在鹅鸭叫声的掩盖下，李愬大军的到来，蔡州城的防守军队居然毫不知情。

李愬稍做准备后立即展开攻城，六院兵马使李佑和部将李忠义在城墙上挖出土坎，沿着土坎登上城墙，手下三千士兵紧随其后。登上城头时，守门士卒仍然在熟睡，李佑率军以迅雷不及掩耳之势突袭城头守卫军队，将其全部斩杀，然后打开城门，迎接李愬进城。

李愬看到李佑等人突袭成功后，立即带领人马进入蔡州城，此时天色渐亮，大雪终于停止，李愬领兵迅速来到吴元济的外宅，而吴元济此时依旧在家中大睡。

坦白地讲，几个月来吴元济的日子是越来越难过，自元和十年（815年）十月，朝廷宣布讨伐自己以来，面对来自四面八方的官军，吴元济感受到了极大的压力，如果不是官军内部不协调，恐怕淮西镇早已经被荡平。随着压力的增大，吴元济主动上表请罪，意图只身入朝，无奈受到众将的阻挠不能成行，最终让皇帝李纯误解而决心将征讨淮西进行到底。可以说吴元济此时是进退两难，不过既然战争依旧没有结束，他只得加强洄曲的防守兵力，至少在吴房、郎山等地顶住了李愬的进兵。因此吴元济认为淮西军队尚能支持些时日，等到自己做通部将们的工作，便只身入朝请罪。

我们不能否认吴元济的想法确实很好，但他万万没有想到李愬竟会像神兵天降一样地来到他的面前。

当贴身护卫将官军到来的消息告诉吴元济时，这个已经有些麻木的淮西最高军政长官，居然认为是俘虏们在恶作剧，直到日上三竿他起床后，听到外边有喧闹的声音，他才感到害怕起来，他急忙带着护卫随从登上牙城，然后他就看到了旌旗招展的李愬大军。

“赶快集结人马，速速迎战！”惊慌之下的吴元济下达命令道，然而为时已晚。此时李愬以极快的速度派遣部将李进诚已经向牙城发起了进攻，李进诚带着人击毁外门后，首先进入兵器库，得到了各种武器，然后继续向牙城进攻，随后放火焚烧牙城南门。吴元济在城头上看到官军已经攻进牙城之中，自感大势已去，于是在城头之上投降。李进诚在牙城上搭起梯子，让吴元济顺着梯子下城受擒。十月十八日，吴元济被押送前往京城长安。

就在李愬围攻蔡州牙城的同时，为了争取淮西驻守洄曲军队的投降，李愬生擒吴元济后，亲自前往蔡州城中的董重质家，给予其家人厚重的赏赐，并命令对其家人严加保护。董重质之子深受感动，带着李愬的书信，亲自前往洄曲劝说董重质投降官军。董重质见蔡州已破，李愬又厚待其家属，于是带领手下人马来到蔡州向李愬投降。

当董重质离开洄曲前往蔡州时，李光颜乘机进占洄曲，至此历时三年多的征讨淮西之战就此结束。

不过，淮西虽然已被平定，如何处理战后淮西的各项事宜便成为接下来皇帝李纯所要面对的问题。

十月二十八日，李纯发布《平吴元济诏》，两个月后又发布《平淮西大赦文》，从两个文章的内容来看，李纯对淮西战后的善后事宜秉承了先前平定西川、镇海、夏绥等藩镇的政策。

对于吴元济等叛将的处理，李纯在《平吴元济诏》中，主动赦免了淮西诸州县等官员将士，但对于以吴元济为首的叛乱核心集团则采取一律剪除的态度以警示天下。

十一月一日，李纯在兴安门举行了隆重的受俘仪式，下令将吴元济在长安东西市及主要街道游街示众。随后又下令在长安城西南隅的独柳树下，将吴元济及淮西判官刘协等七人处斩，并将吴元济的妻子沈氏及子女没入掖庭宫，其二子、三子流配偏远地区，没过多久又下诏赐死。

吴元济虽然被成功解决，但李纯认为淮西镇依然存在，应该对淮西镇的隶属关系及行政区划加以调整，从根本上杜绝淮西镇的东山再起。因此，在平定淮西后，李纯立即将淮西镇下辖的申州划归粤鄂观察使管辖；将光州划归到淮南团练使管辖；取消蔡州其藩镇治所地区的地位，与郾城一同划归忠武节度使管辖，至此存在将近五十年的淮西镇彻底退出了大唐王朝的历史舞台。

处理完上述事宜后，李纯又加封征讨淮西的有功之臣，进一步免除淮西及四边州县的赋税。当然，其中最值得一提的当属立《平淮西碑》，以昭示后人。

元和十二年（817 年）十二月，李纯诏令韩愈撰写《平淮西碑》，五月韩愈完成了此项工作，但李愬的妻子唐安公主却进宫在李纯面前哭诉，说韩愈的所撰的碑文不实之处颇多，结果李纯下令磨去韩愈所撰写的碑文，让翰林学士段文昌重新撰写。

据史书记载，唐安公主的哭诉是因为韩愈撰写的碑文过多地突出了裴度在征讨淮西中的作用，而忽略了对李愬的赞颂，最重要的是韩愈在碑文中虽然称颂了皇帝李纯敢于决断，善于指挥等功绩，但对于皇帝陛下的称颂似乎不如裴度。这或许会让皇帝李纯心中有些不爽，唐安公主的哭诉正好让李纯找到了借口，所以下令让段文昌重新撰写。

历时三年多的征讨淮西之战，是李纯皇帝生涯中具有决定性意义的一件大事。此战的胜利使朝廷“以法度裁制藩镇”的总体战略接近成功，也预示着帝国中兴局面即将到来，同时也让李纯的个人威望达到了顶点。

三年的战争中，每当官军稍有挫折，朝廷内主张罢兵的呼声就会不断响起，虽然李纯有过犹疑，想过退缩，但他最终坚持了下来，以坚忍不拔的毅力将这场战争进行到底并取得最终的胜利，这不仅使得皇权进一步加强，也为日后彻底讨平藩镇创造了良好的条件。

元和十三年（818 年）正月一日，户部将平定淮西后申、蔡二州向朝廷进贡的贡品陈列于朝堂之上，这是数十年来申、蔡二州的首批贡品。看着这些象征臣服的贡品，李纯表面上十分兴奋，事实上在他内心已经开始思考如何彻底平定河北诸藩，重新实现天下一统的问题。

当时没有人知道李纯内心的真正所想，或许只有从刘禹锡的诗中我们更能体会到李纯的雄心壮志：

九衢车马浑浑流，使臣来献淮西囚。
四夷闻风失匕箸，天子受贺登高楼。
妖童擢发不足数，血污城西一抔土。
南峰无火楚泽间，夜行不锁穆陵关。
策勋礼毕天下泰，猛士按剑看恒山。

# 第四章
# 藩镇平服

淮西镇的平定，使天下藩镇大受震动。在李纯一鼓作气、恩威并施的强大攻势面前，成德的王承宗也主动上表归服，其他藩镇也在认真思考自己的出路，大部分都选择主动臣服朝廷这条路，只有平卢的李师道选择继续对抗，所以最终未能逃脱覆灭的下场。由此藩镇割据的局面在大唐帝国的历史上暂时结束，元和中兴的局面已真正到来。

## 不战而屈人之兵

元和十三年（818 年）正月一日，长安城内外洋溢着节日的喜庆气氛。因为所有人全都盼到了淮西镇的彻底平定。前两年因为前方战事吃紧，李纯也因此取消了新年元日朝会，今年是三年中的首次新年朝会的，事实上，李纯是为了照顾群臣的情绪才举办这次朝会的，而他本人的心思则完全没有放在朝会上面，因为他的心中始终在思考如何彻底平定藩镇的问题。

新年过后，李纯即正式考虑对成德用兵的问题。

自李纯讨伐淮西以来，成德的王承宗一直惴惴不安，他清楚地认识到，淮西如果失败，朝廷下一个目标或许就是自己。因此，王承宗对朝廷发动的征讨淮西之战，多方进行破坏阻挠，最终迫使李纯第二次征讨成德。虽然他利用官军内部不协调统一的弱点，顶住了官军的征讨，使得李纯再一次罢兵。然而这一次王承宗不再像元和五年（810 年）那样，对朝廷的罢兵感到高兴，他十分明白李纯这次罢兵并不是因为打了败仗，而是为了集中兵力征讨淮西，淮西一旦平服，成德将成为李纯的下一个目标，如今这一天真的到来了。

在淮西之战即将结束的时候，有一个名叫柏耆的人向韩愈建议：吴元济已经被擒，成德的王承宗一定会吓破胆，此时如果拿着宰相裴度的书信前往成德劝说王承宗投降，相信他一定会主动归服，这样朝廷既可以免去劳师远征，还可以达到不战而屈人之兵的效果。

韩愈将柏耆的建议上报给了裴度，裴度批准了这个想法，并让柏耆前往成德进行劝降。

柏耆到成德后，向王承宗转交了裴度的书信，王承宗是如何答复的，史书没有明确的记载。但此后不久，王承宗便通过魏博镇的田兴向李纯请求归服，当时王承宗提出，自己可以向朝廷作出四个方面的让步：

一、愿意将两个儿子王知感、王知信以及牙将石讯等人送往朝廷作为人质。

二、向朝廷献出先前有争议的德、棣二州。

三、朝廷可以派官员来成德镇任职。

四、将辖区内的赋税按规定向朝廷上缴。

王承宗所提的四个让步，事实上有着很深的用意，将儿子和牙将送入朝廷当人质，意味着王承宗本人如果去世，本镇节度使一职将不再世袭，节度使的任命权将归于朝廷。归还德、棣二州，是李纯第一次征讨成德时提出的要求，王承宗当时予以拒绝，并因此挑起了战争，此次旧事重提，王承宗是向李纯表示自己的悔过之心。

王承宗之所以要通过魏博节度使田兴向朝廷表示归服，是因为田兴既和朝廷保持着良好的关系，又和自己没有什么矛盾，而田兴也十分愿意帮助王承宗。为此田兴上奏李纯，认为与其朝廷再次兴兵讨伐成德，不如趁此机会接受成德镇的归服。这样既可以免除战争对河北地区造成破坏，又可以避免朝廷万一出兵失利，造成尴尬的局面。

李纯最初接到田兴的奏章后并没有批准，因为他实在难以忘掉两次征讨成德的无功而返，而给朝廷带来的巨大耻辱。现在淮西已经平定，李纯携着平定淮西的势头，完全有把握再以武力平定成德。

对于李纯的态度，田兴很有耐心，为了劝说其接受王承宗的归服，他三番五次地上奏李纯请求赦免王承宗。最终经过权衡再三，考虑到如果继续拒绝可能会伤害田兴的善意，李纯最终同意赦免王承宗。

四月二十日，王承宗之子及牙将到达京城并献德、棣二州图印，四月二十七日，李纯正式发布《赦王承宗诏》，诏书颁布后，尚书右丞崔久奉命到镇州（今河北镇定）加以宣慰。王承宗身穿素服，十分恭敬地接受诏命，此后再也不敢与朝廷对抗，尤其在转年朝廷平定平卢后，王承宗再次上疏朝廷，表示成德镇所有官员的任命，全都由朝廷决定。

自元和十三年（818 年）四月王承宗归服后，一直到唐穆宗李恒即位后的长庆元年（821 年）七月，成德镇一直比较稳定。虽然当时王承宗本人没有入朝，但从朝廷的整个局势来看，李纯接受王承宗的主动归服，还是十分明智的，这不仅省去了朝廷的兴师动众，而且从客观上讲，也为接下来征讨平卢积攒了足够的力量。

现在，李纯要面对的就是平卢的李师道，和成德镇相比，李师道可谓是将对抗之路一条道走到黑。

## 争取平卢

在朝廷征讨淮西镇的三年时间里，李纯征召诸道军队参战，但却始终未让平卢镇出兵。李纯担心李师道会借出兵之名，与吴元济军队互相配合，进而干扰征讨淮西的大局。

然而三年多的时间里，李师道始终活跃着，除了在两京制造烧粮仓、刺杀宰相等重大事件，以干扰朝廷征讨淮西之外，还曾出兵彭城（今江苏徐州）突袭官军以支持吴元济。如果没有魏博镇的掣肘，李师道早已经是大兵南下和吴元济联手共同对抗官军了。

当元和十二年（817 年）李光颜攻取凌云栅，淮西镇呈现败亡的形势时，李师道不敢再公开支持吴元济，并派使者进京请求归顺。李纯为了集中力量平定淮西，暂时同意了李师道的请求，并派给事中柳公绰宣慰平卢。然而无论是李纯还是李师道心里都明白，平卢镇所谓的归顺仅仅是表面现象，并没有任何实质性内容。

淮西镇平定后，李纯利用刚刚打了胜仗的大好形势，派心腹之臣、时任兵部员外郎的张宿前往郓城，让李师道效仿王承宗归还朝廷州县并以儿子为人质。如果说平定淮西之前，李师道所谓的归顺只是停留在表面的话，那么现在李纯则要求李师道必须进行实际意义的归服。

当时围绕着真正归服朝廷还是继续负隅顽抗这一问题，平卢集团内部展开了激烈的斗争。

自从李师道担任平卢节度使以来，其内部就一直存在倾降和造反两派。元和元年（805 年）李师道初掌军务时，朝廷任命久久不至，他就准备抢掠周边州县进而对朝廷施加压力。但部将高沐坚决反对，他主张李师道马上向朝廷交两税、置官吏，表示臣服朝廷。李师道听从了高沐的建议，最终取得了皇帝李纯的任命。此后每当李师道准备反叛时，高沐与其他几位部将郭昈、李公度等人均加以劝阻。

但以判官李文会、孔目官林英为首的另一派，却利用李师道对他们的信任，竭力主张反叛朝廷。他们告诫李师道千万不要以贡献十二州之地的代价，成全高沐等人忠于朝廷的名声。于是在李文会等人的挑拨下，李师道开始疏远高沐等人，将其排挤出核心集团，遣任莱州（今山东掖县）刺史。高沐内心十分不满，他在莱州上疏李纯，报告了李师道图谋不轨的想法，得到了李纯的称赞。

孔目官林英利用进京奏事的机会探听到了高沐投靠了朝廷的消息，秘密向李师道汇报了此事。于是，李师道开始在内部对主张归服朝廷的人进行清洗。高沐被骗回镇州后直接处死，郭昈、李公度等人都被划为高沐的同党或被处死，或被流放。

从史书的记载来看，郭昈在被捕之前，确实派心腹郭航前往吴宁镇联络官军将领李愿，称平卢沿海的莱州、淄州（今山东淄博）等地只有囚犯驻守，防守十分空虚，官军只要派三千人直接渡海就可以攻取。不过为了防止泄密，郭昈给李愿密信的署名为刘谅。李愿收到信后立即上报皇帝李纯，李纯让大臣们商议此事，结果朝臣们一致认为这是李师道设下的圈套，因为刘谅是李师道的心腹，是绝不可能联络官军进攻平卢的。

最终在误会之间，李纯没有采纳郭旴的建议，一直到郭旴被捕，这件事情才被查出来。

淮西被平定之前，李师道对于倾降派一支采取高压政策。但随着淮西的平定，使李师道又不得不重新考虑前途的问题，因此在这期间倾降派和造反派的斗争再次展开。

李纯的特使张宿到达郓州后，针对李师道讲究面子、不肯居于人下和不屈服朝廷的心理，为李师道分析了归顺朝廷的理由。在张宿看来，李师道的身份可以追溯为皇室宗亲，如果按照辈分排列的话，李师道还是当今皇帝的叔父，从这个角度来看，李师道确实不应该屈服。但平卢近两年反状实在太过明显，可是皇帝陛下依旧忍让，平卢镇应该抓住这个机会，赶快向朝廷臣服，不然的话结局肯定会像淮西一样。

李师道听从了张宿的建议，立即遣使入朝请求割地臣服。李纯批准了李师道的请求，允许其割沂、密、海三州，并以长子入朝作人质。李师道按照李纯的要求立即去做，并奏报其长子入京的时间，应该说平卢的归服完成在即。

但就在此时，平卢内部的造反派再次开始兴风作浪，李师道的妻子魏氏反对让儿子进京当人质，而且造反派们煽动李师道，认为平卢自先节度使（李正己）以来，拥有十二州之地，精兵不下数十万，远不是淮西所能比的，如果最终对抗不过朝廷，再献出三州之地也不晚。

李师道听了造反派们的煽动，瞬间觉得很有信心，于是他再次下令将请降派全部打入大牢，然后借口平卢镇需要整顿税务，将张宿轰回了京城。

不过，此时的李纯并不知道李师道态度有变，依然对平卢镇归服抱有信心，所以在元和十三年（818 年）正月，李纯又派左常侍李逊前往郓城宣慰。让李纯没有想到的是，李逊到达郓城后，李师道一改先前接待张宿的谦卑态度，在李逊面前大摆兵阵示威。但李逊毫不畏惧，走过兵阵进入府衙后，面不改色地要求李师道对归服朝廷一事有明确的态度，但李师道左右推诿，予以委婉拒绝。

从李师道的回答中，李逊感觉出李师道并无真心归顺朝廷之意，所以他没在平卢停留多久便返回京城向李纯汇报，李逊告诉李纯，如果想让平卢镇彻底归服，就必须像征讨淮西一样，大举征讨平卢。

不久后，李师道上表说平卢军情不稳，暂时不能纳质割地，至此李纯终于彻底明白，原来李师道一直在忽悠自己，于是对平卢的用兵问题开始提上日程。

不过，对是否征讨平卢，李纯始终存有一丝顾虑，这种顾虑来源于朝廷的现状以及平卢强大的军事实力。

## 进兵平卢

不可否认，征讨淮西的成功使朝廷声威大振。但淮西镇和平卢镇比起来，军事实力堪称是小巫见大巫，而且三年的征讨淮西之战，也使得朝廷在财力、物力方面有些捉襟见肘，国库为之空虚，百姓为之疲敝，如果现在立即发起对平卢的征讨，李纯担心可能会引起大臣的反对和百姓的不满。

从地理位置上来看，平卢东靠大海，北有黄河，朝廷如果征讨只能从西面和南面进攻，这比处于平原之上四周无援的淮西要受到一定的限制，而且平卢下辖十二州，人口三百余万，拥兵数十万，那些造反派们主张打不过再割地的说法是有一定道理的。换句话说，朝廷如果想征讨平卢，就必须动用比征讨淮西更大的力量才能做到。

鉴于上述几方面原因，李纯不能不慎重对待征讨平卢的问题。为了能使群臣在是否征讨平卢的问题上取得较为一致的意见，元和十三年（818年）六月，李纯发布《令百僚议征李师道敕》，敕文一一列出李师道的种种罪行，请百官讨论决定是否征讨。

李纯的意图很明显，他坚信大臣们在征讨淮西取得胜利的形势下，以及了解李师道的悖逆后，一定会支持自己对平卢用兵。事实证明，李纯的坚信是正确的，百官在阅读了皇帝的敕文后，意见空前一致，这在十余年征讨藩镇的过程中是极为少见的。于是李纯趁热打铁，七月三日正式宣布《讨李师道诏》，开始对平卢正式用兵。

自四月李师道拒绝纳质割地到七月正式颁布征讨平卢以来，李纯虽然对是否征讨存在顾虑，但他一直在军事上进行着准备。五月十三日，以忠武节度使李光颜任义成节度使。义成治所在滑州（今河南滑县），地处平卢的蒲州（今河南濮阳）、曹州（今山东菏泽）之西。李光颜是征讨淮西的骁将，让其出任义成节度使，是为了加强对平卢西部的进攻力量。

七月一日，李纯又诏令李愬出任武宁节度使，武宁治所在徐州（今江苏徐州），地处平卢的郓州（今山东郓城）、兖州（今山东兖州）之南。平定淮西后，李纯本拟调李愬出任陇右节度使，但客观形势的变化，使李纯决定将征讨淮西的第一勇将李愬任命为武宁节度使，进而加强平卢以南的进攻力量。

经过李纯的精心部署，在平卢的正西方向滑州，有义成节度使李光颜；在南部有武宁节度使李愬及楚州李听的军队；在西南有韩弘的军队驻扎在那里；在西北方向有魏博节度使田兴；在正北方向有横海节度使郑权，这等于是从五个方向完成了对李师道的半圆形包围。

李纯宣布《讨李师道诏》后，朝廷对平卢的征讨开始全面展开，横海节度使乌重胤首先在齐州福城斩杀平卢军五百人。十月，李愬在兖州鱼台（今山东鱼台）击败平卢军三千人。十一月，田兴率军自阳刘（今山东东阿）渡过黄河，在距平卢治所郓州四十里处安营。十二月击败平卢军三万人，不久又在阳谷（今山东阳谷）再次大败李师道军队，此战给平卢军队以重创，使得李师道的军队士气严重受挫。

早在数月之前，田兴向李纯请求，自黎阳（今河南滑县北）渡黄河入滑州，与义成节度使李光颜军队会合共击平卢。宰相裴度认为，魏博军队既然渡河便不可再退，必须立即进军方可成功。然而两军共同出兵，如果协调不好会造成互相推诿，与其使魏博渡河后观望，不如秣马厉兵，待霜降后直接从阳刘渡河直逼郓州，那样平卢军必然会军心动摇。李纯经过慎重考虑后，采纳了裴度的建议，果然，数月后田兴就在东阿、阳谷取得了大捷。

元和十三年（818 年）十二月三十日，武宁节度使李愬领军攻克兖州的金乡（今山东金乡），破敌两万余人。金乡是兖州的军事重地，金乡的攻克为官军北进创造了条件。

官军的接连胜利使得李纯大喜过望，在李纯看来，此前对平卢的顾虑实在有些多余。而平卢的一败再败也让李师道逐渐惶恐起来，在其内部，许多人认为，主张造反的李文会是奸佞之臣，当初高沐等人为李师道忠心谋划，李文会却鼓动李师道杀死高沐等人，因此很多将士纷纷要求处理李文会。李师道为了稳定军心，将李文会调出郓州出任登州刺史，同时召回此前被打进大牢的倾降派郭昈等人。但李纯已经决心荡平平卢，所以李师道的做法为时已晚。

李师道召回郭昈意图向朝廷归服的做法，并没有让李纯停止征讨的步伐。元和十三年（818 年）正月二日，宣武节度使韩弘攻克曹州的考城，曹州南部为官军所控制。正月七日，楚州刺史李听率领淮南军队进攻平卢，海州下辖的沭阳（今江苏沭阳）县令梁洞举县投降，同时怀仁（今江苏赣榆北）、朐山（今江苏连云港西南）守军也望风投降，平卢的海州最终被官军全部收复。

在平卢的北部战场上，由于沧州（今河北沧州东南）刺史李宗奭不服从横海节度使郑权的指挥，战事受到严重影响，为此李纯立即派使者让李宗奭归京。但李宗奭鼓动部下上表，称士兵作乱暂时脱不开身，这让李纯十分恼火。元和十三年（818 年）十一月二十二日他发布诏令，征调在淮西之战中屡立战功的骁将河阳节度使乌重胤出任沧州刺史、横海节度使，同时将李宗奭驱逐出沧州，后来又下令将其斩于京师西南的独柳树下。

元和十四年（819 年）二月，武宁节度使李愬在沂州（今山东临沂）攻取丞县（今山东枣庄南），使官军进一步向北推进。义成节度使李光颜在濮州也连战连捷，杀敌数千，攻取斗门城、杜庄栅等地（今山东濮阳南），至此与北部的田兴、南部的韩弘、李愬形成“诸军四合”的局面。

## 返兵擒师道

官军的节节胜利与步步紧逼，使李师道惶惶不可终日，前方只要有败绩传来便手足无措。为了挽救败局，做好顽抗的准备，李师道一方面征发百姓整修郓州城堑，加强守备；另一方面命令阳谷前线的都知兵马使刘悟出战。

刘悟是李隆基在位时的卢龙节度使刘客奴之孙，自幼以勇力著称。有一次在马球比赛中，刘悟击球时，将时任节度使的李师古连人带马撞翻在地。李师古大怒起身后准备杀掉刘悟，但刘悟却直言不屈、毫不畏惧，李师古感到人才难得，不仅没有处罚刘悟，反而令其统领后军，并倚为心腹，任命其为都知兵马使的职务。

李纯征讨平卢以来，李师道派刘悟负责郓州以北的防务。因为军用物资的缺乏，李师道命令其征收商人的钱财充军，但刘悟往往宽待商人，商人们都很感激，称其为“刘父”，而且刘悟平时待部下非常宽厚，很受将士们的拥戴。

不过，当时在魏博、义成两路大军的强大攻势下，刘悟连战连败。于是有人向李师道进言，说刘悟不修兵法，只会收买人心，恐怕会有异志，让李师道尽早提防。李师道因此将刘悟从前线召回，准备找机会将其杀死。但此时又有人进言说现在官军对平卢的压力的确很大，如果没有确切的证据证明刘悟谋反，擅自杀掉大将会动摇军心。于是，李师道再次改变主意，让刘悟返回前线继续统兵。

而刘悟此时对李师道怀疑自己已经有所察觉，回到前线后暗中做兵变的准备。李师道为了防止刘悟兵变，任命刘悟之子刘从谏为门下别奏，表面看是重用，其实是留在郓州当人质。不过，这恰恰为刘从谏提供了机会，他每日与李师道的心腹品茶聊天，借机探听李师道不少的核心军事机密，然后秘密通报给身在前线的父亲。

元和十四年（819 年）初正月，有人继续向李师道进言，认为刘悟终会成为祸患，让李师道及时除掉。二月八日，李师道派两名心腹使者前往阳谷，命令行营兵马副使张暹斩杀刘悟，并献首级到郓州，事成之后让张暹任行营兵马使。

事实上，李师道并不了解张暹与刘悟的密切关系，张暹得到消息后不仅没有斩杀刘悟，反而与刘悟密谋杀掉了李师道的两个使者。为了防止消息外泄，刘悟在营中严加戒备，禁止每一个人进出。天黑之后，刘悟召集众将领，告诉他们李师道要杀掉自己的消息，而且刘悟真诚地劝将士们不要充当李师道的殉葬品，如果投降官军，可以保证日后共同富贵。

将士们显然对刘悟的劝说缺少思想准备，兵马使赵垂棘立于众将之首，抬头问刘悟事情是否真像他说的那样能轻易成功，结果没等赵垂棘反应过来，刘悟就厉声说他与李师道同谋，然后命令士兵将其拖出斩首。

随后刘悟让众将全都表态，凡是态度迟疑或不明者一律处死，而且平时在军中作恶多端，让众将士所痛恨的也一起处死，就这样前后所杀将近三十余人，众将士见状纷纷表示愿意听从刘悟的指挥。于是刘悟召集全军士卒，宣布李师道的罪状，决定当即攻入郓州城，人人赏钱十万，除军资之外，城中官员和依附李师道的那些人的财物，任由将士们掠取。

元和十四年（819 年）二月八日夜，刘悟命令将士们饱餐后全副武装上路向郓州进发，当时人衔枚，马缚口，所到之处无人知晓，就这样在转天清晨天色未明之际，就来到了郓州城下。

刘悟命令将士们停止行军原地待命，在听到城头上巡逻报更的木梆声停止后，才派出十来个人来到郓州城下，声称刘悟奉节度使之命入城。但城头守卫十分警惕，声称必须禀报李师道批准后才能打开城门。就在守卫即将下城的时候，十余人亮出弓箭纷纷射向守卫，一时间守卫们大乱，全都一哄而散。刘悟趁机撞开城门，带领军队迅速入城，由于事出突然，城内守军来不及组织抵抗全都落荒而逃，刘悟又迅速进入牙城，牙城之内守军只有数百人，最初尚有人抵抗，不过在刘悟大军的冲击下，士兵们纷纷放下武器投降。

紧接着，刘悟带兵进入平卢节度使府衙搜捕李师道，此时的李师道已犹如惊弓之鸟，在来不及逃走的情况下，带着两个儿子藏在床下，最终被士兵搜出。刘悟命令将李师道父子押在府衙前的空地上，李师道请求免死，但刘悟丝毫不留情面，最终将其父子三人斩首。随后刘悟命令左右都虞候巡视全城，严禁士兵抢掠，城中迅速安定下来。

刘悟自阳谷前线返兵突袭郓州前，已经通知魏博节度使田兴进驻自己的营地，并告知田兴如果突袭郓州成功，将以烽火为号。如果中了埋伏，则请田兴带领人马前来救援，事成之后所有功劳归于田兴。此时郓州城已破，刘悟履行当初的诺言，将李师道父子三人的首级送到田兴军营。

元和十四年（819 年）二月十四日，田兴派使者入京，向李纯奏报郓州之捷。李纯极为高兴，虽然平定平卢已在李纯的预料之内，但胜利来得这样快，还出乎李纯的预想，更何况这一次田兴带来了李师道父子的首级。

由于郓州城被攻破，李师道已死，平卢下辖的州县因此全部归降朝廷，至此平卢被彻底平定。

最关键的是，平卢是李纯在位时平定的最后一个藩镇，至此，困扰大唐帝国几十年之久的藩镇之祸暂时被压制。

李纯从即位开始到元和十四年（819 年）二月，十几年的时间里，先后平定西川、夏绥、镇海、淮西、成德、平卢等实力强劲的藩镇，并使天下所有藩镇产生了极大的震动。如果说最初他们对李纯的能力与决心尚有所怀疑，仍持观望态度的话，那么平定淮西和平卢，使他们终于认识到李纯绝非等闲之辈，在这种形势下，那些一度曾想割据一方及对朝廷不恭的藩镇纷纷主动向李纯俯首称臣纳贡。

从淮西到平卢被平定，包括横海、卢龙等在内的诸多藩镇纷纷入朝进贡，进而表达对朝廷的忠心，这其中表现最为殷勤的当属历来号称极为沉稳的宣武节度使韩弘。

韩弘曾经因为李纯偏袒李光颜的问题，而在战争中消极怠工，虽然在李纯平定藩镇的过程中，他并没有什么出格的表现，但前边说过他内心始终有与朝廷分庭抗礼的想法。

现在随着平卢的平定，韩弘开始主动向朝廷进贡。据史料记载，元和十四年（819 年）七月，韩弘进贡绢布共计 35 万匹，银器 270 件，并主动入朝觐见李纯，这远比元和八年（813 年）进贡绢布 500 匹态度要积极得多，而且韩弘见到李纯后要求辞去宣武节度使之职。

对于韩弘主动朝见并提出辞职的做法，李纯十分赞赏，因此他下令嘉奖韩弘。在诏令中，他首先肯定了韩弘多年来为朝廷出力，在平定藩镇时发挥的巨大作用，虽然同意他辞职的申请，但也不会冷落他，任命其为中书令之职。

韩弘入朝后，李纯派吏部尚书张弘靖兼平章事，代替韩弘出任宣武节度使，随着这个任命的下达，多年来一直让李纯放心不下的宣武镇问题也得到了圆满的解决。

## 历史评价

从唐代宗李豫在位的广德年间（763—764 年）始封安史旧部、河北降将，藩镇割据开始形成，一直到李纯元和十四年（819 年）扫平天下藩镇，帝国再归一统的前后六十多年里，代宗李豫、德宗李适甚至是在位极短的顺宗李诵都曾努力平定藩镇。然而，虽然他们取得过一些成功，但并没有彻底降伏藩镇。李纯却在短短的十多年里，先后平服了西川、夏绥、镇海、淮西、平卢、卢龙等大河南北的数十个藩镇，使安史之乱以来逐渐衰落的大唐帝国国势重新为之一振。虽然李纯的时代已经无法达到贞观之治、开元盛世的辉煌程度，但李纯还是因此而成为实现国家中兴的君主，同时也是唐代中期以后唯一一位再度一统天下的皇帝。

那么为什么当大唐帝国的历史演进到李纯这里时，他能完成曾祖李豫、祖父李适、父亲李诵没能完成的任务，使得藩镇之祸能够被平定呢？这是历代研究唐代历史的人颇为感兴趣的问题。

其实，李纯平定藩镇成功，脱离不了两样东西，一是历史条件；二是个人品格。

先说历史条件。

李纯即位之初所面临的藩镇形势与代宗李豫、德宗李适在位时期大为不同。

对于这个问题，清代的王夫之有着深刻的认识，他认为李纯在位的元和年间与李豫、李适在位的广德、贞元年间，藩镇的“势”，已经有所不同。在他看来，安史之乱的失败并不是朝廷的功劳，而是因为安、史发生内乱导致实力大减，而朝廷是坐享其成。不过安、史虽败，但藩镇的根基并没有被动摇。

前边我们详细分析过李豫之所以姑息安史降将，最终导致河朔三镇形成的具体原因，应该说这是大势使然，并不是因为李豫软弱。但到了李纯的元和年间，这种大势有所改变，曾经与安禄山、史思明共同造反然后割据一方的强将已经逐渐死去，取而代之的是儿子世袭制，但显然这些儿子们不如他们的那些老子们，或者是纨绔子弟，或者沉溺于酒色，其部将们也全都不再像最初那样忠诚，而是心怀异志，完全是为了自己的富贵行事。这样一来凡是叛逆的，朝廷只要征讨，最终一定会取得胜利，如李锜、杨惠琳、吴元济之流；或者是完全忠于朝廷的，如田兴。

王夫之“势”的观点虽然比较抽象，但他却点出了六十余年来藩镇内部人员构成的一些变化，看出李纯和李豫、李适时代不同的历史条件，还是比较精准的。

当然，任何时代都有其传承性，李豫、李适时代的诸多方面改革也为李纯平定藩镇创造了条件。虽然李豫、李适时代未能解决藩镇割据的问题，但他们为了解决藩镇问题在经济、军事、政治等方面所实行的一些措施，为李纯提供了平定藩镇的条件。

从经济角度来看，李豫、李适时代承天下大乱之后，朝廷的财政体系遭到严重破坏，百姓逃亡尚未归复。李豫时代为了解决财政问题重用刘晏整顿财政，后来又重用杨炎实行两税法，使得到了李适时代，朝廷财政收入达到一千三百万六千七十贯，而且盐利还没算在内，比李豫在位的大历末年税收增加一倍。据后来元和年间的宰相杜佑所编的《通鉴》记载，实行两税法后，朝廷每年可以收到税收三千万贯。元和初年，虽然税收已经无法达到帝国黄金时期开元年间的五千万贯，但比之安史之乱后及两税法实行初期，税收还是增加不少。尤其是李适在财政和资源积累问题上，充分吸取了当年对藩镇战争中朝廷财政匮乏的教训，不惜以各种手段来加强朝廷的财政力量，所以到了李纯的时代，朝廷财政有了基础保障，因而能够凭借祖父李适积累下的财富（因德宗府库之积），进行征讨藩镇的战争，并最终取得胜利。

从军事角度来看，李豫、李适时代在条件并不成熟的情况下，曾发动多次征讨藩镇的战争，但实际效果并不理想，虽然取得过胜利，但割据形势一直存在，不过在战争中朝廷也积累了军事经验，那就是始终要有一支强大的由朝廷直接指挥的军队。为此，朝廷成立了神策军，到了李适晚年时，朝廷直接控制的神策军多达十五万人，朝廷能在任何时候都有自己的军事力量，而不仅仅是依靠其他藩镇，这也为李纯时代征讨藩镇提供了强大的保证。

历史为李纯讨平天下藩镇提供了有利条件与机遇，但如果没有李纯个人对机遇的把握，没有他个人杰出才智的发挥，藩镇平定也不可能成功，总的来看，说李纯是中兴之主确实很恰当。

李纯自始至终一直坚持“以法度裁制藩镇”、一统天下的坚定信念和果断意志，虽然其间因为客观原因产生过退缩，但那也是迫不得已而为之。但讨平藩镇的想法李纯始终掩埋于心，从即位伊始李纯就将“举贞观、开元之政”作为自己的奋斗目标，将平服天下藩镇、重振大唐帝国国威作为自己的终极追求。十几年里孜孜以求，从未懈怠，在顺利的情况下能一鼓作气，在不顺利的情况下努力制定正确的战略决策和方针，并随时纠正失误。

纵观李纯“以法度裁制藩镇”，大体坚持先远后近、先易后难、先招抚后用兵、先重点后一般的方针。当然其也有失误之处，如元和四年（809年），不待淮西即将出现的替代良机，急于决策征讨成德，招致官军受挫；后来征讨淮西组军又太杂，致使兵力分散，西线三易统帅效果皆不佳，导致屡次失败。然而李纯的可贵之处在于，一旦发现决策失误，在多数情况下，能够不失时机地予以克服和纠正。例如，第一次征讨成德官军失利，李纯利用拘捕卢从史之机及时罢兵；征讨淮西，一旦发现任命将帅不当，立即予以调整，最终发现了李愬这样的良将。第二次征讨成德在不顺利的情况下，李纯不惜放下自己的尊严，接受大臣的劝告再次罢兵，这就说明成功的战争指挥者，并不在于他完全不存在失误，重要的是他能够从失误中吸取教训并予以及时的纠正，进而获得最终的成功。

从征讨藩镇的各项准备来看，李纯是个细心的皇帝。一般来说，围绕主要战略目标所进行的准备工作越具体、越充分、越全面，主要战略目标成功实现的可能性就越大。李纯在征讨藩镇的过程中显然充分意识到了这一点，如在财政问题上，李纯既有“因德宗府库之积”的一面，也有为筹措战争经费而苦心经营的一面，这不仅仅表现在制度上对财政体系的整顿，而且李纯从个人角度也带头节俭，正像他自己所说的那样：积累财富就是为了平定四方。由于李纯注意到了物质基础对平藩的重要性，采取多种有力措施，因此在平定藩镇的过程中，能够源源不断保证前线的各种供给。

同样，李纯在军事上的准备也是如此，每次征讨藩镇，也都是尽可能做好充分的准备。除了在总体战略上给予规划、指导外，对各路人马的调配，将领的任免以及具体战略的实施，都亲自加以过问，对于前线将领所提出的要求，尽可能予以满足，并且所有具体政策的制定、人员的任免、官员之间及朝官、宦官之间诸多矛盾的协调，都以不影响大局为前提，从政治上保证讨伐藩镇的成功。

总之，元和年间讨伐藩镇的成功，是李纯充分利用中唐以来社会和历史所提供的有利条件，在发挥个人领导品格的前提下，依靠群臣及将士们共同努力奋斗的结果。

# 第五章
# 宪宗之死

不能否认，李纯是个颇具才能的皇帝，大唐帝国行进到他这里时，重新恢复了生机。元和中兴使得大唐帝国重现昔日的辉煌，而李纯作为中兴之主也备受历代史学家们的称赞。但李纯最终也没有逃脱顶峰往前一步即是悬崖的套路，从元和十二年平定淮西，李纯“以法度裁制藩镇”的中兴大业渐趋成功时，他的思想开始产生变化，这个依旧算是年轻的帝王开始为了追求长生不老及来世的富贵，日益崇佛佞道，这为他最终悲剧的结局埋下了浓重的伏笔。

## 崇佛佞道

随着全国藩镇的平定，李纯不仅在执政方针上产生了变化，而且逐渐效仿其先祖，祈求长生不老的愿望增强，并因此日益沉迷佛教和道教。

自大唐帝国建立以来，佛教的地位随着皇帝的重视程度而不同。高祖李渊不信佛教，曾经下令拆毁佛寺；太宗李世民最初也是不信，但晚年之后为了长生不老开始崇信佛法；高宗李治、女皇武则天以及中宗李显、睿宗李旦全都崇信佛教，其中以武则天最为痴迷；玄宗李隆基在位时比较信奉道教；随着安史之乱的爆发以及帝国的江河日下，皇室的高层成员们越加对佛教的因果说产生兴趣，因此佛教地位再次上升。

李纯青年时代在祖父德宗李适的身边长大，可以说先帝对佛教的崇信，也对李纯产生了一定的影响。但李纯即位后首先以平定藩镇为己任，因此对佛教并不感兴趣，而且在元和初年还曾经下令清查伪滥僧尼，对于寺院的土地也采取抑制政策。但不可否认，李纯是生活在一个佛法盛行的大环境里，他的思想和行为不能不受到影响，而且利用佛教维护大唐帝国的统治，也是列祖列宗的传统政策，李纯作为最高决策者，潜意识中肯定会是遵循的态度。

元和十年（815年）之前，李纯参加的佛教活动不多，和他的先辈们比起来要逊色很多。但从元和十二年（817年）淮西前线的战事无明显进展时开始，李纯一方面关心前线的战事；另一方面也开始希望通过虔诚的礼佛活动来获取佛祖的保佑，在这种情况下，李纯命令在右神策军中修建圣寿佛寺。而且为了礼佛方便，李纯命令右神策护军中尉第五守带领两千名神策军士兵修筑夹城，将宫城的云韶门、芳林门全部连接起来。通过夹城的修建，李纯可以随时赴寺庙祈福。

平定淮西以后，僧侣们宣扬朝廷之所以会取得胜利，是因为“显大不思议之道，辅大有为之君”的结果。李纯同时也相信这是佛法的作用，于是对佛教的崇信进一步升级。元和十三年（818年）四月，李纯亲赴圣寿佛寺举行无遮僧斋大法会，赐僧众绢帛300匹，并派宦官向西市百姓赠送香火，这次法会的举办使元和十年（815年）以来李纯的崇佛达到了高潮。不过李纯似乎并不满足，在这种情况下，终于出现了法门寺迎奉佛骨的盛大礼佛活动。

事实上，李纯并不是迎奉佛骨的开创者，隋唐两朝都有迎奉佛骨的传统，到了李纯这里乃是第八次。元和十三年（818年）二月，主持京城佛寺供奉的功德使向李纯进言，称凤翔府法门寺有护国真身宝塔，塔内有佛指骨一节。据传法门寺地宫要30年一开，舍利出则天下太平，根据功德使的计算，从上次地宫开启的德宗贞元六年（790年）至明年元和十四年（819年），正好是30年的时间，因此请李纯批准迎奉法门寺佛骨。

元和十三年（818年）十二月一日，李纯派僧人惟应、端甫等人赴凤翔法门寺奉迎佛骨，并令宦官杜英琦监督。为了以示隆重，李纯于十二月四日，派中使持香火监领宫人持香花至临皋驿迎接佛骨。随后，李纯又命令中使带领神策军及僧徒前往迎护，并专门打开光顺门请纳佛骨到达京师，并将佛指骨轮流送至京师各佛寺，供僧俗众人供养礼拜。一时间京师内外方圆数百里，掀起了一阵空前的礼佛高潮。

当时很多人痴迷于这次礼佛活动，但也有人持反对的态度，例如，韩愈就为此向李纯奏上《谏迎佛骨表》，希望李纯能够客观冷静地对待礼佛活动。或许韩愈的言辞有些激烈，触犯了李纯的尊严，最终导致李纯十分愤怒，将韩愈的《谏迎佛骨表》昭示诸臣，准备将韩愈处以极刑。

为了挽救韩愈，当时宰相裴度、崔群纷纷上奏，认为韩愈触犯天威，确实应该治罪，但这其中也能看出韩愈对于皇帝是忠诚的，所以才会上疏，希望皇帝陛下开恩予以宽大处理，这样就不会让其他人因害怕而不敢进谏。李纯在略微冷静之后，同意了宰相们的请求，将韩愈改贬为潮州（今广东潮安）刺史。

潮州在当时是最为偏远、多瘴疠之地，朝廷官员贬到那里，可以说是在贬黜的刑罚中最为严厉的。元和十四年（819 年）正月十四日，韩愈接到被贬的诏书后即日上路，在走到蓝田关时遇到大雪，他触景生情，回想起自己过去的诸多经历，心中颇感悲凉，于是挥笔写下了那首著名的《左迁至蓝关示侄孙湘》：

一封朝奏九重天，夕贬潮州路八千。
欲为圣朝除弊事，肯将衰朽惜残年。
云横秦岭家何在，雪拥蓝关马不前。
知汝远来应有意，好收吾骨瘴江边。

在这首写给侄孙韩湘的诗文中，韩愈充分表达了虽因谏佛骨而被贬，但并不后悔的志向，但同时他也预感到自己的生命或许会将终结在潮州。

到达潮州之后，韩愈立即上表李纯，称自己因为愚昧鲁钝冒犯了天威，因为自己体弱多病，潮州多瘴疠，希望皇帝陛下能够开恩赦免自己回到京城。李纯接到表文后，首先赞扬了韩愈勇于承认错误的积极态度，考虑到韩愈曾经在征讨中力主讨伐有过功劳，所以决定将其改贬为袁州（今江西宜春）刺史。就这样韩愈的生命总算没有终结在潮州，一直到唐穆宗李恒即位，韩愈才回到京城。

韩愈虽然向皇帝陛下承认了错误，但他内心依然希望，有一天李纯能够幡然悔悟，从痴迷佛教的歧途中走出来。但让韩愈失望的是，李纯不仅痴迷佛教，随着时间的推移，他对道教也呈现出痴迷的态度，相比较佛教而言，道教带给李纯的是梦魇。

李纯即位后，最初对道教如同对佛教一样并不热衷，而且在元和二年（807 年）三月也对伪道士进行了全国清查，限制其发展。元和十年（815 年）之后，李纯对道教的神仙之说，随着自己企求长生不老欲望的增加而兴趣大增。元和八年（813 年），李纯命令中尉彭忠献师徒三百人修建兴唐观，赐钱十万，有意识地扩大其规模。为了求仙访道方便，李纯又下令在兴唐观北部开设复道直通禁中，以内库千匹绢帛赏赐给参加修建工程的役夫。元和九年（814 年）二月，又将宫中的道教神仙图像经法九輂等赐予兴唐观。

从元和十年以后，李纯开始奉行先祖们的传统，而且试图通过道教的神仙丹药之术，来寻求长生不老。虽然当年李世民因为服食丹药最终搞垮了身体。但李纯似乎并不在意先祖李世民的经历，在他看来或许那一次只是个意外，于是他终于走上了先祖的老路，开始沉迷于服食丹药。

元和十二年（817 年）十月征讨淮西结束之后，兴奋的李纯在中兴大业已成定局的情况下，希冀这经过艰苦奋斗得来的即将完成的天下一统的局面能够长久保持下去，更希望自己能够永远享有这经过奋斗得来的结果，他更加希望能够从道教那里找到长生不老方。

如果说崇信佛教可以解决来世因果之缘的话，那么现在崇信道教的长生不老似乎更加快捷、更为直接。史书记载，李纯在位末期十分喜好神仙之说，坚持服用丹药（“上晚节好神仙，锐于服食”），而且在他的带动下，那些自称怀揣长生不老方的方士们开始活跃起来。

当时一个山中隐士柳泌觐见李纯，自称能获得灵草仙丹。李纯听后极为高兴，让其居住在兴唐观炼丹，并任命柳泌为台州（今浙江天台）刺史，赏赐金紫朝服。

任命的诏书一出，朝臣们纷纷上疏，认为皇帝陛下可以喜欢方士，也可以让其炼丹，这些都是皇帝的私事，外人不能干涉。但让一个没有任何政治才能的道士担当一个地方的父母官，这实在有失体统。可是李纯丝毫不为所动，他认为倾一地之力能够让君主长生，那也是值得的事情，并下令如果再有人因为此事谏言，将严惩不贷。

自此之后，朝臣们全都闭上了嘴，任由李纯宠信道士，服食丹药。可是前边我们说过，道士炼来的丹药全都是有害成分极高的毒药，李纯自从服用丹药后，经常干燥口渴，身体渐渐虚弱，明显已有中毒的迹象。就在这个时候，一场宫廷政变正悄然发生，它不仅夺走了李纯依然年轻的生命，而且让曾经备受冷落的利益集团获得了最大的政治利益，要说清这场政变的来龙去脉，我们还得从李纯的后宫波澜开始说起。

## 后宫波澜

李纯征讨藩镇的成功，使他成为中兴之主。这些年来他每日每夜都在为重振大唐帝国的国威而努力，直到元和十四年（819 年）他终于成功了。但李纯同样也有自己的烦恼，那就是储君问题始终是让他挠头的问题，大唐帝国在储君这个问题上已经出过不少乱子，现在到了李纯这里，他也未能幸免。

李纯即位后对于立储问题是一拖再拖，一直到元和四年（809 年）才最终确定下来。之所以在立储问题上李纯会犹豫不决，原因与当时在这个问题上存在着尖锐的斗争甚至立后问题纠缠在一起。

还在德宗贞元九年（793 年）的时候，李纯便与宫女纪氏有了第一个儿子李宁。当年十二月，德宗李适为爱孙李纯纳已故驸马都尉郭暧之女为妃。郭暧是名将郭子仪之子，郭暧的妻子又是代宗李豫之女升平公主，因此李纯所纳的郭氏出身高贵，绝非一般的宫妃。

贞元十年（794 年），李纯与另一宫妃有了次子李恽。贞元十一年（795 年）李纯与郭氏有了三子李宥，此后李纯又接连有了 17 个儿子。

李纯即位的元和元年（806 年）八月，长子李宁封为邓王、次子李恽封为澧王、三子李宥封为遂王，其余十七子也全都封王。在封诸子的同时，郭氏被册封为贵妃，不过按照常理来讲，郭氏出身显贵，远非宫女纪氏所能比，其所生的李宥按照年龄来讲虽然排行第三，却与李宁、李恽年龄相差不大，从立嫡不立庶的原则来看，李宥当然应立为太子，其母郭氏也应该立为皇后，然而事情却不是那么简单。

一直到李纯去世，郭氏也没能当上皇后。史书上虽然没有记载明确的原因，但通过一些蛛丝马迹的记载，我们还是能找到些原因。首先，郭氏出身高贵，由于特殊的家庭环境及优良的物质生活条件，不少人都是在娇生惯养中长大，往往会在性格上造成一定的先天缺陷，或者妒悍不逊（如杨玉环），或者骄横薄情（如安乐公主），从后来郭氏的种种表现来看，这是一个性格具有严重缺陷的人，进而造成和李纯的感情不和。

除了上述原因，史书记载，李纯后宫之中有很多私自宠爱的女人（“后庭多私爱”），他也可能担心郭氏因为身份原因，当上皇后会干涉自己宠幸后宫的问题。从李纯的子女仅次于李世民和李隆基来看，他希望自己能在嬖艳上具有较大的自由，而且郭氏的祖父郭子仪由于功勋卓著，事实上在肃宗李亨时代就受到猜忌，有功高震主的嫌疑，李纯内心不希望他的后人过多地参与政事，以免在权力上受到制约。

由于郭氏受到遏制不能位居东宫，使得李宥也随之失宠。元和四年（809 年），李纯经过慎重的思考，决定采取稳妥的方式，立长子李宁为太子。

在立太子问题上，除了李纯隐藏内心深处的想法之外，朝臣们的作用也不可忽视。元和四年（809 年）三月，宰相李绛就上奏李纯，认为李纯即位四年来还没有立太子，这会让很多子嗣产生非分之想（“开窥觎之端”），希望李纯尽快做出决定。

李绛上奏建议早立太子，虽然没有明确指明应该立哪个儿子，但李绛的话中提到了皇子们会有非分之想的问题。显然这个话题是针对三子李宥的，因为其母郭贵妃的出身和地位高于其他嫔妃，凭借着母亲的高贵，李宥是最可能产生非分之想的，这远不是李宁的母亲纪氏所能比的。

李绛虽然没有明言到底立谁，但从其话语隐含的意思以及那个时代立长不立幼的礼法来看，李绛是支持立长子李宁为太子的。可以说，李纯最终决定立长子李宁，朝臣们起到了助推作用。

元和四年（809 年）三月，李纯命令吏部具体筹办太子的册封仪式。

可是天公偏偏不作美，春夏之际阴雨不断，册封仪式一直没有办法举行，于是只得改为秋天举行。可是进入秋天后，仍然是阴雨不断天无晴日，一直到了冬天十月，太子的册封仪式才正式举行。

值得一提的是，册封仪式的一再推迟，似乎预示着李宁的太子之位不能长久。在元和六年（811 年）十二月，年仅 19 岁的皇太子李宁因病去世。

李宁的去世使皇帝李纯受到了极大的打击，为此，他一连十三天未能上朝。随着李宁的去世，册立新太子一事便提到日程上来，究竟是次子李恽还是三子李宥，不仅是摆在李纯面前一道必须做出选择的题目，而且成为当时各种政治势力矛盾斗争的焦点。

据《旧唐书》记载，当时支持拥立次子李恽的政治力量是以宦官吐突承璀为核心的集团。吐突承璀当时力排众议，坚决表态支持李恽被立为太子，其目的是为了树立自己的权威（“欲以威权自树”）。不过李纯洞悉了吐突承璀的目的后，没有受他的蛊惑（“赖宪宗明断不惑”）。但《旧唐书·崔群传》则记载说，当时李纯认为李宁死后，李恽年龄居长，而且又协助自己处理了不少政务，所以有意立李恽为太子。从这个记载来看，李纯和吐突承璀倾向一致。

但当时以崔群为代表的朝臣则坚决反对李恽被立为太子，崔群认为，郭贵妃出身高贵，远非其他出身平凡的宫嫔所能比，所以应该立三子李宥。最初李纯是准备让崔群为李恽作让表的，但崔群却表示只有当了太子才有陈让的礼仪之说，现在李恽不是太子，何来让表之说？

应该说，崔群当时是代表了诸多朝臣们的意见，最终李纯在这个问题上做出了妥协，而且当时吐突承璀担任淮南监军，由于不在京城，正所谓鞭长莫及，所以李纯最终同意立遂王李宥为太子，同时改名为李恒，即是大唐帝国的第十二任皇帝唐穆宗。

黄永年先生在他《唐元和后期党争与宪宗之死》一文中，认为李宁死于元和六年（811 年）十二月，而李宥被立为太子是在元和七年（812 年）七月，期间储君之位的虚悬时间长达七个月之久，可见当时围绕储君之位的斗争是相当的激烈。

事实上，这场斗争一直到李恒被立为太子也没有结束。因为按照礼法，儿子成为太子，郭贵妃应该母以子贵，被册封为皇后，而且元和八年（813

年）的时候也有不少大臣再三请求李纯册立郭贵妃为皇后，但都被李纯以当时的岁时之忌为由拒绝。从史书的记载来看，李纯虽然立了李恒为太子，但父子之间的关系却并不像外界想象的那么和睦。

史书记载，李恒和母亲郭贵妃的感情很好，母亲不能荣登后位，或许会让李恒产生不爽的心理，而且从血缘角度来看，李纯和郭贵妃算是近亲结婚，李恒是近亲结婚的产物。虽然那个时代近亲结婚没有法律限制，但从李恒的身体素质和智商来看都远不及其他诸皇子，和李纯更不是在一个档次。

李恒性格温和，缺少果断，这一点和李纯正好相反，这也造成了刚毅果断的李纯不太喜欢李恒这个儿子，在内心深处，李纯对太子的人选始终存有动摇。

元和八年（813 年），吐突承璀从淮南返回京城长安，此时支持李恒的李绛被李纯罢相。元和十四年（819 年），支持李恒的崔群也被排挤出朝廷。吐突承璀作为李纯信任的宦官开始掌握实际权力，通过将近六年的揣摩，吐突承璀发现李纯对太子李恒并不是那么满意，而且作为李恽的支持者，吐突承璀明白李恒即位后肯定是于己不利。由于李纯长期服用丹药，身体逐渐衰弱，于是吐突承璀开始谋划废掉太子李恒，意图利用李纯在位期间另立李恽为太子。

《资治通鉴》记载:“初，左军中尉吐突承璀谋立澧王恽为太子，上不许。及上寝疾，承璀谋尚未息，太子闻而忧之。”

从上述这段记载来看，至少在当时，吐突承璀谋立澧王李恽，并不是秘密进行的，或许他仰仗自己的权势以及皇帝对太子的冷落，他认为没有必要遮遮掩掩。李恒当时知道消息后十分忧虑，立即向时任司农卿的舅舅郭钊问计，而郭钊似乎也给不出什么良策，只告诉李恒尽心孝顺父皇李纯耐心等待，不要担心其他的事情（“尽孝谨以俟之，勿恤其他”）。

郭钊所说的耐心等待或许就是李纯驾崩的那天，等到李恒当了皇帝，一切问题迎刃而解。

但当时李纯年方 43 岁，尚属年轻，虽然长期服用丹药健康状况十分不好，但也还没到立即驾崩的程度。

但让所有人都想不到的是，元和十五年（820 年）正月二十七日，李纯暴崩于中和殿，很多迹象表明，李纯并非自然死亡，而是死于一场宫廷政变，而这场政变的始作俑者正是太子李恒和他的母亲郭贵妃。

## 幕后操纵者

元和十五年（820 年）正月一日，李纯由于长期服食丹药病倒而停止了正常的元会。当时义成节度使刘悟入朝，因为其在征讨平卢中活捉李师道立下大功，所以李纯才在病重的情况下亲自在麟德殿接见了他。李纯自服用丹药以来身体虚弱，多次停止上朝，因此京城传出皇帝陛下不久于人世的消息，这次刘悟亲自见到了李纯，并将李纯的状况传到外界，这样使得人心稍安。

可是就在刘悟见完李纯的 27 天后，宫中突然传出李纯驾崩的消息。

关于李纯之死，不同的史书记载略有不同：

《旧唐书·宪宗本纪》记载:（李纯）时以暴崩，皆言内官陈弘志杀逆，史氏讳而不书。

《旧唐书·王守澄传》记载：时帝疾大渐，内官陈弘志等杀逆，宪宗英武，威德在人，内官秘之，不敢除讨，但云药发暴崩。

《新唐书·宪宗本纪》记载：宦官陈弘志等谋反。庚子，皇帝崩，年四十三。

《资治通鉴》记载：上服金丹，多躁怒，左右宦官往往获罪，有死者，人人自危；庚子。暴崩于中和殿，时人皆言内侍陈弘志杀逆。

从上述的记载来看，李纯并非自然死亡，而服食丹药也不是致其死亡的主要原因，宦官陈弘志才是杀死李纯的凶手。不过当时陈弘志只是一个地位低下的宦官，如果仅仅是不满李纯的躁怒而杀死他，相信他没有这个胆量。

事实上，清代史学家王夫之就明确指出，李纯被人谋杀是很明确的事情，但陈弘志只是执行者（“推刃之贼”）。李纯不立郭贵妃为皇后，并和吐突承璀谋划废掉李恒的太子之位，而立李恽为太子，虽然还没具体实施，但不可否认，郭贵妃和太子的地位已经岌岌可危，因此是郭贵妃和太子李恒勾结宦官杀死了李纯（“宪宗之贼非郭氏、穆宗而谁哉？”）。

王夫之的推断不无道理，而且著名的史学大师陈寅恪也持同样的观点。事实上，我们通过前边介绍太子李恒问计舅舅郭钊这件事来看，至少说明李恒已经意识到了问题的严重性，而且从史料的蛛丝马迹中，我们也可以找到太子李恒参与谋划弑父的记载。

李纯于元和十五年（820 年）正月二十七日暴崩，太子李恒于同年闰正月三日即位，李恒在即位的敕文中特别说到了一件事情，现将大致意思翻译如下：今年正月二十八日至闰正月三日，宫苑诸多守卫将士包括西内守卫将士，守卫的工作量不断加大，并更替频繁，现在赏赐内侍省和内侍宫正等。

本来从正月二十七日李纯死亡的那天起，这些守卫将士就肯定一直昼夜不停地值班，赏赐他们是合情合理的，可是为什么李恒偏偏要从正月二十八日开始算起？《资治通鉴》二四一卷很好地回答了这个问题：

庚子（二十七日），（李纯死后）中尉梁守谦和宦官马进潭、刘承偕、韦元素、王守澄等共立太子，杀吐突承璀及澧王恽，赐左、右神策军士人钱五十缗，六军、威远人三十缗，左、右金吾人十五缗。

这段史料证明，正月二十七日起宫廷内发生了政变，以梁守谦为首的宦官集团率领神策军杀死了权倾一时的另一个宦官吐突承璀。综合前边陈弘志杀死李纯的行为来看，这是一场有组织、有预谋的宫廷政变。以吐突承璀的地位来看，他也有自己的势力，所以正月二十七日在李纯死后的那段时间里，宫廷内很可能发生了一场规模不小的血战，最终以梁守谦宦官集团获胜而拥立李恒即位结束。在这场斗争中，由于神策军和宫廷守卫全都站在了李恒这一边，立下大功，所以最终得到了李恒的赏赐，这也说明李恒对于这场政变是完全清楚的。

最后一个问题，以梁守谦为首的宦官集团为什么会帮助太子李恒加快即位的步伐而最终充当弑君的刽子手，这个问题我们必须要从李纯即位后，宦官集团的内部变化说起。

李纯作为中兴之主，从一即位便以重振大唐帝国的国威为己任，他十分清楚宦官在大唐帝国的历史上充当了一个什么样的角色，所以他即位伊始便对宦官采取抑制的政策。当时因触犯法律受罚的宦官比比皆是，可是随着时间的推移，当诸多宦官失意的时候，吐突承璀由于办事能力出色，而且拥护李纯“以法度裁制藩镇”的政策，所以备受李纯的宠信和重用。由于吐突承璀被过分的重用，这就导致其他宦官们的不满，但越是这样就越遭到李纯和吐突承璀的进一步压制，最终致使宦官集团分为两大派，一派是以吐突承璀为核心的得势派，另一派是失意派，代表人物是梁守谦、王守澄以及陈弘志。

李纯行为正常时，失意派的宦官们尚且能够生存。但前边我们列举了《资治通鉴》的记载，李纯因为服食丹药而导致脾气暴躁，宦官被杀的人不在少数。可以说，梁守谦、王守澄等宦官最终决定发动政变也是为了自保，不过方式有些极端。纵观朝廷所有的势力，他们要寻找靠山，太子李恒和郭贵妃无疑是最合适的人选。

宦官失意派和地位岌岌可危的太子李恒、郭贵妃，双方一拍即合，最终导致宫廷政变的发生。以吐突承璀为核心的得意派或许太过得意，最终倒在了失意派的刀剑之下，而李纯的死也是他自己喝下了自己酿造的毒酒。

元和十五年（820 年）闰正月三日，太子李恒在太和殿即位，对于拥立其即位的功臣李恒论功行赏。对手刃先帝李纯的陈弘志，不但没有给予任何处罚，反而使其出任淮南节度使监军。对于李纯生前极为信任的道士柳泌等人，李恒下令一律斩杀。

元和十五年正月的这场宫廷政变，李恒和郭贵妃虽然没有具体参与，但他们的确充当了很不光彩的角色，说李恒是弑杀其父的帮凶一点也不为过。但从政治角度来看，李恒无疑是最大的赢家，备受冷落的利益集团终于获得了最大的政治利益。

李恒即位后，将曾经支持过自己、时任湖南观察使的崔群调回朝廷，亲自召他到别殿，准备重用崔群。但崔群却显得很是平静，并没有因为自己咸鱼翻身而喜出望外，他告诉李恒之所以自己会支持他，是因为这是先帝李纯的旨意。

从崔群的话中，我们可以看出，崔群虽然没有参与宫廷政变，但他很可能知道此前宫廷政变的事情，他对李恒在这场政变中充当了弑父的帮凶，表现得极为不满。

而对于郭贵妃来讲，则是另外一番景象。很长时间以来，由于李纯的原因，郭贵妃的皇后梦一直难以圆成。现在随着儿子李恒的即位，元和十五年（820 年）闰正月十二日，郭贵妃被册封为皇太后，李恒每月朔望之时，率领百官赴兴庆宫为郭太后上寿，极尽奢华之事，似乎要以此弥补母后长期不得立为皇后的缺憾。同时李恒追赠郭太后之父郭暧为太尉，任命母舅司农卿郭钊为刑部尚书。二月五日，李恒诏令将百姓长期悬欠度支诸州府监院、盐铁诸监院、户部诸州府、京兆府等部门的大批钱粮一律放免。此举显然有取悦天下人心的目的。

值得一提的是，大赦之日李恒不顾先帝李纯灵柩尚未安葬的现实，在丹凤门内大设倡优杂戏。十五日，又亲自到左神策军中观看摔跤杂戏，好像不久之前的那场宫廷政变根本没有发生过一样。然而李恒做梦也不会想到，多年以后竟有人追究这场宫廷政变杀害李纯之事。

## 文宣复仇

元和十五年（820 年）五月十八日，号称一代中兴之主的李纯被安葬在同州奉先县（今陕西蒲城）西北二十余里的金炽山上的景陵，庙号宪宗。

随着唐宪宗李纯的安葬，似乎先前的一切风波都已经过去，但谁也没有想到 15 年后有人居然开始追究元和十五年宫廷政变杀害李纯的事情，并严惩肇事凶手。

公元 827 年，李恒的次子李昂即位，是为唐文宗。李昂生于元和四年（809 年），元和十五年（820 年）宫廷政变发生时，李昂已经 11 岁，对于政变已有知晓。李昂的继位虽然得到了王守澄的帮助，但他却对元和十五年那场宫廷政变中杀害祖父李纯的凶手得不到惩处而耿耿于怀。又因为当时宦官权势太盛，乃至成为朝廷的祸患，所以，他准备依靠宰相宋申锡寻找机会除掉王守澄，但是因为很多客观原因最终没有成功。

大和九年（836 年），李昂以李训为宰相，以郑注为凤翔节度使，继续追究元和十五年杀害宪宗李纯之事。九月，李昂派齐抱真持御杖将杀害李纯的直接凶手，时任襄州监军的陈弘志杖毙于任所内。十月九日，又派中使李好古毒杀王守澄，撤换王守澄之弟王守涓徐州监军一职，不久王守涓郁郁而终。同时流放宦官杨承和于驩州（今越南荣市），流放韦元素于象州（今广西象州东北），不久将两个人赐死。

至此，元和十五年宫廷政变杀害李纯的部分重要凶手得到了惩处，但是复仇行动还远远没有结束。

公元 847 年，宪宗李纯的第十三子李忱即位，是为唐宣宗。李忱生于元和五年（810 年），李纯被害时李忱 10 岁，对政变之事已有记忆。据后来唐昭宗时期翰林学士裴廷裕《东观奏记》的记载，李忱在位时宣布废除穆宗李恒的祭日，停止对光陵（穆宗陵寝）的朝拜，撤走光陵的守陵宫人，对于文宗李昂在位时尚未来得及追究的，穆宗李恒发动政变的帮凶再一次进行打击。而郭太后那个时候已过古稀之年，身为五朝太后的她由于当年参与谋划杀害丈夫李纯，此时又值李纯之子在位，这个女人心怀惭愧和恐惧之情，当年参与政变的帮凶一个个遭到清算，使她颇为坐立不安，因此她企图以自杀嫁祸于唐宣宗李忱，让李忱背上不孝的骂名。

李忱洞悉了郭太后的企图，这让他很是愤怒，裴廷裕的《东观奏记》中记载："其夕太后暴崩，上志也。"

虽然没有史料可以证明郭太后是李忱所杀，但裴廷裕的记载的确反映出李忱恨不得郭太后早死，如果猜测是李忱杀死郭太后也并不为过。而且在郭太后死后，大臣王皞上奏请求将郭太后和宪宗李纯合葬，结果李忱勃然大怒，将王皞贬为润州句容（今江苏句容）县令，从中也可以看出李忱对郭太后的憎恨。

一直到郭太后死去，才标志着这场为宪宗李纯复仇的行动宣告结束。如果李纯在天有灵，相信可以瞑目了。

大唐帝国在唐宪宗李纯这里重新点亮了光芒，可惜的是，这是大唐帝国的最后一抹霞光，自此之后再无光亮。

李纯的一生可以说是战斗的一生，奋发有为的一生。唐太宗李世民统一全国，开创了以政治修明为主的"贞观之治"。唐玄宗李隆基全面发展了唐朝的政治、经济、文化，使帝国进入黄金时期。唐宪宗李纯则是在帝国国运衰退之际，效仿先祖贞观、开元之治，不畏艰难、削平藩镇，再振国威，最终实现了帝国的中兴之治。

从李纯本人到宰相杜黄裳、李绛、武元衡、裴垍、裴度；从文臣白居易、韩愈到武将高崇文、李光颜、乌重胤、李愬；君臣上下一心，体现出了积极进取、勇于拼搏的“元和精神”。李纯去世后，“元和精神”的影响历久不衰，而李纯本人也被后世所称道。

从李纯所处的时代来看，那个时候的大唐帝国已经不存在从根本上解决藩镇问题的历史条件。帝国二百多年所积累的种种矛盾、所形成的种种弊政，远不是一个皇帝的个人能力所能解决的，然而李纯面对祖辈们留下的藩镇祸乱局面，并没有退缩，而是以清醒的头脑不断克服一个又一个困难，尽心尽力地重振帝国声威。虽不能说是力挽狂澜，却也尽到了一个皇帝所能尽到的最大责任，并最终取得平定天下藩镇的巨大成功。

虽然，李纯晚年的很多行为一直为人所诟病，但平定藩镇这一事实也充分说明了李纯本人和他所倡导的“元和精神”，应当给予客观、公正的评价。

千秋功罪，自有后人评说！

# 第六章
# 昏庸二帝

## 长庆科考案

元和十五年（820 年）闰正月三日，在李纯驾崩的一个多月后，皇太子李恒即位于太极殿，第二年改元长庆。历史评价李恒是个平庸之主，但不能否认在即位伊始，为了改变元和末年法度废弛、经济衰退的局面，李恒也做了些有利于国家的事情，尽管这些工作做得并不彻底，但也收到了一定的效果。

长庆元年（821 年）三月，一年一度的科举考试照旧在礼部举行，主考官由礼部侍郎钱徽、右补阙杨汝士担任。考试之前宰相段文昌、翰林学士李绅奔走于钱徽门下，保举自己的亲信。结果榜单一出，裴度之子裴撰、郑覃之子郑朗、杨汝士之季弟杨殷士、李宗闵之子婿苏巢等十四人中榜，而段、李二人极力推荐的杨浑之、周汉宾则落选。

段文昌一气之下，在皇帝李恒面前状告钱徽徇私舞弊、取士不实。李恒以其事询问翰林学士李绅、元稹等人，二人的回答均和段文昌相同。

在这种情况下，李恒便诏令中书舍人王起、主客郎中知制诰白居易，在子亭主持复试。没过多久，复试结果一出来，除孔温业、赵存业、窦洵三人勉强过关，其余十一人全部落选。

这个事件就是唐代科举考试中的重大丑闻——长庆元年复试案。

本来考试作弊在当时是一件极其平常的事情，考生为了榜上有名请客送礼，甚至托关系拜到权臣门下。这次由于宰相段文昌推荐的人落选，这才公开发难，但却骤然演变成轰动朝野的考试舞弊要案。

段文昌，史书记载“倜傥有义气”，曾经与韦皋、李吉甫交往密切。李吉甫当上宰相后，段文昌升迁为监察御史、左补阙，李恒做太子时担任随身侍读，等到李恒即位拜为宰相。

本来段文昌与杨浑之没有多少往来，但段文昌有收藏图书字画的嗜好。杨浑之是长庆元年的应试举子，其父是已故的刑部侍郎杨凭，家中藏有不少古书字画，杨浑之得知段文昌的喜好后，决定不惜一切代价投其所好，将父亲生前收藏的古书字画全部送给了段文昌。

俗话说得好，吃人家的嘴短，拿人家的手短，事情到了这个份上，段文昌想不办事儿那是不可能的，于是他找到钱徽保荐杨浑之。

与此同时，翰林学士李绅也将与自己亲近的举人周汉宾托付给钱徽，但让段文昌和李绅全都没想到的是，榜单一出来，杨浑之和周汉宾皆落选，于是段文昌和李绅告状到皇帝李恒那里，钱徽也就随之当了被告。

在这件事情发生之前，钱徽与段文昌、李绅并无怨恨与瓜葛，而且段文昌与李绅也不是多么亲密的同党。这次之所以并肩战斗完全是出于共同的利益关系，一个充当原告，一个充当证明人，不将钱徽整倒誓不甘休。

坦白地讲，段文昌和李绅本身也存在请托走后门的违纪问题，而且钱徽当时还保留着段、李二人写给自己的保荐书信，把柄在手自然无所顾忌。如果李恒仔细追查，段、李二人也难逃惩处，与李宗闵、杨汝士等人在性质上没有本质区别，只是一个成功、一个未遂。

当时李宗闵、杨汝士劝钱徽将段、李二人写给他的保荐信进献皇帝李恒，这样皇帝陛下必定知道事情的来龙去脉。但钱徽却是个耿直之人，他认为身正不怕影子斜，不能将私人书信当作呈堂证供（“安可以私书相证耶？”），然后命手下人将信件焚毁。

老谋深算的段文昌十分了解钱徽的为人，所以在状告钱徽之前，段文昌与李绅、元稹共同谋划过如何整倒钱徽。之所以会找到元稹，是因为李恒刚即位时，段文昌在李恒面前举荐过元稹担任知制诰，可以说段文昌对元稹有知遇之恩，而且李绅是元稹的岳父韦夏卿的幕僚，所以段、李、元三人结成同盟是必然的事情。

后人们了解元稹大多是因为他那“曾经沧海难为水，除却巫山不是云”的佳句，全诗具有一种超凡脱俗、绮丽清新的意境，但事实上官场上的元稹丝毫未能免俗，也是参与明争暗斗。

从《旧唐书》《新唐书》《资治通鉴》等多种史料记载来看，关于这场科举考试案，皇帝李恒从未曾召见过钱徽、李宗闵等人。也就是说他所了解的情况全部来自段文昌和李绅，所以主考官钱徽遭到惩处是必然的。

虽然当时很多人为钱徽鸣不平，而且他自己也宣称问心无愧。但纵观整个事件来看，钱徽很难落得一身清白，白居易当时在《论重试进士事宜状》里也宣称今年进士及第的人大多是官二代，这其中大有问题，这其实就是变相在说主考官钱徽在录取人员时做了手脚。

钱徽最终因为这桩科考案而身败名裂，被贬为江州刺史。

长庆元年的这场科举复试案带来的后果十分严重。原告和被告双方都为此付出了惨重的代价，被告方除了钱徽被贬之外，李宗闵被贬剑州、杨汝士被贬开江；原告段文昌、李绅等人虽然取得一时胜利，可是由于他们在报复钱徽的同时，也涉及考生及其亲属，打击面过大，因此不久就遭到了这些人的报复。裴度之子虽然在落第后重新被赐及第，但已经丢了大面子。所以半年后裴度三次上疏，公开弹劾元稹与宦官结党营私，其实矛头是指向段文昌和李绅。结果元稹因此而被排挤出朝廷，段文昌、李绅等人也受到皇帝李恒的冷落。

从长庆元年科考案最终的结果来看，并没有真正的胜利者。皇帝李恒虽然没有真正掌握事情的来龙去脉便草率处理，但客观结果却是对当时科举考试风气的一次净化。不过从段文昌等人与钱徽等人的较量过程来看，双方明显带有党争的味道，而且裴度弹劾元稹勾结宦官、结党营私，从史料记载来看也是空穴来风。

值得一提的是，大唐帝国的三大祸根除了宦官专权和藩镇割据之外，第三个便是朋党之争，而长庆元年的这场科举复试案正是拉开晚唐朋党之争的序幕，当时谁也不会想到这场朋党之争居然会持续长达 50 年之久。

## 牛李党争

关于晚唐朋党之争会成为帝国灭亡的祸根原因，千百年来很多人对此进行了深入的研究。正所谓仁者见仁智者见智，我认为，之所以会出现朋党之争，正是与科举考试有关。

在安史之乱爆发之前，大唐帝国的科举考试选拔了很多人才，很多国之栋梁都是由科举考试而走上仕途。但安史之乱爆发后，帝国的科举考试开始走下坡路，其原因正是中央朝廷的腐败，不仅在考场中屡屡出现舞弊现象，考试前也兴起了一股请托之风，即使是在考试后也形成了进士者谒见主考官的恶习。这样推荐者和被推荐者之间就形成了门生座主的关系，而且科举考试中的门生和门生之间称为同年，他们因为隶属于同一个座主，又是同年及第，很容易结成政治联盟，正是这两种不正之风最终促成了朋党相争的局面。

纵观大唐帝国的后期历史，影响国运至深的党争当属“牛李党争”。

“牛”指的是牛僧孺，“李”指的是李德裕，两个人的矛盾源于元和三年（808年）。这一年的四月，皇帝李纯亲自策试制科举人，名为“贤良方正直言极谏”，当时主考官是吏部侍郎杨于陵、吏部员外郎韦贯之两个人，结果应试者牛僧孺、皇甫湜、李宗闵三人的策文被列为上等。

当时三个人面对朝廷出的相关命题，使出了浑身解数，因为是“直言极谏”，所以三个人将矛头直指当时朝廷的宰相和宦官。如今，牛僧孺和李宗闵的策文我们已经无法找到，但皇甫湜的策文收录在了《全唐文》中。他的策文言辞颇为激烈，形容宰相还算是客气，但形容宦官简直就是在谩骂，不仅说宦官丢失了本来的职责，而且说宦官是“裨险之徒”，一个地位低微的下等人怎么可以掌握军队，并成为皇帝最为信任的人呢？

鉴于牛僧孺、李宗闵与皇甫湜都被列为上策，相信牛、李两个人的策文言辞也应该是颇为激烈的。

当时榜单出来后，宦官刘光琦向皇帝李纯哭诉，说牛、李、皇甫三人是以小人之心度君子之腹，宰相李吉甫也劝李纯不要重用三个人。最终李纯下令贬黜主考官，同时使得三个人很久没有得到升迁，于是牛僧孺、李宗闵二人怀恨在心，而李德裕正是宰相李吉甫之子。

后来随着李吉甫的去世，一直到元和十五年（820 年），牛、李之间的矛盾始终处于一种蛰伏状态。但随着李恒的即位，以及李德裕的发迹，牛、李之间的矛盾开始加剧，而加剧的起因正是前边提到的长庆元年（821 年）科举复试案。

因为这场科考案李宗闵等人被贬黜，所以李宗闵十分痛恨段文昌和李绅。而据《旧唐书·李宗闵传》记载，李德裕当时跟着李绅、元稹一起向皇帝李恒告状（“衡言于上前”），说钱徽受人请托，因此这次考试是不公平的，最终导致重新复试。

事实上，当时李德裕和段文昌、李绅比起来，还是个小角色。虽然时任翰林学士之职，但由于皇帝李恒对藩镇采取招抚政策，而李德裕则主张对藩镇用兵，所以他并不受皇帝的待见，最多是个不得不跟着领导走的打酱油角色，起决定作用的还是段文昌和李绅。但李宗闵显然不这么认为，在他看来，凡是和段文昌、李绅站在一起的都是其同党，所以李宗闵对李德裕也没什么好印象。

而牛僧孺和李宗闵是同年，所以理所当然十分憎恨李德裕，再加上与其父的矛盾渊源，所以双方矛盾开始加深。

不过此时牛、李双方虽然怨恨加深，但并没有形成不可调和的局面，导致双方关系恶化的，是长庆二年（822 年）发生的“于方事件”。

当时成德镇王武俊的养子王廷凑发动兵变杀死节度使田兴，深州节度使牛元翼忠于朝廷不肯依附王廷凑，结果王廷凑带领大军将深州围得水泄不通。此时元稹的好友于方献计称可让成德大将王昭等人使反间计解深州之围。时任兵部侍郎的李逢吉得到消息后，暗中下令让亲信李赏告诉裴度说元稹想暗杀他，并且让其子李仲言将这件事告到皇帝李恒那里，将于方下狱。皇帝认为元稹和裴度二人有失宰臣威严，罢免二人的宰相之位，让李逢吉进入宰相班子，任命他为同中书门下平章事。

李逢吉进入宰相班子后，还缺少一名副手，论资历牛僧孺和李德裕都有当宰相的希望。但皇帝李恒对李德裕并不感冒，所以将他调任为浙西观察使，李德裕刚离开京城，牛僧孺就被任命为同平章事。

李德裕被调任后，一连八年没有得到升迁，在他看来这是李逢吉从中搞鬼。而事实上，在牛、李入相的问题上，李德裕是着实冤枉了李逢吉，或许李逢吉确实推荐了牛僧孺，但李德裕没有认识到问题的关键不在这里，而是在于他对藩镇的态度与皇帝李恒完全背道而驰，皇帝是不喜欢他的。

然而，皇帝李恒对牛僧孺的印象颇佳，除了李逢吉的推荐之外，原因还在于李恒曾经看过宣武节度使韩弘的宅簿。当初韩弘入朝，社会上流言颇多，其子韩公武以家财贿赂过很多当朝权贵。不久韩弘父子相继过世，李恒知道其孙尚且年幼，担心其家财被盗，所以命令朝官到其家里查阅宅簿，而簿上记录了这些年朝廷受贿者的名字，只有在牛僧孺名字的后边写着“不受”两个字，李恒知道后十分欣慰，所以这次挑选宰相班子成员，牛僧孺被李恒钦点。

关于李德裕、牛僧孺的斗争，截至长庆二年（822 年），由于彼此间只是怨恨加深，以及矛盾不可调和，还没有出现大规模的党争局面。而且从牛僧孺进入宰相班子以后来看，他和李逢吉也存在意见分歧，所以不能说李逢吉是牛党成员。当时以牛僧孺的身份和地位来看，他还没有形成党派，只能算是一个“偷权报怨，任用存亡”的宗派体系。

长庆年间，真正一党独大的是新进宰相班子的李逢吉，据史书记载，李逢吉担任宰相期间，虽然并无政治建树，但拉帮结派、打击异己可是十分活跃。当时郑注以医药术为宦官王守澄所信任，李逢吉让其子李仲言贿赂郑注，进而结交王守澄而得以权倾朝野，并组成了一个时称“八关十六子”的庞大朋党体系。当时令狐楚、李宗闵、牛僧孺全都依附于李逢吉，韩愈和李绅由于与李逢吉政见不同而遭到贬黜，致使长庆年间再无名臣。

长庆年间党争激烈的一个根本原因是皇帝李恒本人才能平庸，驾驭不了群臣。后来，李德裕总结长庆党争的内在根源就说，李恒其实是“性相近，嗜欲同”，如李恒特别欣赏元稹的诗文，就纵容元稹和宦官结党，尤其是在李恒在位的最后时期，因为其身体多病，朝廷大事悉数委任于宦官，更加助长朋党的势力的扩大。

而作为大唐帝国后期祸患之一的“牛李党争”，在长庆年间不过是刚刚形成雏形，此时可还是停留在李德裕和牛僧孺个人以及少数几人之间的矛盾。李德裕被贬，标志着牛僧孺一派暂时占据上风，但这仅仅是个开始。

纵观长庆年间的党争，对于当时的国策以及重大事件的决策都有深远的影响，如对待藩镇的策略，就因为党争的缘故产生了致命的失误。

## 长庆销兵

李纯在位的元和年间，起用宰相裴度等人，对反叛中央朝廷的地方藩镇实行用兵策略，先后讨平西川、夏绥、镇海、淮西、平卢等诸多藩镇，实现帝国的中兴之治。但即位者李恒才能平庸，胸无远志，采纳宰相萧俛、段文昌的建议，实行“销兵之术”，史称“长庆销兵”。这次销兵最终导致卢龙镇朱克融、成德镇王廷凑相继叛乱，唐廷由此失去河朔，《新唐书》《资治通鉴》认为这两次叛乱皆由“销兵”而起。

销兵的正式提出是在李恒即位初期，《旧唐书·萧俛传》记载：

穆宗乘章武恢复之余，即位之始，两河廓定，四鄙无虞，而俛与段文昌屡献太平之策，以为兵以静乱，时已治矣，不宜黩武，劝穆宗休兵偃武。又以兵不可顿去，请密诏天下军镇有兵处，每年百人之中，限八人逃死，谓之销兵。




萧俛和段文昌提出的建议，客观公正地说是长庆初年政治、经济形势的反映。从萧、段二人的初衷来看，和当初宪宗李纯对藩镇用兵的策略一样，根本目的是为了削弱藩镇的割据势力。

自李纯即位以来，接连对藩镇用兵，最终使得反叛的藩镇得以平定，朝廷与地方的矛盾有所缓和，连长期割据的河朔三镇也表示归顺，此时再对藩镇用兵已失去意义。但是地方藩镇仍握有重兵，如不削弱其军事力量，仍有再次反叛朝廷的可能。在萧、段二人看来，采取“销兵之术”会让藩镇的兵力逐渐减少，可以收到防患于未然的效果。而且当时朝廷的财政状况不容乐观，李纯的连年讨伐已经耗资无数，致使“府藏空虚”“财力不赡”。李恒通过“销兵之术”也是缓解财政危机，减少军费开支，在他看来是一举两得的好方法。

事实上，在段文昌和萧俛之前，白居易在科举考试中曾经写过一篇《策林序》，已经提出了“销兵之术”的雏形，那就是逐渐减少藩镇手中的兵力，最终达到削弱其实力的目的。

白居易当时没有提出“销兵”的具体操作方法，而且这只是他科举考试的命题论文，不代表官方意志，但却反映出当时社会的严重问题，甚至是代表一种舆论。李恒即位时，白居易任主客郎中知制诰职务，史料虽然没有记载他对“长庆销兵”的态度，但相信他一定是支持的。

按说提出“销兵”策略的初衷是好的，但谁也没有想到，在操作的过程中却出现了偏差，以至于不仅没有削弱藩镇的势力，反而引发了藩镇的叛乱。

还是《旧唐书·萧俛传》中的记载，说李恒当时已经十分放纵自己，对处理朝政已经不感兴趣，在没有详细审阅“销兵”具体方案的情况下便诏令施行，结果导致那些被遣散的藩镇士兵聚啸山林，成为打家劫舍的强盗。这让朱克融、王廷凑找到了机会，他们重新整合那些被遣散的士卒，和朝廷对抗。而朝廷当时应对不及，临时招募士兵，但因为时间仓促，结果被叛军打败，丢失了河朔地区很多地盘。

通过史料的记载，我们知道“长庆销兵”的失策在于没有安置好那些遣散的藩镇士兵，以至于这些人成为强盗。但是这里边有个很大的问题，那就是既然朝廷已经允许他们脱离军队，按说这些人应该回乡务农，从此安分守己地过日子才对，为什么这些人不愿意这么做呢？

要想弄清这个问题，我们就必须超越“销兵之术”的范围，从当时的社会状况中寻找答案。

唐朝从建立伊始，推行北朝以来的均田制度，这对于恢复和发展农业生产、稳定人心起到了积极作用。但随着时间的推移，土地兼并的情况越来越严重，农民在均田制下授田已经明显不足。可是他们却仍要承担交纳法定租调的义务，还要承担各种徭役、兵役等，农民在种种压力面前，已经到崩溃的边缘，最终只得四处逃亡。

而逃亡的农民就成为了流民，这成为大唐帝国严重的社会问题。流民为了生计，只有三条路可以走，一是依附土地所有者的权贵们，成为他们的庄客和佃户；二是聚啸山林成为强盗；三是应募参加军队，成为职业军人。

三种方式中当兵是很好的出路，但是，当朝廷实营销兵之策却没有很好地安置他们时，这些手中没有土地的人们只得反抗。

早在本次销兵之前，在德宗李适时期，时任黜陟氏洪经纶到河北想要减除魏博镇四万兵马，使其全部归农。当时魏博节度使田悦表面听命，但在背后他却告诉那些被裁减的士兵，说他们当兵已经很久了，本身已经没有土地，现在虽然名为回乡务农，但土地从哪里来，如何养家糊口？

田悦的这番话虽然带有煽动性，但不能否认他的确说出了这些士兵的身份和当兵的缘由。《旧唐书·穆宗本纪》记载，长庆元年二月，萧俛等“不顾远图，乃献销兵之议”。这里所谓的远图只是泛泛地说萧俛等没有远大的眼光和长久的打算，可是没有说出“远图”指的是什么。事实上，当时无论是谁，也不可能做出超越时代的事情。

此外，将朝廷丢失河朔地区完全归结为“销兵”，并不是十分公正的，“销兵”之策固然是其导火索，但河朔地区再次发生叛乱不是一个偶然的突发事件，而是多种因素综合作用的结果。

虽然唐宪宗李纯平定藩镇取得成功，但这种成功只是一种表面的统一。当时河北各节度使仍手握重兵，他们只是暂时屈服于朝廷的压力，若朝廷在政策上损害他们的利益，这些藩镇还是会起来反叛。所以，只要藩镇割据的基础存在，这种对抗就不会消除。至于“销兵”在朝廷中所起的作用，只是被朱克融、王廷凑所利用。

总的来看，对于当时的大唐帝国而言，长庆销兵是一个失败的策略，更是一个历史悲剧。因为它不仅使宪宗李纯先前辛苦平定藩镇的大好局面丧失殆尽，更掀起了天下大反叛的浪潮。自此之后一直到大唐帝国灭亡为止，藩镇一直没有消停。作为帝国高级决策者的皇帝李恒以及萧俛、段文昌等人无疑是这场悲剧的主角。

“长庆销兵”是个失败的策略，而且具有历史局限性，但这个策略的出台与当时的党争有着密切的联系。著名的史学大师陈寅恪先生在《唐代政治史述论稿》中指出，宪宗李纯时主张用兵的士大夫，大多属于后来所谓的李党成员，而反对用兵的士大夫则多为李吉甫的政敌，即后来所谓的牛党成员。因此，元和一朝主张用兵的一派始终掌握朝政，所以用兵策略得以实施。等到李恒即位，牛党成员开始得势，于是开始有了“销兵之议”，也就是用兵和“销兵”是李党和牛党成员在对待藩镇态度上斗争的焦点所在。

关于“销兵”之策与对藩镇的态度，无论是对李恒还是段文昌和萧俛来讲，“销兵”不过是削弱藩镇的一种手段，从主观意识上他们从没有对藩镇进行姑息，所以说“销兵”也是对用兵策略的一种变通之术。

长庆元年（821年）七月，朱克融、王廷凑发动叛乱，再次拉开了朝廷与藩镇斗争的序幕。在这场较量中，皇帝李恒积极平叛，下诏从两税留州留使部分钱中每贯割二百文，并出内库钱五万贯以助军用。而主张“销兵”的萧俛和段文昌，在看到战事已不可避免时，积极主张平叛。从二人的所属派系来看，很难划分究竟是哪个党的成员，只要明白了这一点，我们就不能说“长庆销兵”是对元和用兵之策的全盘否定。

## 藩镇叛乱

“长庆销兵”的直接后果就是卢龙镇的朱克融和承德镇的王廷凑相继反叛。

卢龙节度使刘济在李纯征讨成德时可谓是用力不少，不过刘济外出作战，以长子刘绲全权处理卢龙政务，这就引起了另一个儿子刘总的不满，结果刘总趁刘济病重时，发动兵变杀死父亲和兄长，然后自领军政。后来看到李纯先后讨平实力强大的吴元济和李师道后，刘总感受到了极大的压力，所以上表请求归顺，被朝廷晋封为同中书门下平章事，结束了对抗的局面。

不过刘总是个阴险小人，本来归顺朝廷后可以无忧无虑地生活，但弑父杀兄的阴影总是萦绕着他，甚至每当夜深人静时，刘总经常梦见父兄来索他的命，这种恐惧缠绕着他直到晚年。

长庆元年（821年）正月，刘总上奏朝廷请求放弃官爵皈依佛门。不久，皇帝李恒正式允许他出家。他在出家前对卢龙的后事作了安排，将卢龙一分为三，即幽州、涿州和营州为一道，任命张弘靖为节度使；平、蓟、妫、檀四道、州为一道，任命平卢节度使薛平为节度使；瀛、莫二州为一道，任命京兆尹卢士玫为观察使。

此外，刘总又选出部将中有功劳，但又难以节制的将领报请朝廷予以晋升，使卢龙的将士都能产生到朝廷做官的兴趣，例如朱克融就是其中之一。

可是当时的皇帝李恒沉湎于酒色，所任用的两位宰相崔植和杜元颖没有什么政治眼光，除了卢士玫之外，刘总推荐的其他人一概不重用。而作为前任卢龙节度使朱滔之孙的朱克融在到达京城长安后，本以为会得到晋升，可是等来等去也没有消息，甚至连吃饭穿衣也要向别人借钱，像乞丐一样。为此他每天找借口到中书省，要求朝廷委任一官半职以养家糊口，可是朱克融的请求犹如石沉大海，于是朱克融开始怀恨在心。

张弘靖到达幽州上任后，看到朱克融在京城窘迫至极，下令让他返回幽州听候调遣。后来的事实证明，对于朝廷而言，放走朱克融无异于放虎归山，而对于张弘靖而言则是厄运的开始。

张弘靖管理辖区一改刘总先前亲民爱兵的做法，总是表现出拒人于千里之外的姿态，有时一连十几天才出来处理政务，平时将士们很少知道他的行踪。由于张弘靖不熟悉相关情况，所以将政事委任给幕僚韦雍，但韦雍恰恰是个年少轻薄之人，不仅克扣朝廷拨给士兵的军饷，而且经常鄙视将士，认为如今天下太平，要得一手好剑不如多识几个字，为此遭到将士们的怨恨。

长庆元年（821 年）七月的一天，韦雍外出的时候，一个下级军官在街上骑马奔跑，不小心撞到了韦雍护卫队。韦雍当时大怒，下令将那个军官从马背上拖下来，准备当街实施杖刑。但河朔地区的人不习惯接受杖刑，于是表示不服。韦雍将此事上报给了张弘靖，结果这件事被分配给军虞候审讯惩处。

当天夜晚，兵营中纷纷传开此事，士兵们群情激奋，随着情绪的不断恶化加上对韦雍的怨恨，士兵们开始自发组织起来准备发动叛乱，大家纷纷冲出兵营，冲进节度使府衙，将张弘靖的府衙洗劫一空，并将张弘靖囚禁起来，随后又杀死韦雍以及其幕僚张宗元、崔仲卿等人。

可是第二天那些发动叛乱的士兵恢复了理智，在极度恐惧中他们释放了张弘靖并请求原谅。可是无论众人怎么请求，或许是受到惊吓的缘故，张弘靖始终默不作声、不表态。众人不知道张弘靖是何意图，于是准备推举朱滔之子朱洄为统帅，可是当时朱洄已经病入膏肓无法行动，于是向众人推举儿子朱克融为首领。

兵变刚刚发生的时候，由于叛乱的士兵将通往幽州的要道全部切断，所以朝廷没能及时得到兵变的消息。一直到七月二十日，卢龙监军趁叛乱的士兵疏忽之际，才将幽州兵变的消息上报给朝廷。七月二十三日李恒以张弘靖治理幽州不力的罪名，将其贬为太子宾客，不久又贬为吉州刺史。

七月二十六日，李恒任命昭义节度使刘悟担任卢龙节度使，准备派兵讨伐朱克融，可是刘悟认为朱克融已成势力不敢到任，上疏李恒请求从长计议。不久莫州都虞候张良佐暗中勾结朱克融进城，将军政长官卢士玫拘捕并押往幽州，可以说卢龙镇的局势进一步恶化。

就在李恒准备讨伐卢龙的同一时间，成德镇的王廷凑亦发生叛乱，与朱克融是被众人推举而走上反叛道路不同的是，王廷凑的叛乱是蓄谋已久。

早先成德节度使王承宗死后，其祖母冯夫人一声令下，让王承宗之弟王承元接任节度使之位，王承元接任后上表朝廷表示效忠。元和十五年（820 年）十月，李恒即位后为了加强对地方节度使的控制，调魏博节度使田弘正担任成德节度使；调王承元担任义成节度使；以义成节度使刘悟担任昭义节度使；武宁节度使李愬担任魏博节度使；左金吾将军田布担任河阳节度使。

李恒这种节度使互相调换的策略，对削弱藩镇的势力是极为有效的。但不能否认的是，在选择田弘正担任成德节度使的问题上，考虑还是十分欠缺。原因在于，田弘正担任魏博节度使期间曾与成德发生过多次战事，屠杀成德镇士兵无数，成德将士对其颇为怨恨。当时左金吾将军杨元卿就上疏表示反对，但没有引起皇帝李恒以及宰相们的重视。

十一月九日，王承元离开成德镇前往义成镇上任，不久，田弘正接替王承元开始担任成德节度使。田弘正到任后，深知自己长期以来和成德镇的积怨已经颇深，为了自身安全，他带领两千名魏博镇士兵护送自己到任，而且想将这两千人留下担任自己的护卫，他当时请求户部为这两千名士兵拨发粮食供应。可是，主管这件事的户部侍郎崔俊性格刚直，认为魏博镇的士兵就应该回到魏博镇，成德镇本身已经有足够的士兵保护主帅，不需要魏博镇的士兵过去，所以驳回了田弘正的请求。

田弘正到任成德节度使后，其家族十分奢侈，兄弟子侄在长安和洛阳竞相挥霍浪费，平均每天开支二十万钱。为此，田弘正只得拼命地搜刮魏博、成德两镇的财物来供应自己的亲属，当时供应财物的车辆来往不绝，这引起了两镇将士极大的反感。恰在此时，皇帝李恒命度支拨给成德镇的百万贯劳军钱迟迟没有到位，这就为野心家王廷凑提供了发动叛乱的机会。

王廷凑，本为回纥阿布思之族，隶属安东都护府。曾祖父五哥之曾在李宝臣手下效力，以骁勇善战著称。后来王武俊收王廷凑为养子，所以跟了“王”姓。史书记载，王廷凑强悍阴险、沉默少言，喜欢研读《鬼谷》及各类兵书。王承宗担任节度使时，任命其为兵马使，等到田弘正到了成德后，王廷凑心中始终颇为不服，一直暗中策划发动叛乱。他常常在军中煽动士兵的不满情绪，现在王廷凑看到士兵们对田弘正家族的奢侈已经到了不能容忍的地步，于是开始实施自己的叛乱计划。

七月二十八日，王廷凑在节度使府衙召集士兵发动叛乱。士兵们在他的带领下冲进府衙内署杀死田弘正及其幕僚、家属等共计三百余人，并强迫朝廷监军宋惟澄上疏朝廷请封王廷凑担任节度使。

当时魏博节度使李愬得知田弘正被害的消息后十分悲痛，他身穿丧服召集本镇将士准备讨伐成德，并派人将家传的宝剑转交忠于朝廷的深州刺史牛元翼，希望他能配合自己讨伐王廷凑。

可是，当李愬正准备联合牛元翼以及其他藩镇时，这个久经战阵的将军忽然病倒。朝廷只得在八月二十八日急召田弘正之子田布担任魏博节度使。田布到任后变卖家产赏赐给将士，以表示为父报仇的决心。

八月十四日，皇帝李恒诏命魏博、横海、昭义、河东、义武等藩镇军队进驻成德边境，准备大举讨伐王廷凑，加上先前的朱克融叛乱，这样一来，标志着自元和十二年（817 年）以来，朝廷与藩镇和平相处的局面成为过去，取而代之的是又一波大规模的战争。

八月二十六日，皇帝李恒任用曾经主持平定淮西叛乱的名臣裴度为幽镇两道招抚使，全面负责征讨幽州、卢龙的事宜。不过，在裴度还没正式上任时，王廷凑和朱克融相互勾结，于八月三十日包围深翼节度使牛元翼所在的治所深州（今河北深县）。朱克融为了配合王廷凑作战，亲自带领叛军攻占易州（今河北易县）、涞水（今河北涞水）、遂城（今河北徐水）、满城（今河北满城）等地，从侧翼支持成德，两支叛军形成遥相呼应之势。

朝廷虽然派兵进行征讨，但效果并不显著。在征讨刚刚开始进行一个多月的时候，李恒就更换了前线统帅，改任裴度为镇州四面行营招讨使，由左领军大将军杜叔良接替裴度担任统帅。之所以会有此变动，并不是因为杜叔良多么能干，而是因为杜叔良向宦官行贿，事实上，他是个完全不懂军事的主儿。

临阵换帅是兵家大忌，结果朱克融和王廷凑得到朝廷换帅的消息后，利用官军军心不稳的机会，接连攻占蔚州（今河北蔚县）和贝州（今河北清县），马上给官军来个下马威。

一直到长庆元年（821 年）底，官军和叛军互有交战，虽然互有胜负，但局势却对官军颇为不利。长庆二年（822 年）初，朱克融领兵攻陷弓高（今河北东光县东北），弓高是朝廷供给前线的重要粮道，这等于朱克融切断了官军的供给线。

本来弓高的防守十分严密，有一次，朝廷派宦官到弓高，半夜抵达后，守城将领拒不夜间开门，钦差宦官认为这是奇耻大辱，次日进城后破口大骂，搞得守城将领很是尴尬。这个事件当时被卢龙镇的间谍传到朱克融那里，于是，某天夜晚，他假扮宦官叫开弓高城门，守城将士不敢怠慢，只好出城迎接，于是朱克融轻而易举地占领了弓高。

弓高之败让朝廷颜面尽失，很多朝官将矛头直指宦官，认为宦官已经多次扮演坏事的角色，希望皇帝李恒能够整治宦官。但中书舍人白居易显然具有更为清醒的头脑，他上疏李恒指出，朝廷动用几道藩镇十几万大军的力量征讨朱克融和王廷凑，但半年的时间居然毫无效果。造成这种局面的原因是诸道人心不齐，没有统一协调指挥好，各自互相观望，因此，统帅负有很大的责任。他还认为，朝廷赏罚没有原则也是重要的原因之一，有才能的闲置起来，没有才能的却拜官，最终只能是人心不服。事实上，白居易已经在变相批评皇帝李恒用人不当。不过，在批评的同时他也提出了自己的建议。

白居易建议应该立即让久经战阵的李光颜带领人马从东部极速进兵，强攻弓高重新夺回供给线，与牛元翼合兵一处。同时命裴度带领全军从西面进攻，形成对幽州、卢龙的夹攻之势。白居易还建议，让李光颜挑选精锐士兵出阵，将老弱病残留在本镇，以节省军费开支。废除宦官监军制度，命令魏博镇的田布退出征讨大军之列，回到本镇，以减少不安定因素。

可是奏疏递上去，皇帝李恒却拒绝采纳。

朝廷就这样错失了平定叛乱的绝好机会。王廷凑带兵迅速合围深州，官军虽然努力援救，但都因为供应不到位而功亏一篑。李光颜的军队只得自顾坚守，将士们只得自采粮草，每天的供应只有一勺陈米。

王廷凑围攻深州，致使形势更加危急，皇帝李恒无奈之下只得妥协，任命王廷凑为成德节度使，不久又加封朱克融、王廷凑为检校工部尚书，军中将士皆官复原职，并派兵部侍郎韩愈前往成德镇宣慰。

所有人都认为韩愈这次前往成德恐怕是凶多吉少，就连李恒都指示韩愈到了成德边境不要擅自进入，要观察清形势再行进入，一旦发现危险可以不用请示马上回来。但韩愈却表示，既然皇帝陛下如此信任自己，自己绝不能辜负期望，此去成德如果完不成任务就死在那里。

就这样，韩愈抱着视死如归的精神前往成德。到达成德后王廷凑带着人马弓上弦、刀出鞘，杀气腾腾地前来迎接韩愈，谁都看得出来这是一种故意的挑衅行为。

但韩愈却面无惧色，神态自若地进入城内。到了驿馆后士兵们纷纷挤在驿馆外边，久久不离去，韩愈问王廷凑是什么原因，王廷凑的回答是人心所向，自己不能左右。

“天子觉得尚书有将帅之才，所以命我来赐节钺，但实在不知道尚书原来不能命令自己的手下。”韩愈听完王廷凑的回答后，立即反唇相讥。

此时王廷凑正要开口继续争辩时，他身边的护卫闪身走到韩愈面前，然后质问韩愈说道：

“先太师（王武俊）为国家打败朱滔，征战的血衣尚在，本镇什么时候辜负过朝廷，为什么偏偏总拿我们当乱臣贼子看待？”

韩愈丝毫不退缩，立即反击道：“既然还记得先太师那是再好不过，说明你们还没有丢掉良心，相信你们也都知道祸福顺逆的道理。自安史之乱以来，你们看看反叛者吴元济、李师道的子孙现在还有为官的吗？反观田令公（田弘正）归顺朝廷，其子孙虽然年少却都身居官位。王承元归顺朝廷，年龄不大朝廷却让他做了节度使，而且刘悟、李佑现在也都是节度使，这些你们难道不知道吗？”

韩愈的声调越说越高，说到最后，已经带有训斥的味道。

“退下去！”王廷凑担心军心有所动摇，他下令让护卫退出门外，然后收敛起骄横之色，态度温和地问韩愈道："侍郎此次前来除了代表陛下赐节钺之外，想让廷凑做些什么呢？"

"解除对深州的包围，放牛元翼出城。"

"好！就照侍郎所说的办。"

……

不久，王廷凑让包围深州的军队闪出一个缺口，放牛元翼出城，结果深州守将臧平献城投降。王廷凑虽然兑现了先前在韩愈面前许下的诺言，但却怪罪臧平守城太久，最终斩杀臧平等一百八十余人。

韩愈终于回到了京城，虽然他此次前往成德，并没有丢掉朝廷的权威。但谁都知道以目前朝廷的实力，仅仅依靠韩愈是不可能解决问题的，韩愈在一片险境中，还能迫使王廷凑放出牛元翼已经实属不易。

长庆二年（822 年）五月，朱克融忽然向朝廷进贡一万头马匹、十万头羊，但要求朝廷按照牛羊的市价拨钱物给卢龙镇，进而作为犒赏士卒之用。谁都明白如果朝廷不答应朱克融所说的，接下来他肯定会领兵攻占某一个地方，事实上这就是变向勒索。

李恒无奈地接受了朱克融的条件，朝廷屈辱地接受藩镇提出的无理条件，这在元和时期以后尚属首次。可以说，当时的朝廷已经将唐宪宗李纯辛苦创下的中兴之治局面逐渐破坏，随着当年裴度返回京城，讨伐成德、卢龙最终以朝廷草草收兵而结束。值得一提的是，此后一直到大唐帝国灭亡为止，成德、卢龙二镇再也没能归顺朝廷。

## 荒淫生活

随着朱克融和王廷凑的叛乱兴起，在平卢、魏博、昭义、武宁、宣武、浙西都发生了或大或小的兵变与叛乱，元和中兴已经成为历史名词，大唐帝国再掀战乱。可是皇帝李恒却没有他的父亲唐宪宗李纯那样的雄心壮志，面对混乱的国家形势，虽然在即位初期他也做过一些有益于国家的事情，如处理科考案，但总的来看，李恒是一个昏庸皇帝，在位的六年里完全可以用荒淫生活来形容。

李恒即位时年方 26 岁，按照常理来说，这是人生中经历最为旺盛、大有所为的时期。但舒适的皇室生活，以及缺少历练的他养成了娇生惯养、挥霍无度的作风，加上即位后无上的权力以及富甲天下的财富更为他奢靡荒淫的生活提供了便利条件。纵观李恒在位时期的生活，可以看出他有三大爱好。

第一个便是肆意狩猎。

李唐皇室的祖先们大都喜欢骑马射猎，有着游牧民族的风格习惯。到了唐朝建国后，皇室的成员虽然不能像祖先那样每日骑马挥鞭、纵横驰骋，但狩猎的爱好依然流传下来，其中李恒就是酷爱狩猎的典型代表。

元和十五年（820 年）五月，李恒刚刚把先帝李纯的丧事安排完毕，便迫不及待地跑到城外去打猎。当时他的这种做法是有违礼法的，但这个年轻的皇帝似乎毫不在乎，虽然谏官上疏请他自重，但他依旧我行我素，每隔一段时间就到长安附近的骊山去狩猎，早出晚归，乐此不疲。

等到十一月的时候，吐蕃与大唐的关系一度十分紧张，可是李恒不顾军国大事，只要起了打猎的兴致，便丢下一班朝臣去打猎。为此宰相和大臣们数次上表劝谏，但全都石沉大海。谏官们见状甚至想出了集体跪在朝门外阻挡皇帝陛下去路，进而挡住李恒外出打猎的方法，但让所有谏官想不到的是，第二天天不亮，李恒趁大臣们还没上朝之机，便带领护卫径直去华清宫狩猎。

当时谏议大夫郑覃、崔郾等五人实在看不过去，于是五人集体进谏李恒，说陛下娱乐活动太多、嬉游无度，现在吐蕃很有可能进犯边境，如果一旦边境有急报传来，需要陛下急速做出决策但却找不到陛下的话，那会让国家陷入极端危机之中。而且听说陛下又私养倡优，赏赐过于丰厚，这样会使为国家拼杀的将士产生怨恨，希望陛下自省。

郑覃本以为李恒即使不听劝告，也会找个理由将他们搪塞过去，但让这五个人大跌眼镜的是，李恒听他们说完，居然问了站在旁边的宰相一句话，让郑覃等五人差点没背过气去。

李恒的问话是："此辈何人？"

自己说得义正词严，但皇帝陛下却不认识自己。当时郑覃等五人羞愧得恨不能找个地缝钻进去，好在宰相介绍完他们五人的身份后，李恒倒是十分随和，让人赏赐郑覃等进谏的五人，并表示会很认真地考虑他们所说的话。

然而时过不久，这个好动的皇帝便将郑覃等人的话抛在脑后，又带着随从继续开始自己的狩猎之旅。

除了狩猎之外，李恒的第二个爱好是欣赏百戏和赛龙舟。

前边我们说了，李恒在元和十五年（820 年）五月，刚刚处理完父皇的丧事便急着去打猎。实际上，早在二月，朝廷上下正在忙于宪宗李纯的丧事时，李恒早已经沉浸在坐殿登基的兴奋中，带领几个宦官随从悄悄溜出宫前往丹凤门，兴致勃勃地观看百戏，而且看完回到宫中后，还眉飞色舞地讲给宫人们听，说得兴起时还亲自表演以哗众取宠。

这件事情比五月份他肆意狩猎性质更为严重，因为老爹刚刚咽气，他这边已经开始娱乐活动，这在任何一个人看来都是荒唐至极。

当时诸多朝臣们联名上疏进谏，对新即位的李恒提出严肃的批评，要他身体力行，讲究人伦孝道，为天下人做出表率。李恒听后连连点头，可是没过几天，他又跑到左神策军营中观看角抵和百戏。据《史记》记载，角抵起源于远古的黄帝大战蚩尤，蚩尤为了提高士兵们的战斗力，命士兵头戴双角搏击，所以又名“蚩尤戏”。汉唐时期角抵在社会上颇为流行，李恒对于这种运动是超级喜欢，俗话说得好：上之所好，下必效之。一时之间，京城表演角抵的人越来越多，当时这种职业因为皇帝的喜好而备受人们尊重，甚至有的角抵者敢于殴打官兵。

例如，长庆二年（822 年），云阳县角抵张颧向羽林官骑康宪借了些钱，过了段时间康宪前去索要，张颧竟假借酒醉将康宪险些殴打致死。

百戏和角抵不仅得到李恒的欣赏，李恒还将观看它们定为一项制度。元和十五年（820 年）六月，李恒驾临宸晖、九仙等门，观看角抵和百戏，并规定从此之后每三日观看一次，在大唐帝国的历史上，将娱乐活动形成规章制度尚属首次。

除了角抵之外，赛龙舟也是李恒很喜欢的一项运动，并且经常举办龙舟竞渡。所谓竞渡就是命宦官、护卫人员分乘几条船在人工湖内参加比赛，李恒一声令下，选手们拼命划船奔向终点，谁先到达谁就能获得丰厚的赏赐。

宪宗李纯在位时，由于多年忙于征讨藩镇之事而疏于娱乐活动，致使原来宫内鱼藻池淤泥增多，船只不易划行。李恒即位不久，便征调两千神策军疏浚鱼藻池，历时数月方才完工。元和十五年（820年）九月，鱼藻池刚刚蓄水，李恒便带着嫔妃宫女来这里观看竞渡比赛。

当时对于李恒的过度嬉戏游乐，监察御史杨虞卿倍感忧虑，为此他上疏李恒，强烈指出国家尚未平静，百姓依然艰苦，作为皇帝不能高枕无忧。他特别强调天下帝王居危思安之心全都一样，但居安思危则不尽相同，这也是不能全部成为明君的原因。

杨虞卿的话已经很尖刻，但李恒丝毫不予理睬。

狩猎、角抵、百戏、赛龙舟，李恒的爱好不可谓不广泛，但和击鞠这项运动比起来，上述几项爱好便黯然失色。除了李恒的兴趣因素之外，最重要的是击鞠这项运动对李恒的影响可谓至深，李恒的身体健康正是因为过度玩击鞠游戏，才突然之间垮掉。

自开元、天宝以来，击鞠之风甚浓。击鞠又名打波罗球，是一种健康的体育活动，起源于波斯，东汉时通过丝绸之路传中原。打球时人骑在马上，手持一根月牙杖击球，球大小如拳头，球场呈方形，两边各立一门，将球击入对方门获胜。唐代有许多皇帝是击鞠的高手，如唐玄宗李隆基、后来的唐僖宗，而李恒也是如此。

长庆二年（822年）十一月，李恒带着宫内宦官和禁军士兵在禁中击鞠，当时李恒和部分宦官为一队，另外一些禁军士兵为一队，双方各催坐骑，驰骋在球场之上，双方你争我夺各不相让。半场下来双方队员已经是汗流浃背。下半场开赛后，场面更为激烈，宦官为博取皇帝李恒的欢心拼命争球，无奈体力欠佳渐渐落后。

忽然间，有一名年少的宦官因过度疲劳昏倒于马下，犹如被重物击中一般。当时李恒跟在他身后，心中一惊也差点栽于马下。其他宦官见状立即跑过去将他扶住，于是只得停止比赛回到宫内休息。

《旧唐书·穆宗本纪》记载，当时李恒是“遽足不能履地，风眩就床”，太医诊治的结果是患了中风，自此之后，李恒再也没能下床走路。

长庆四年（824年）正月，在经历两年中风病痛的折磨后，李恒病逝于寝殿之内，时年三十岁。当时国舅郭钊受李恒的遗诏准备立只有16岁的太子李湛即位。可是就在即位大典正要举行时，人们忽然发现太子李湛不见了，于是郭钊命人急去寻找，找来找去最后在偏殿找到了李湛，当时这位仁兄正和几个小太监踢球玩耍。

“殿下！殿下！”寻找李湛的宦官连唤数声，李湛玩得兴起，一时间充耳不闻。

“殿下！皇上驾崩了，国太舅让奴才们来找殿下，准备回去登基做皇帝！”宦官提高嗓门说道。

“哎呀！好好好！我这就回去，就玩这么一会儿，真是扫兴！”李湛一边不耐烦地答道，一边停止游戏，跟着宦官们回到宫内。

就这样，李湛在不耐烦之中被郭钊和一班朝臣簇拥着在太极殿继承皇位，他便是大唐帝国历史上的第十四任皇帝唐敬宗。



## 宫禁失序

16 岁的李湛即位后完全没有个皇帝的模样，他的老爸李恒虽然也是昏庸无为，但至少在即位之初还做过两件有益于国家的事儿。反观李湛却是个只知道嬉戏、玩乐、整日沉湎于声色犬马之中的纨绔子弟。而且李湛不仅不理朝政，甚至还居无定所，行动极其隐蔽，这种习性不仅宫中之人知晓，甚至其“名声”传到了市井坊间，成为人们茶余饭后的谈资。这种宫廷秘事的外泄，却引发了一幕张韶登基作乱的闹剧。

当时，京城长安有个算命先生名叫苏玄明，年约 50 岁，看上去颇有些仙风道骨的模样。此人头脑十分敏捷，不仅能言善辩，而且尤其擅长察言观色，加上平时对经史、周易等研究颇深，所以为人算起卦来口若悬河，时间久了形成了一大批粉丝，在长安城内颇有名气，人称“苏半仙”。

苏玄明为了招徕生意，对人极为热情，来者不论求卦与否，均一视同仁。渐渐地人们闲来无事时，总愿意去苏玄明的卦摊谈天说地、评古论今，而话题中自然少不了谈论新即位的皇帝。苏玄明对皇帝李湛耽于淫乐、荒废政事有所耳闻，因此在这位“半仙”的脑海中经常萦绕着一个“美妙的遐想”，经过反复掐算和周密计划，他终于决定付诸行动。

长庆四年（824 年）四月，在李湛即位的四个月后，苏玄明选了个黄道吉日，来到好友张韶的家中。张韶是长安城中染坊的一个普通工匠，曾找过苏玄明算卦，经过交谈很是投机，于是结为朋友，经常往来。他见苏玄明到来，便备了几样小菜，二人对饮起来。席间张韶请苏玄明为他算上一卦，看看今后运气如何，苏玄明一听正中下怀，便欣然同意，他装作很认真地将算卦用的铜钱反复摇了六次，然后念念有词地嘟囔半天，忽然离座向张韶作揖道：

“可喜可贺！可喜可贺啊！”

苏玄明当时这一突如其来的举动，将张韶搞得丈二和尚摸不着头脑，急向苏玄明问道：

“何事可喜可贺？贤兄快跟我说说。”

“今日之内你可以升坐御殿，南面称孤，我亦能与你共同富贵，这可真是意外洪福啊！”苏玄明一本正经地说道。

张韶听罢不禁哈哈大笑，对苏玄明说道：

“你是算命先生，我是个普通的染匠，怎么能走进皇宫，更不可能成为皇帝，贤兄你不会是再在说醉话吧，真是太可笑了！哈哈哈！”

“贤弟你也知道我的卦很灵的，你没听说过姜子牙曾垂钓渭水，汉朝刘邦曾经也不过是个亭长，后来斩杀白蛇起义，最终成为一朝开国皇帝，难道我们天生就注定不如古人吗？”苏玄明正色说道。

“老兄别开玩笑了！”张韶听完后依旧大笑不止。

苏玄明往张韶近前凑了凑，低声说道：“我并非拿你寻开心，可眼下确实是咱们发迹、出人头地的绝好机会。你想想当今皇上昼夜嬉戏无度，经常不在宫中，若不乘此时图谋大事更待何时啊？”

张韶听苏玄明这么一说，不自觉地收敛起笑容，他顿时觉得苏玄明确实不是在开玩笑，但这是掉脑袋的事情，绝不能轻举妄动，于是他向苏玄明提出了现实问题：

“宫禁森严，难道我们能插上翅膀飞进去吗？”

“这个我自有妙计，包你能当上皇帝，你若不信那就算了。只是这么好的机会如果放弃了，实在可惜。”

“别呀！一切全听仁兄安排！”

……

当夜，苏玄明让张韶将染坊里的百余名染匠集合起来，然后弄来几辆装满柴草的大车，将那些染匠和兵器藏匿在柴草车内，由张韶和苏玄明假扮车夫，以为皇宫送柴草为名混入了银台门。

张韶见如此顺利地闯过第一关，心中不禁窃喜。但就在此时守门的士兵走上前来，喝令停车盘查，原因在于卫兵们看出大车负载过重，一时间起了疑心。

如果当时张韶稳住情绪，或许事情就会应付过去。但这位仁兄显然对突如其来的变化打乱了方寸，他见事情即将败露，索性抽出腰刀，将正在低头查看的士兵砍死，然后命令染匠们下车，换上事先准备好的宫廷内侍服装，一路呼喊着向大殿冲去。

此时，皇帝李湛正由内侍宦官陪同着在清思殿内玩击球游戏，忽听殿外人声嘈杂喧闹异常，便让一个小宦官出去查看。小宦官刚刚走到殿外，便看到张韶一伙人从远处挥刀冲杀过来，吓得他立即返身入殿，关上殿门，飞跑进内殿报告李湛。李湛一听惊恐异常，便想带着内侍们逃往右神策军营。

“陛下！右神策军营比左神策军营要远，恐怕中途会遇到贼兵，不如去左神策军营较近。”一个小宦官提醒李湛。

李湛当时之所以舍近求远想逃往右神策军营，是因为他十分宠信右神策中尉梁守谦，在左、右神策军举行击球、角力等比赛时，李湛常常偏向右神策军营。因此，他觉得此时右神策军营更可靠些，但经过宦官的提醒后，他也担心路上遇到贼兵，所以只好硬着头皮带着内侍们从侧门逃出，径直奔向左神策军营。

当时左神策军中尉马存亮听说李湛驾到，慌忙跑出去迎接，当看到皇帝陛下狼狈不堪，因避难来到自己军营时，不免觉得十分伤感，立即亲自背着李湛进入军营中保护起来，然后传令让大将康艺全带领骑兵入宫平叛。

当时李湛十分担心祖母太皇太后郭氏和生母太后王氏的安全，因两地相隔遥远，马存亮立即派兵马使尚国忠带领五百骑兵将两宫接到军中，然后又命令尚国忠领兵协助康艺全平叛。

事实证明，马存亮或许过于谨慎，他派出去的两路人马对于苏玄明和张韶来讲，完全是大炮打蚊子。

当时张韶和苏玄明已经占据清思殿。张韶坐在御榻之上，与苏玄明相对着品尝宫廷美食，张韶边吃边说道：

“果然如贤兄所说，我真的坐上了御座，现在我已经做过了皇帝，你也做过了宰相，我们是不是该回去了啊？”

“回去？难道你想到此为止吗？我们冒着杀头的危险，好不容易闯了进来，怎么能轻易就出去呢？”苏玄明惊问道。

张韶离开御榻说：“这宝座岂可长坐？倘若禁兵到来，就凭你我如何应对？”

张韶的话还没落音，康艺全已领兵杀了进来。张韶、苏玄明急忙出来抵挡，但张韶和苏玄明这伙人毕竟是乌合之众，哪里经得起皇家禁军的围攻。此时，张韶和苏玄明二人所带之人见形势危急，也不管张韶和苏玄明的死活，各自想夺路而逃。他们拼力冲杀试图打开包围圈，但却被越来越多的禁军士兵团团围住，转眼间百余人死伤大半。张韶和苏玄明好不容易杀开一条血路冲了出来，可又被奉命赶来协助平叛的尚国忠挡住去路，最终张韶和苏玄明被禁军乱刀砍死，其党徒绝大部分被杀，至此，乱了一天一夜的皇宫才算安定下来。

事发当夜，各处宫门均已关闭，皇帝李湛留在左神策军营中过夜。当时宫中之人不知李湛的下落，所有人都十分惊慌，消息传到殿外，朝臣们也是十分担忧，直到第二天，李湛在左神策中尉马存亮的保护下回到宫中，人心才安定下来。

李湛回宫之后立即调查这次叛乱事件，当即命人查问守门宦官失职一事。经过详细调查，张韶、苏玄明等所经宫门，共计涉及守门宦官 35 人，依照大唐律令应悉数斩首。但李湛十分偏袒宦官，只下令杖责这些宦官了事。

张韶、苏玄明这场突发的叛乱，虽然属于跳梁小丑的行为，但这伙人居然能成功穿越守卫森严的宫门，这完全说明李湛治下的宫禁已经严重失序。更要命的是，这起事件并未让李湛提高警惕，他依然四处嬉游，纵情淫乐。纵观李湛即位后的朝廷局势，不仅宫禁失序，就算是朝堂之上那些文质彬彬的朝臣也好不到哪里去。

## 党争不已

李湛在位虽然只有三年的时间，但这三年却是唐朝中后期朋党之争十分激烈的时期。发端于宪宗李纯时期的“牛李党争”，在穆宗李恒时期开始形成雏形，李湛即位后由于整天想着四处嬉戏，以至于御臣无术，最终导致党争愈演愈烈。

当时牛党的主要首领李逢吉担任兵部侍郎，他援引同党，排斥异己，将首要目标锁定了李党成员李绅，穆宗李恒在位时对李绅是比较宠信的，因而遭到李逢吉的憎恨。“于方事件”使李德裕遭到外贬，李绅被排挤出宰相班子，降为御史中丞。但李逢吉总觉得李绅在朝一日便是威胁，于是为了除掉李绅这块“心病”，以达到威权独揽的目的，他想方设法结交专权于内廷的宦官王守澄，想通过他说服穆宗李恒，将李绅排挤出京城。可是一直到穆宗李恒去世为止，李逢吉也没能抓到李绅什么把柄。

长庆四年（824 年）正月，新皇帝李湛即位，李逢吉认为李湛年少，容易被人左右，于是他向王守澄说明排挤李绅的想法，王守澄答应助他一臂之力。

在李湛即位的四天后，王守澄便来到李湛面前，向他提出了一个奇怪的问题：

“陛下您想知道当年您是怎样被立为太子的吗？”

年仅 16 岁的李湛听到王守澄的问话后，觉得其中有什么缘故，便好奇地催促王守澄赶快告诉他。

“当年您被立为太子，还颇有一场风波呢！”

王守澄说完后，看了看李湛，他明白一定要将李湛的好奇心调到极致，才能达到自己事先的计划。

“别啰唆，快跟朕说说！”

“当年穆宗皇帝因击球时受到惊吓而患中风，下肢瘫痪，接连几天不能上朝，而当时先帝虽然已经即位两年有余，但尚未册立中宫和太子。大臣们见先帝病情严重，且国家尚无储君，全都心急如焚。裴度、李绅等人接连上疏，请求先帝早立太子以安定天下人心。李逢吉当时也上疏主张立嫡立长，就是想立陛下为太子，但裴度、李绅极力反对，认为陛下年少，主张立深王李悰（穆宗李恒之弟），先帝因此曾经动心过。”

王守澄说到这儿故意停下，两眼看着李湛，想从他面部表情窥视其内心反应。

“那么父皇怎么又改变主意，立朕为太子呢？”

“唉！还不是李逢吉据理力争，极力主张立嫡立长的原则不可废，才使得先帝下定决心立陛下为太子。如若不然，陛下现在只是个普通的王爷而已，怎么可能继承大统呢？不过李逢吉也因此得罪了裴度、李绅，屡遭他们的排挤。”

王守澄说完本以为眼前这位少年天子会大发雷霆，立刻下令贬黜李绅等人。但出乎他意料的是，李湛当时只是轻描淡写地回了句“朕知道了”，便不再言语。

王守澄见状只得收敛，准备未来寻找机会再行其事，但不久后度支员外郎李续之在奏章上也提到这件事，而且李逢吉也上疏暗指李绅做过不利于李湛的事情。于是，李湛终于动怒，于长庆元年（821 年）二月，下诏贬李绅为端州司马，同时加封李逢吉为凉国公兼尚书右仆射，食邑千户。

李逢吉升任宰相，朝中百官纷纷到中书省向李逢吉表示祝贺，唯独右拾遗内供奉吴思没去祝贺。李逢吉大怒，立即将吴思贬为吐蕃告哀使，不久又贬时任翰林学士的李党成员庞严为信州刺史，蒋防为汀州刺史。

当时庞严的好友，时任给事中的于敖见到庞严被贬的诏书后，利用自己职务所拥有的权力，将诏书封还给朝廷。所有人都对于敖的行为高度赞赏，认为他不畏强权，竟能跟宰相叫板，实在是难得的大忠臣。

就在大家担心李逢吉会迁怒于敖的时候，朝廷将于敖的奏章批转下来，交由大臣们讨论。大臣们这才知道，原来于敖为了巴结李逢吉，特别上疏皇帝，认为仅仅是外贬庞、蒋二人，处罚得实在过轻，应当予以重罚。

于敖的卖友求荣，引起了朝廷中正直大臣们的极大愤慨。但于敖却无丝毫羞愧之感，他因出卖李绅而成为了牛党成员，从此之后平步青云。

朝中大臣虽然多为李绅叫冤，但当时都不敢站出来公开得罪李逢吉。唯独翰林学士韦处厚拍案而起，他不顾会遭到报复的危险，仗义上疏李湛，指出李逢吉结党谗害李绅，致使朝廷上下人心骇惧。李绅作为先帝的宠臣，即使他真的有罪，也应该加以宽容，更何况他本身就没做过什么错事。

李湛本来就是个没有立场的昏庸皇帝，经韦处厚这么一说，他又立即转舵，想要召回李绅。李逢吉当时察觉出了一些微妙的变化，于是，立即采取措施，每天组团上疏诋毁、弹劾李绅，搞得李湛一时间也不知道该怎么办才好。

就在李湛犹豫不决的时候，有一天，他在击球游戏结束后，路过皇家档案馆时，出于一种好奇心他走了进去。让他没有想到的是，他在那里找到了一沓父皇穆宗所封的文书。当时李湛很可能想到了王守澄曾经对他说过的当年议立太子的事儿，于是他想从文书中找到答案。他亲手将这些文书拆开翻阅，终于他发现其中一封文书上有当年裴度、李绅等人请求立自己为太子的记载，他看完大为惊讶，虽然他不知道这个记载是否属实，但此刻他第一次开始怀疑李逢吉和王守澄是不是在说谎。

回到宫中后，李湛将李逢吉等人弹劾李绅的奏章全部烧毁。虽然他并未立即召回李绅，但因为偶然发现父皇文书这件事，还是让他不经意间改变了对李逢吉和王守澄的印象，至少他不再轻易相信李逢吉和王守澄诬陷李绅的话语。

李湛即位的一年后改元宝历，准备大赦天下，其中就包括赦免被贬的官员。李逢吉担心李绅被赦，故意在拟定赦文时加了一个限定，那就是被贬的官员经过一次内迁的，可以继续内迁，但这里不包括未经内迁的被贬官员。这就意味着刚刚被贬不久的李绅不在赦免的范围之内。

对于这个细节，当时李湛并未在意，李逢吉起草的赦文他连看都没看，就批复下发。翰林学士韦处厚知道后，立即上疏李湛提出反对意见，这才引起李湛的警觉，于是又下令追回赦文加以更改，李绅由此也由端州司马内迁为江州长史。

李逢吉想利用皇帝大赦天下的机会再次排挤李绅的目的终于没有达到。在他看来，这完全是韦处厚在坏事，当时他并不知道皇帝李湛对他的态度已经悄然改变。事实上，李逢吉这次计划受挫，有人看出了其中的端倪，这个人就是牛党魁首牛僧孺。

作为和李逢吉的同党成员，牛僧孺和李逢吉的关系十分要好。这次皇帝陛下居然改变李逢吉起草的赦文诏书内容，这不仅让牛僧孺的脑海中产生诸多问号，敏感的牛僧孺还意识到李逢吉有可能前途不妙，所以他上疏请求外调，以避免激烈的党派纷争。因为他和李逢吉是同党的原因，李湛对他的印象极为不错，所以特意为他增设武昌军，以检校礼部尚书、同平章事、鄂州刺史充任武昌军节度、鄂岳观察使。

牛僧孺终于远离了朝廷这块是非之地，但李逢吉却在朝廷中依旧风生水起。事实上，正像牛僧孺所预料的那样，没过多久李逢吉便遇到生命中的克星而最终被罢相。

这个人就是已经很久没有登场亮相的裴度。

裴度是宪宗李纯的绝对宠臣，督军平定淮西立下大功。可是穆宗李恒时期受到李逢吉的排挤出任山南西道节度使，对于中央朝廷来讲，裴度算是被处之闲地不用。

早在长庆四年（824 年）六月的时候，成德节度使王廷凑趁山南东道节度使病死襄阳之机，竟将其留在深州的家人全部杀死。皇帝李湛闻此噩耗感伤很久，认为这都是自己没任命好宰相的结果，才致使王廷凑如此残暴。翰林学士韦处厚趁机向李湛上疏，请求召回裴度加以重用。

韦处厚在上疏的时候，担心李湛会认为因自己是裴度的同党，而对李逢吉不满所以加以推荐，特意在奏疏上说明自己曾经遭到过裴度的贬黜，之所以推荐裴度，完全是为了国家和朝廷着想。

李湛看完韦处厚的奏疏后，内心有意召回裴度，恰在此时裴度得知李湛即位后整日嬉戏无度后，特意从山南西道自己的治所兴元（今陕西汉中）传回奏疏请求入京觐见。李湛一直以为裴度始终带有“同平章事”的头衔，可是他在裴度奏疏的落款上没有看到“同平章事”的字样，觉得很奇怪，便找来韦处厚询问原因。

当李湛从韦处厚的口中得知裴度早在李恒在位时，便因为李逢吉的排挤而被罢免同平章事，外贬山南西道的时候，李湛从内心生起一股无名之火。

“又是这个李逢吉在作怪！他怎么能这样呢？传朕诏令，重新加封裴度为同平章事！”

虽然李湛重新加封裴度有和李逢吉作对的缘故，并不是因为他真的欣赏裴度的才华，但不论怎样，对于裴度来讲，终于再次迎来了政治生命的春天。

李逢吉听说裴度请求觐见，又见李湛似乎对裴度十分嘉许，心中开始有些害怕，为了阻止裴度入京，他和党羽们日夜谋划。而恰在此时，有人告发袁王李绅（顺宗李诵之子）的长史武昭意欲行刺李逢吉。

当李逢吉得知这个消息后，他脸上露出了阴险的笑容，因为他知道这个武昭有个特殊的身份，那就是裴度的老部下。

作为裴度亲手提拔起来的老部下，武昭曾经跟随裴度征讨淮西、平卢立下大功，裴度多次上表推荐，所以武昭被任命为石州刺史。可是刚刚上任没多久，裴度就被李逢吉排挤出朝廷，武昭也因此而被罢官，无奈之下只好客居京城，后来被袁王李绅聘为长史。

武昭被罢官又久久得不到职位，心中对李逢吉十分不满。当时武昭和水部郎中李仍书是好友，二人常在一起喝酒。李仍书是先前不久的宰相班子成员李程的族人，李程此前不久也遭到李逢吉的排挤，因此李仍书对其也是恨之入骨。

事实上，当时传出武昭想要行刺李逢吉的消息是源于武昭和李仍书的一次席间对话。两个人喝酒聊天本是常事，但在席间提到李逢吉时，两个人越说越激动，尤其是武昭当即决定诛杀李逢吉，然后愤然离去。当时李仍书的头脑还算是清醒，他担心武昭真的做出出格的事情，连忙去拉武昭想要阻止他离开，可是武昭力气实在太大，最终只得眼睁睁地看着武昭离去。

武昭行至途中，遇到金吾兵曹茅汇，茅汇素来与李程关系亲密，于是武昭便将想要诛杀李逢吉的想法告诉了茅汇。当时武昭浑身酒气，茅汇见状，担心被旁人听到，立即捂住武昭的嘴，将其扶回家中。

可是让武昭和茅汇两个人全都想不到的是，他们两个人的对话还是被人听到，这个人是时任卫尉卿刘遵古的随从安再荣。他知道刘遵古一直想找机会巴结李逢吉，于是就将自己听到的全部告诉了刘遵古。刘遵古大喜过望，立即将这个消息报告给了李逢吉。

在李逢吉看来，这是阻止裴度入朝一个很好的机会。

李逢吉当即命令安再荣向朝廷告发此事。于是法司将武昭和茅汇下狱，李逢吉指使侄子李仲言威胁茅汇，告诉他只要供出武昭和李程合谋行刺李逢吉便能活命，否则将死无葬身之地。

但李逢吉显然低估了茅汇的意志，当时茅汇面对李仲言的威胁，不仅毫无惧色，反而在法司提审他时，将李仲言威胁自己的事情全部抖出。虽然最终武昭因为意欲行刺当朝宰相被乱棍打死，而茅汇也落得被流放道州的下场，却也将李仲言拉下了水，被流放至象州。

李逢吉最终还是没能阻止裴度入朝，而且这件事使得他在皇帝李湛那里的印象再次打了折扣。宝历元年（825 年）十二月，李湛下诏让裴度立即进京，重新恢复他的宰相之位。

宝历二年（826 年）正月，经过一个多月的长途跋涉，裴度终于到达京城长安。李湛下令进封他为司空兼同平章事，随着裴度的重新登场亮相，李逢吉逐渐受到皇帝李湛的冷落。

看到裴度日渐一日的受宠，李逢吉犹如热锅上的蚂蚁，他经常召集同党商议如何扳倒裴度，甚至当众为裴度出难题，但裴度每次总能轻易化解。事实上，在李逢吉试图扳倒裴度的同时，裴度也在暗中积蓄能量，准备对李逢吉实施致命的一击。

不过与李逢吉不同的是，裴度深刻地认识到要想扳倒李逢吉，起决定作用的不是别人，正是皇帝李湛。

裴度虽然忠正耿直，尤其能言善辩，但面对李湛这么个冥顽不灵的皇帝，他明白必须要遵守循循诱导的原则，动之以情晓之以理，绝不能像其他大臣一样言辞激烈，那样更会激起李湛的强烈反感，同时也就违背了李湛重新起用自己的目的。而且这也是扳倒李逢吉所必须运用的手段。

终于在宝历二年（826 年）三月发生的一件事，使得李湛对裴度的信任达到顶点，同时也正是因为这件事，使得李湛认为不再需要李逢吉，进而将他一脚踢出了朝廷。

当时卢龙节度使朱克融借口朝廷所赐将士衣服品质太差，宣称赐衣使者杨文瑞傲慢无礼而将其扣留，并向朝廷索要布料三十万匹，以解决将士们衣服不足的问题。同时朱克融也承诺如果得到朝廷的恩赐，本镇愿意出五千士兵，协助朝廷修缮东都洛阳，静候皇帝陛下东巡。

李湛对朱克融这种嚣张跋扈的态度十分痛恨，准备派一名重臣前往卢龙宣慰，并索回杨文瑞。裴度当即提出更加可行的意见，他认为李湛没有必要派出重臣前往卢龙，用热脸去贴朱克融的冷屁股，只需下一道诏书，告诉朱克融如果杨文瑞傲慢无礼，可以将他送还朝廷，由朝廷向他问罪；关于赐予衣服质量欠佳的问题，已经问责相关部门；对修缮东都洛阳一事，考虑到卢龙距离洛阳路途遥远，所以不必劳烦；至于所要的布匹，则实难赐予，毕竟如果只给卢龙，而不给其他各镇，未免会有朝廷厚此薄彼之嫌。

李湛当即采纳裴度的建议，立即颁诏，没过多久朱克融果然将杨文瑞送回，而且也没再提索要布匹的事情。

这件事情对于李湛触动很大。裴度的建议，让朝廷保留了对藩镇的权威，而且没有损失任何利益，在他看来裴度比李逢吉管用得多，联想起当年父皇议立太子时，裴度为自己所做的努力，李湛决定从今以后，朝廷内独信任裴度。

当李湛产生这个想法时，也就意味着曾经权倾一时的李逢吉，其政治生命暂时终结。

宝历二年（826 年）四月，李湛下诏免去李逢吉的宰相之职，改任其为山南东道节度使，同时贬李程为河东节度使，让裴度完全支撑起宰相班子。

李逢吉的罢相标志着牛党势力暂时受挫，李党势力重新崛起。在此后的一段时间内，两党之争因为李湛宠信裴度，而暂时陷入平静状态。不过这种平静始终暗流涌动，牛党势力并未销声匿迹，他们不甘就此退出朝廷舞台，暗中不断积蓄力量，重整旗鼓。事实证明，在不久的将来两党进入了名副其实的混战状态。

## 死于非命

李湛虽然重新起用名臣裴度，但我们依然不能否认他是个冥顽不灵的童昏皇帝。除了他整日嬉戏无度、纵情游乐之外，对于宦官的宠信也是人们诟病他的原因之一。纵观李湛宠信宦官的决定因素，是他自身的天性和经历。

李湛幼年时期，由于父皇李恒也是个昏聩无能的皇帝，将精力全都投入到嬉戏游乐之中，根本不关心皇子们的教育，始终对他们是放任自流。所以李湛自幼就未曾受过严格正规的教育，他继承了父皇的“娱乐精神”，将嬉戏游玩进行到底。

“玩儿”这件事情对于长在深宫之内的皇子皇孙来讲，非同寻常百姓家的孩子，可以在广阔的天地中尽情驰骋、任意嬉戏，游戏伴侣的选择也比较多。身在皇宫之内的皇子皇孙们除了有限的兄弟姐妹们之外，他们主要的游戏伙伴便是大小宦官。

李湛自幼乖戾无常，在和兄弟姐妹们游戏时，总是喜欢恶作剧，想出种种花招让兄弟姐妹们上当受骗，久而久之兄弟姐妹们便有意疏远他，不再和他一同游戏，李湛成了名副其实的“孤家寡人”。从小就缺少父母关爱的他，现在又失去手足之情，但他又偏是好动不好静的性格，对那些群体游戏情有独钟。于是，兄弟姐妹们对他疏远的结果，使得他投入了宦官们的怀抱。

从那个时候开始，宦官群体在李湛的脑海中留下了不可磨灭的印迹，他在心理上也对宦官们产生了特殊的感情。

因为宦官始终充当李湛玩伴儿的角色，让李湛在嬉戏游乐中得到了极大的心理满足。但人的精力是有限的，李湛将其有限的精力，投入到了无限的游乐活动中，所以就必然导致他疏于朝政。而偌大的一个国家需要处理的政务纷繁复杂，本来李湛可以依靠宰相们来处理，但由于李逢吉等几位宰相拉帮结派打击异己，搞得朝廷乌烟瘴气，李湛权衡之下还是将政事委托给家奴比较可靠。所以在他即位后，仍然让王守澄担任掌握中枢机构机密，能够传达皇帝诏令的枢密使之职，并逐渐加大枢密使的权力，使得枢密使成了内廷的实际宰相。

由于李湛对宦官的宠信，当时王守澄、梁守谦等诸多宦官纷纷掌握了朝廷的实际权力。最初宦官们只是表现出了骄横之态，但随着时间的推移，尤其是李湛对宦官们的放任和偏袒，这些宦官们开始由骄横逐渐升级为任意妄为、徇私枉法，甚至达到滥杀无辜的程度。

当然作为自己的家奴，宦官们的所作所为似乎和李湛关系不大，不过李湛无论如何也不会想到他的性命最终会结果在自己最为信任的家奴手上。

李湛放任纵容宦官源于他的性格和经历，但他对于进入宦官队伍的门槛似乎也在降低，具体来说就是对阉割与否管理不严。事实证明，老祖宗发明宦官阉割这项制度还是十分必要的，李湛在位时由于执行不到位，最终导致宦官睡了皇帝老婆，更要命的是因为这件事最终导致李湛死于非命。

当时，一个叫刘克明的宦官便沾了阉割制度执行不到位的光，而混进宦官队伍，这个曾经在李湛还是皇太子时便陪着他踢球的宦官为人十分精明。宦官名义上不能成婚，可是刘克明由于身体并不残缺，所以他开始与一些宫女通奸，最初他也是小心翼翼、谨慎行事，可是随着时间的推移，他见没人发觉，于是胆子便大了起来，竟然开始向皇帝李湛的身边发展。最终他勾到了李湛一个年轻貌美的妃子董淑妃，两个人暗中往来多次，李湛毫无察觉。

如果这件事就这么平稳地发展下去，或许李湛只是被戴了顶绿帽子，但很多事情往往是无巧不成书，在巧合之中产生诸多误会。

宝历二年（826 年）九月，李湛前往骊山巡幸，董淑妃和刘克明也都随同前往。刘克明趁李湛半夜打狐狸之际，偷偷去约会董淑妃。不料，刘克明所经过的偏殿正是李湛打狐狸的地方，李湛当时在偏殿的一侧拐角处张弓搭箭瞄准对面偏殿的一处墙角，准备等狐狸经过时一箭射过去。就在李湛焦急等待时，忽然听见一阵窸窸窣窣的声音，然后他就看到一个黑乎乎的东西往自己这边爬了过来。

李湛当时就来了精神，使足了劲拉满了弓，只听“嗖”的一声，箭矢飞出，不偏不倚地正中“狐狸”。他欣喜若狂，刚准备前去看看自己俘获的“猎物”，忽听对面传来一声尖叫，只见那个“猎物”狼狈地滚下台阶，李湛觉得十分诧异，因为他没有想到居然会传出人叫的声音，于是他急速抢步上前，命人点起火把仔细一看，顿时大吃一惊。

“刘克明？你半夜三更不在行宫好好待着，跑到这里来干什么？”李湛当时不解地问道。

精明的刘克明从小就很机灵并能言善辩，当时看到李湛手里还提着弓箭，便灵机一动答道：“我听说陛下半夜出来打狐狸，担心万岁爷有什么闪失，便跟了过来，在暗中保护您。”

“哈哈哈！朕难道还怕几只狐狸不成！”李湛说着，转脸向身后围拢过来的大小宦官吩咐道：“快把他抬进去。”于是众人七手八脚地将刘克明抬回行宫之中。

刘克明中了李湛一箭，回到长安后足足躺了半个月才痊愈，自从那晚中箭之后，他的心中始终忐忑不安。俗话说得好，做贼心虚，虽然李湛始终没再过问这件事，但他总感觉李湛好像发现了什么，那一箭似乎是对自己的警告。他在害怕的同时，更有一种对李湛的恨，因为他和董淑妃正处在火热之中，突然挨了这么一箭，弄得他半个多月不能和董淑妃约会。

这种既怕又恨的心绪交织在一起，使得刘克明总是心神难安，于是他开始琢磨一个一了百了的计划，这个计划就是意图弑杀李湛。

前边我们说过，由于李湛的纵容和宠信，当时的宦官已经到了任意妄为的程度，所以他们做出任何决定都是正常的。这次刘克明准备弑杀李湛，他联络了一些和他志同道合的宦官准备联合行动，当然他联合的那些人都是在击球游戏中，因为手脚太笨不能满足李湛的玩兴而备受冷落的宦官。

这次刘克明将这些失意宦官召集起来，试探着向他们说出了自己的想法，没想到一呼百应。

宝历二年（826 年）十二月八日傍晚时分，李湛带着大小宦官百余人，出宫到郊外打狐狸。丑时过后，李湛已经捉了十几只狐狸，可谓收获颇丰，见夜色已晚而且觉得十分寒冷，便决定早些回宫。

由于这一晚上战果辉煌，而且时间还早，李湛兴致非常高，便让御膳房准备了酒席，和刘克明、田务澄、许文瑞等随行宦官以及击球军将苏佐明、王嘉宪、石从宽、王惟直等共计 28 人饮酒，同时叫来几名歌女唱歌助兴。

席间李湛异常兴奋，狂饮几杯后不觉间已带有几分醉意，他走下宝座同歌女们一起舞蹈起来，不大工夫便觉得浑身燥热起来。

“怎么这么热啊？朕要去更衣！”于是李湛歪歪斜斜地向偏殿的更衣室走去。苏佐明当即离开了自己的座位，跟着李湛一同进了偏殿。就在他和李湛刚刚进入偏殿的时候，大殿内的灯烛忽然全部熄灭，殿内顿时一片漆黑。不过，当时殿内的刘克明、许文瑞等人并未觉得惊慌，反而是出奇的平静，大约几分钟过后，众人便听到偏殿之内传出一声惨叫。

“好像是皇上的声音？”一名站立在旁边的小宦官禁不住出声道。

“别喊！再喊就结果了你！”刘克明顿时恶狠狠地瞪着小宦官说道。

这时刘克明让人重新点燃大殿内的灯烛，只见苏佐明从偏殿出来，此刻他的身上还带有血迹，他径直走到刘克明身旁开口说道：

“大事已成，公公迅速筹划后事吧！”

当苏佐明说出这句话时，所有人全都知道李湛已经死在苏佐明的刀下。

刘克明脸上当即露出了一丝不易被人察觉的冷笑，然后他站起身对众人说道：

“我们不如迎立绛王吧？”

当时在场的人全都默不作声，刘克明见没人反对，便当即宣翰林学士路隋来见。路隋很快到来后，发现现场的气氛十分诡异，就在他正要询问什么事情时，就听刘克明阴冷的声音忽然响起：

“皇上今夜暴崩，留有遗命让绛王李悟权领军国大事。”

“怎么……怎么会如此突然？”路隋简直不敢相信自己的耳朵。

“这不应该是路学士该问的问题。”站在身边的苏佐明已经将手按在自己的佩刀之上。

看到苏佐明身上带血地站在那里，路隋霎那间似乎明白了什么，作为一个手无缚鸡之力的文臣，他只得被迫按照刘克明等人的意志撰写了遗诏。与此同时刘克明让田务澄、苏佐明等人急速前去迎接绛王李悟入宫。

李悟是宪宗李纯之子，作为皇帝李湛的叔叔，他本没有继承皇位的资格，不过现在随着田务澄、苏佐明等人的迎接，李悟恰似喜从天降，在没问清事情缘由的情况下，便冒冒失失地跟着田务澄、苏佐明进入宫中。

等到黎明之际君臣上朝的时候，刘克明在百官面前首先宣读了那封假遗诏，然后簇拥着绛王李悟走出紫宸殿外接见百官。当时百官见状，面面相觑，所有人都觉得不可思议，为什么隔了一夜，皇帝会换了人？

当时朝臣们不明事情的真相，所以全都默不作声，唯独裴度站出来高声说道：“我只知道遵奉遗诏，皇上忽然驾崩，遗言却犹在，我认为应该遵行。”

“裴公是三朝元老，一切决策都由您来制定。”刘克明立即回答。

事实上，刘克明等人当时都没有看出裴度的心思。作为在官场上摸爬滚打几十年的老江湖，裴度在朝堂上一眼就看出了皇帝李湛忽然驾崩必然是被刘克明等人暗害，只是朝堂之上自己一介文臣，如果搞不好会有杀身之祸，他所能做的只能是先稳住局面，然后再寻找外援讨伐叛逆。

当时裴度的头脑十分清醒，他立刻抓住了问题的本质所在，那就是讨伐叛逆需要手中有兵，而纵观当时朝廷内掌握兵权又比较可靠的人，似乎只有神策军中尉梁守谦。

“我来找中尉，是为了今天朝堂上之事，中尉认为今天的事情是否蹊跷？”裴度找到梁守谦后便开门见山地问道。

“皇上突然驾崩，必是刘克明等人暗害！”梁守谦愤恨地回答道。

精明的裴度当时留了个心眼，他继续试探着对梁守谦说道：

“这件事情当时我等在外，公等在内，全都不知道真相如何，究竟是不是刘克明等人暗害皇上，咱们还得详细调查才是。”

“哎呀！还调查什么啊！我看刘克明等人早晚容不下咱们，不如我和司空大人共讨逆贼如何？”

“中尉手握禁军，如果此刻急速讨贼，肯定会一呼百应，机不可失时不再来啊！”裴度继续怂恿道。

“嗯！即使除掉逆贼，绛王也不可立！”

“这个是自然，毕竟名不正言不顺嘛！”

“司空大人觉得皇子李普如何？”

“皇子年幼，我看不如你我不如拥立江王李涵。”裴度略一沉思，给出了最终的答案。

“好！兄终弟及，也合乎礼法！”

……

是夜，梁守谦联合枢密使王守澄、杨从和以及右神策军中尉魏从简，首先将江王李涵迎到宫中，同时征调左右神策飞龙兵共计两千人进宫讨伐刘克明。当时刘克明根本不会想到梁守谦会发动闪电突袭，所以未及抵抗便身首异处，绛王李悟也死于乱军之中。

宝历二年（826年）十二月十二日，裴度率领群臣三次上表劝进后，江王李涵在宦官梁守谦、王守澄等人的簇拥下，于宣政殿继承皇位，同时改名为李昂。

当时这个只比兄长李湛小四个月的皇帝，还依旧处于一种懵懂状态，但从其个人素质来看，显然比父皇李恒和兄长李湛要高出很多，面对百官的朝贺，李昂在努力适应自己的角色转换，在他看来，父皇和兄长留下的这个烂摊子，自己或许要通过百倍的努力来重新收拾。

# 第七章
# 时局考验

## 征讨李同捷

李昂自幼生长在深宫之中，父皇李恒整日嬉戏无度进而对皇子们的教育不管不顾。李昂虽然过着优裕豪华的生活，但他却没有放松自己。他生性节俭不喜欢华丽奢侈，当时亲眼目睹父皇和兄长两朝王公贵族的奢侈腐化，他对此十分厌恶，所以即位后他首先革除奢靡之风，力倡节俭风气，选贤任能，澄清吏治，虚心纳谏，重农惠民。可以说在李昂的努力下，帝国正在从穆、敬二帝的歧路中逐渐回归正途。

不过在李昂励精图治、孜孜为政的同时，并没有忘记帝国始终存在的祸患，那就是藩镇依旧呈现各自为政、不服从朝廷政令的现象。作为一个立志让大唐帝国恢复生机的皇帝，李昂决心要向祖父李纯那样继续整治藩镇。

大和元年（827 年）三月，忠武军节度使王沛去世，李昂得到消息后，任命太仆卿高瑀为忠武军节度使。当时李昂的这个决定非同小可，因为自唐代宗李豫时期以来，藩镇节度使大多出自禁军将领，禁军将领凡是资历较高者，都愿意出百分之一的利息向京城富豪们借钱，进而用来贿赂神策军护军中尉，请求授任节度使。由于贿赂数额巨大，所以往往能够达到目的，而不用经过皇帝和宰相的批准。

可想而知，通过贿赂手段当上节度使，在其上任后肯定会加倍盘剥百姓，以便偿还富豪们的债款，所以当时的人们送给这些节度使一个具有讽刺意味的绰号——“债帅”。王沛去世后，李昂让太仆卿高瑀继任，等于打破了大部分禁军将领出任节度使的惯例。

当时针对高瑀的这项任命，并没有在全国藩镇之内掀起太大的波澜。李昂见事情进展顺利，于是准备下一步从横海镇入手，将藩镇的节度使一点点地换成自己信任的朝臣。之所以要将横海镇当作首个目标，是因为横海节度使李同捷很长时间以来对朝廷有些不买账。

在敬宗李湛在位的宝历二年（826 年）三月，横海节度使李全略去世，他的儿子李同捷未经朝廷允许，便擅自代理节度使职位。李昂即位后，李同捷割据横海已经将近一年，面对新即位的皇帝，他希望朝廷能够承认自己的节度使职位。于是，在大和元年（827 年），他派遣掌书记崔从长携带自己亲笔写给李昂的奏章，和他的弟弟李同志、李同巽一同前往长安朝见李昂，表示愿意遵守朝廷诏令。




看完李同捷的奏章，李昂陷入了深深的思考之中，在他看来，李同捷作为地方藩镇节度使之子，是不可能完全听命于朝廷的。之所以会在自己刚刚即位就前来示好，完全是因为横海镇地域狭小，李同捷需要安定的发展空间，以使自己做大做强。

所以李昂决定不理会李同捷的请求，继续按照自己的想法去做。

大和元年（827 年）五月十五日，李昂任命天平军节度使乌重胤为横海节度使，任命李同捷为兖海节度使，想就此首先将李同捷调离开自己经营已久的横海。不过李昂担心河南、河北的藩镇会煽动李同捷抗拒朝命，所以特意加封魏博节度使史宪诚为同平章事，不久，又分别授予卢龙节度使李载义、平卢节度使康志睦、成德节度使王廷凑为检校官，以便笼络他们倾向于朝廷。

当调任的诏书传到横海镇后，李同捷十分气愤，于是他以横海军将士强行挽留自己为名，拒绝担任兖海节度使。就在李昂拿不定主意该采取什么措施时，五月二十五日武宁节度使王智兴上奏李昂，请求带领本镇三万人马出兵讨伐李同捷。同时平卢节度使康志睦也表示愿意作为先锋军进讨李同捷。

武宁和平卢二镇的积极态度，让李昂十分兴奋，于是在和宰相们达成一致意见后，李昂于八月十一日颁布《讨李同捷诏》，正式拉开征讨横海镇的序幕。当时除了武宁、平卢承诺出兵之外，李昂还命令乌重胤、史宪诚、李载义以及义成节度使李听、义武节度使张璠等各带本镇人马一同进剿李同捷。

面对即将到来的官军的大兵压境，李同捷派儿子和侄子们用珍贵的古玩字画以及歌舞伎女去贿赂各路藩镇，以求得他们撤兵甚至是转向支持自己。不过效果并不理想，如卢龙节度使李载义就拒绝接受贿赂，并拘捕李同捷之子，连同所贿赂的物品一同呈献朝廷。

不过，当时每个藩镇也有各自的立场和想法，李载义属于坚决拥护朝廷的一派。当然，也有支持李同捷的人，魏博节度使史宪诚就是其中的一个。

由于史宪诚与李同捷的父亲李全略是儿女亲家，李同捷抗拒朝命后，史宪诚暗中运送粮食援助李同捷，并故意拖延时间，拒绝出兵征讨。当时宰相裴度不知道史宪诚已经暗中与李同捷互相勾结，认为他对朝廷绝对忠心。可是另一位宰相韦处厚却怀疑史宪诚的所作所为，于是他利用史宪诚的使者到中书省汇报工作的机会，决心向史宪诚施压。

“裴大人在皇上面前用他全家百余口的性命为你们节度使作保，保证他对朝廷忠心耿耿。可是，我也不确定史宪诚对朝廷到底是不是真的忠心，这要看他以后的行动，你回去告诉史宪诚，如果他胆敢和李同捷暗中勾结，朝廷绝不会轻饶，而且辜负朝廷不可以，辜负裴大人更不可以。”

使者唯唯诺诺地离开了中书省，回到魏博镇后将韦处厚的话一字不落地传达给了史宪诚。而史宪诚本来就不想将事情搞大，所以中断了与李同捷的暗中往来。

从对于朝廷的态度来看，史宪诚至少还没有彻底和朝廷公开决裂。不过，成德节度使王廷凑就是另外一副模样了，在皇帝李昂发出征讨李同捷的诏令后，他不仅没有立即出兵，反而上奏李昂请求加授任命李同捷为节度使的符书，结果遭到李昂的严正拒绝。于是王廷凑开始公开支持李同捷，屯兵边境试图阻止征讨李同捷的军队入境。

与此同时，王廷凑还派使者携带厚重礼物，贿赂西突厥的别部沙陀部落酋长朱邪执宜，想联合沙陀共同支持李同捷。不过沙陀部落自唐太宗李世民起就入朝进贡，世世代代与大唐保持友好关系，所以当时朱邪执宜拒绝接受王廷凑的贿赂，并将其使者逐出边境。

王廷凑在朱邪执宜那里吃了闭门羹，这让他倍感无奈，虽然他派出军队屯兵边境，但他并不是二杆子，在看到只有自己本镇支持李同捷后，他担心会被李同捷拖下水，所以他收起先前的强势态度，开始采取静观其变的策略。这样一来，就让李同捷真正陷入了孤立之中。

大和元年（827 年）十月，乌重胤率领大军进攻李同捷连战连胜，就在他领兵想要攻打横海重镇德州的时候，却在十一月不幸病逝于军中，这使得官军暂停对李同捷的征讨。李昂得到消息后，根据武宁节度使王智兴的推荐，调任保义节度使李寰为横海节度使，同时加封王智兴为同平章事节度各路人马。

王智兴不负众望，经过三个多月的努力，屡次打败李同捷，到大和二年（828 年）三月，王智兴已经领兵打到了棣州。眼看李同捷连战连败，王廷凑虽然不敢再公开支持李同捷，但暗中却经常资助其兵器和粮草。结果，这件事被王智兴获悉，他上奏李昂请求采取措施制裁王廷凑。

李昂立即召集文武群臣商议制裁王廷凑的事情，他的本意是立即出兵讨伐王廷凑，以彰显朝廷权威。文武群臣见皇帝陛下态度明朗，所以很少有人敢提反对意见。只有卫尉卿殷侑提出反对意见，他认为王廷凑虽然态度倾向李同捷，但并没有确凿的证据证明他想和李同捷一同谋反，而且征讨李同捷还没有结束，朝廷应该暂且忍耐，等到平定李同捷后再做决策。

殷侑的话不无道理，这一点李昂心知肚明，所以他努力平复自己的情绪，好让自己做出正确的决策，终于在慎重考虑当前的局势，以及征讨李同捷的战况后，李昂决定暂且忍耐。不过，为了彰显朝廷权威，他决定还是要警告下王廷凑，并决定颁布《招谕王廷凑诏》，向天下宣布王廷凑倾向李同捷的罪状，同时李昂也给了王廷凑机会，只要他公开和李同捷断交，朝廷就可以赦免他。

然而当诏书颁布后，王廷凑回馈李昂的却是拒不认错。

## 柏耆争功

当李昂得知王廷凑拒不认错的态度后，他决定对其施以惩戒，那就是在征讨李同捷的同时，出兵征讨王廷凑。九月十一日，李昂下诏剥夺王廷凑成德节度使职务及其爵位，命令王智兴从征讨李同捷的人马中，抽调部分兵力同时向成德镇进兵。从李昂发布的《讨王廷凑诏》中可以看出，他对王廷凑的顽固不化十分气愤。

王廷凑作我藩臣，久膺宠命，致爵位于扰叛之际，齐恩泽于忠义之伦，而首扇同捷，使其墨缞，党恶之心，剧于虎兕，负德之丑，逾于枭境。……逾之使致奇功，告之将酬重位，而傲恨弥甚，凶肆不悛，行恶言于报章，资盗粮于狡寇……

李昂失望的态度溢于言表。虽然最近这段时间以来，征讨李同捷的诸道人马连战连捷，而且已经快要打到横海镇的治所沧州（今河北沧州），但李昂还是迫不及待地马上要征讨王廷凑。不仅因为王廷凑这次对朝廷的态度，更是因为他这么多年来已经成为一块难啃的骨头。

事实证明，王廷凑的确是块难啃的骨头，当他得知皇帝已经动怒，要讨伐自己的时候，他并没有显示出慌乱，而是用一种四两拨千斤的方式去应对。

王廷凑眼见李同捷连战连败，自己如果拼上血本前去营救，估计也是有去无回。于是他游说魏博兵马使亓志绍，挑唆他反叛史宪诚，回军反攻魏州夺取魏博镇。王廷凑的意图很明显，那就是采取围魏救赵的策略，缓解自己和李同捷的压力。

当时魏博节度使史宪诚父子看到李同捷连战连败，决心断绝和李同捷的来往而忠心于朝廷。史宪诚派其子史唐前往长安朝见皇帝李昂，请求批准自己入京参拜，并表态自己管辖的魏博六州兵马随时听候朝廷调遣，以讨伐李同捷。对于史宪诚的恭顺态度，李昂极为高兴，于是让史宪诚带领本镇人马加入到讨伐李同捷的大军之中。

王廷凑游说亓志绍反叛的时候，史宪诚父子正在进攻横海镇治下的平原县，当得知亓志绍反叛回军突袭本镇的时候，来不及回去救援的他立即向朝廷求救。于是，李昂下诏，让义成节度使李听带领讨伐李同捷的沧州行营各道兵马，前往魏博征讨亓志绍。

大和三年（829 年）正月，亓志绍与王廷凑的成德军队联合进攻贝州，李听和史唐联合前往营救，结果在距离贝州 50 里的地方与亓志绍展开遭遇战。亓志绍因为军队较少，所以被李听和史唐联军打败，被迫逃往镇州避难，王廷凑围魏救赵的策略宣告失败。

与此同时，卢龙节度使李载义领兵攻克沧州外城长芦镇。这让李同捷不禁惊恐万分，他虽然想积极组织反击，但官军四面合围压力巨大，李同捷四周不能兼顾，而且军队损失惨重，在这种情况下，李同捷在权衡横海镇未来的情况下，终于向新任的横海节度使李佑递上了投降书。

正月十九日，李佑派部将万洪领兵进入沧州安抚民众，从李同捷的手中接管沧州防务，暂时将李同捷安置在自己的行营之内，同时将他的投降书呈现皇帝李昂，等候朝廷旨意。

李昂得知李同捷投降，为了表示朝廷的宽宏大量，他立即派遣谏议大夫柏耆前往沧州宣慰。按说柏耆只要代表皇帝完成宣慰任务就算大功告成，可是柏耆偏偏是个好大喜功的人，在他看来，自己这次前往沧州如果不扬名而归，实在没有天理。

柏耆到达沧州后，除了例行公事地宣慰一下诸将之外，他最想做的其实是想彰显自己作为钦差大臣的权威。为此，他企图用各项军法控制每个将领，使得众将极为反感，并因此而引发了李佑部将万洪被杀事件。

针对李同捷递上投降书这件事，多疑的柏耆始终不相信李同捷会真的投降。在他看来，这或许是李佑邀功的一种手段，所以他来到沧州的其中一个重要的任务，就是试探李同捷的真实想法。当时柏耆担心李同捷诈降，所以没有经过李佑的同意，擅自面见李同捷，诱使他携带家眷即日启程，进京朝见皇帝陛下以表忠心。李佑的部将万洪发现后，责怪柏耆不经过李佑同意擅自接触降将，可是柏耆认为自己是钦差大臣，根本不买账，反倒怒斥万洪作为下级军官没有资格发表意见，搞得万洪十分恼火。

“李同捷对抗朝廷已有三年，多亏我家主帅努力破贼，才使得他最终投降归顺朝廷。否则，就算你作为远道而来的钦差大臣，凭借你的三寸不烂之舌，能够降伏李同捷吗？你不过是皇帝陛下派来的使者，凭什么仰仗天子的威信，藐视我们这些功臣而不请示我家主帅呢？”万洪终于忍无可忍，对柏耆气急败坏地说道。事实上，他并没有想到，他的这番话已经严重伤害了柏耆的自尊心，而且更出乎万洪意料的是，他的话音未落，柏耆已经拔刀向他砍去，万洪猝不及防，顿时人头落地。

当时在场的所有人全都被这突如其来的变化所吓住，而柏耆倒是没有表现出慌乱的样子。他明白自己斩杀万洪一定会激怒李佑，自己孤身一人待在此处恐有不测，所以他立即押解李同捷及其眷属出城，瞒着李佑急速向长安奔去。当走到江陵时，柏耆听说王廷凑准备策划劫取李同捷，于是轻率地将李同捷斩首，将其首级送往京城。

不过，当柏耆做出斩首李同捷的决定时，也为他自己带来了相当大的麻烦。

当李佑得知柏耆杀害了自己的部将，并已经擅自押解李同捷进京的时候，这个领兵平定横海镇的主要将领顿时怒不可遏。在他看来，朝廷征发诸道兵马围攻李同捷苦战了三年才迫使他投降，而柏耆仅仅作为一个使者，竟然仰仗天子之威径直劫走李同捷，作为他一个人的功劳，诸道节度使的功劳几乎被一笔抹杀，这实在让人感到窝囊。

因此，李佑联合诸道节度使联名上疏李昂，说柏耆作为皇帝的代表进入沧州城后，没有彰显出皇帝的体恤爱民，反而在城内抢劫百姓财物，因为担心李同捷进京后会揭发自己，所以半路上杀掉李同捷以灭口。

奏疏的最后，李佑特意加了一句话：

“耆争功不逊，致使功臣被戮，臣愧对将士，恐生变！”

当李昂看完诸道节度使的联名奏疏后，他知道此时是得罪不起藩镇们的，一旦生出变故，那或许会是帝国的灭顶之灾。柏耆作为自己的使者，不仅没有很好地完成宣慰任务，反而擅杀大将，这是不将自己放在眼里的表现。

为了平息众怒，李昂下令外贬柏耆，并将李同捷的眷属发配湖南。不久，李昂又得到李佑因为爱将被杀而伤心得一病不起的消息，一怒之下又赐柏耆自尽。

横海之乱最终经过三年苦战而被平定，其治所沧州经过多年的战乱，骸骨遍地，郊野荒凉、人口流失十分严重，活着的人口不超过十分之二三。八月六日，李昂得到横海节度使李佑病逝的消息，不仅黯然神伤，同时任命卫尉卿殷侑为横海节度使。殷侑到任后与士卒同甘共苦，鼓励他们种田养蚕，流散在外的百姓逐渐回到家乡。他上任一年后，依靠当地租税的收入，已经能够支付一半的军需，两年后已经能够全部支付。而在此之前的李同捷在任期间，横海镇三万军队的军需全部需要朝廷度支供给。

当时王廷凑看到李同捷服罪后，不免惊恐忧惧，他担心朝廷会继续增兵合围自己，于是他向临近的藩镇透露出自己愿意归顺朝廷的愿望。而李昂因为刚刚平定横海，朝廷需要休养生息，在了解王廷凑有意归顺后，下令停止对成德的征讨，赦免王廷凑。至此，包括横海和成德在内动乱三年的河朔地区，终于勉强安定下来。

可以说，平定河朔地区动乱，是李昂即位以来经历的第一个考验，在朝臣和诸多藩镇们的努力下，他最终算是勉强过关。内乱始平让李昂终于可以长舒一口气，但事实证明，上天再次为李昂带来考验，因为仅仅在平定河朔地区的三个月后，李昂便迎来了他即位以来的第二个考验。

大和三年（829 年）十一月二十日，剑南西川节度使杜元颖向李昂呈上了加急奏报：南诏军队入侵大唐边境。

## 南诏入寇

南诏在今天云南省，原分为蒙舍、施浪、浪穹、越析、蒙嶲、邆赕六诏，六诏均为乌蛮部落，当地将“王”称为诏，六诏其实就是六个部落。蒙舍诏处于其他五诏之南，后来吞并五诏，因此独称南诏。

唐朝初年，南诏和大唐的关系十分亲密，每个国王即位都接受大唐皇帝的册封。可是到了天宝末年，由于朝廷的腐败和边将的贪婪，激起了南诏的反抗，进而引发朝廷对南诏的战争。由于南诏实力弱小，所以只得联合吐蕃共同对抗大唐，最终形成了大唐西南边疆的严重局势。但吐蕃仰仗自身实力强大，对南诏的征敛十分苛刻，渐渐地引起了南诏人的强烈不满与反抗，可是与当年对抗大唐一样，南诏的实力也不足以和吐蕃对抗，所以只得再次寻求和大唐讲和，以求得大唐对自己的庇护。

贞元十年（794 年），唐德宗李适派御史中丞袁滋，持节册加封当时在位的南诏部落首领异牟寻为南诏王。从此，南诏与大唐重新言归于好，互相派遣使者往来不绝。

南诏王异牟寻病故后，传位于劝龙晟，可是劝龙晟即位后不久便在一次军事政变中被部落酋长嵯颠所杀。嵯颠拥立劝龙晟的弟弟劝利为王。劝利非常感激嵯颠，所以赐其蒙姓，号为大容（南诏称兄为容），等于是认嵯颠做了大哥。劝利去世后又传位给丰佑，丰佑是个怀有大志的人，经常梦想南诏能够拥有大唐那样广袤的土地，而嵯颠也是个不安于现状的人，所以两个人密谋准备发动对大唐的进攻。

在经过很多年的筹划和积蓄力量后，大和三年（829 年）十一月，嵯颠带领数万人马闪电突袭唐境的西川地区。

当时剑南西川节度使杜元颖得到南诏入寇的消息后，顿时慌了手脚，杜元颖曾在穆宗李恒在位时做过几年宰相，本身并没有什么才能，却自认为文采出众、风度翩翩，不仅不懂军事，而且经常贪污受贿。因为他的原因，西川边境将士的衣服和粮食经常出现短缺，由于无法充分供应，士兵们经常进入南诏地界进行劫掠，这就为南诏入侵大唐找到了口实。

当时，西川各地州县已经洞悉南诏有可能会大举入侵，所以多次向杜元颖反映南诏军队的动向，希望杜元颖能够提高警惕，早做准备。可是过惯了太平生活的杜元颖根本不理会各地州县反映的情况，在他看来，南诏是需要大唐保护的，怎么可能会入侵呢？

当嵯颠带领人马接连攻下巂、戎二州的时候，杜元颖才如梦方醒，急忙组织人马进行反击。十一月二十八日，杜元颖和南诏军队在邛州以南展开遭遇战，结果杜元颖因为仓促应战，被南诏军队大败，邛州被南诏迅速占领，杜元颖只得被迫再一次向朝廷求援。

李昂接到求救的告急文书后，对杜元颖仓促应战进而导致惨败，心中十分不爽。于是，下令让剑南东川节度使郭钊暂时兼管西川事宜，命令剑南东川、兴元、荆南三道节度使立即派兵，火速前往西川救援，不久又征调岳鄂、襄邓、陈许三道人马前往救援。

在李昂布置增援事宜的同时，嵯颠从邛州继续向东进兵，很快便径直到达成都城下，并于十二月四日攻陷成都外城。杜元颖率领将士退守内城，见形势危急，曾三番五次想弃城而逃，如果不是众将拼死阻拦，恐怕杜元颖早已经脚底抹油一溜了之。

杜元颖的所作所为很快便被郭钊报告到了李昂那里。十二月六日，李昂下令正式免去杜元颖的剑南西川节度使职务，贬为邵州刺史。十二月十三日，任命右领军大将军董重质为神策军及西川行营节度使，并继续征调太原、凤翔两道兵马增援西川。此时，南诏军队已经到达东川的治所梓州外城，因为当时增援的诸道人马尚未到达，而节度使郭钊又兵少将寡无力抵抗，所以只得采取拖延战术，试图拖住嵯颠。于是，他写信给嵯颠说：南诏历来与大唐友好，不知道这次为什么会突然入侵，如果是因为杜元颖的原因，现在皇帝陛下已经撤销了杜元颖的职务，希望南诏能够从大局出发，立即退兵，不要背弃和大唐友好的盟约。

当时嵯颠已经得知大唐诸道人马已急速前来增援，而自己已经孤军深入唐境几百里，如果继续作战，恐怕于己不利，在已经劫掠了诸多财物的境况下，嵯颠决定接受郭钊的建议，重新和郭钊订立盟约，率兵退回成都。

南诏军队驻留成都西城十天，便开始陆续撤出唐境，刚到达成都的时候，南诏士兵对当地百姓还算是比较和善，因此街市店铺照常开业，秩序还算稳定。可是在军队陆续撤出时，南诏士兵开始大肆劫掠当地百姓，以及各行各业的工匠和手艺人，然后继续退出成都。当时西川百姓大为惊恐，很多人因为不堪受辱而选择投江自杀，尸体塞满江面，翻滚而下。嵯颠见状，亲自领兵断后以阻止俘虏的逃亡，就这样走走停停将近三天的时间，南诏军队一路不停地劫掠，终于撤出了唐境。

值得一提的是，由于南诏当时劫掠走了大量的唐朝手工工匠，自此之后南诏的工艺水平开始不断进步，不久之后甚至可以和巴蜀地区的工艺水平相提并论。

嵯颠虽然撤兵回国，但这次突袭大唐成功，完全是因为杜元颖疏于防备，而且自己在唐军援兵未至的情况下，主动采取变通之策撤兵回国，才没有使战事进一步扩大。嵯颠清楚地知道，如果大唐拼尽全力和南诏扳手腕，南诏绝不是大唐的对手。

在这种心态支配下，嵯颠在撤退的时候担心援救西川的唐军会穷追不舍，所以特意向皇帝李昂上表一封，将南诏这次入侵唐境的罪责一股脑地推到了杜元颖头上，宣称自己是迫不得已的一种反抗。他在表文中特别强调，因为杜元颖的贪污腐败，致使西川将士对他也是恨之入骨，自己这次进兵成都，西川将士争相当向导，请求我们诛杀杜元颖，现在我建议，为了大唐和南诏共同的利益，陛下应该杀掉杜元颖。

就在嵯颠的表文刚刚摆在李昂的书案上时，西川节度使监军张士谦来到京城，也向李昂汇报了自己在西川的所见所闻，并诉说了杜元颖所做的一切。这让李昂十分气愤，再加上嵯颠的表文，于是李昂决定，再贬杜元颖为循州司马。自此之后，曾经在穆宗李恒时代红极一时的杜元颖再也没有被重新起用，大和六年（832 年），郁闷的杜元颖死在贬所，临终前上表请求朝廷赐官以瞑目，李昂念及旧情，赠与其湖州刺史的头衔。

南诏撤兵回国，李昂同时下诏让援救西川的诸道人马撤回本镇。大和三年（829 年）十二月二十六日，新任西川节度使郭钊抵达成都，嵯颠派使者也同时到达成都，双方再次签订友好条约，规定两国今后互不侵犯。此后不久，李昂派宦官携带朝廷信物出使南诏，大唐与南诏重新恢复了友好关系。

南诏之乱随着其主动撤兵而宣告结束，李昂即位后的第二个考验也算是及格通过。从某种角度而言，李昂在帝国国力并不殷实的现状下，至少没将战事扩大，而且在南诏撤退之后，他有感于西川的凋敝，特意派一名经验丰富的节度使前往西川主持其恢复性的建设工作。

这个节度使的名字叫李德裕。

## 德裕固边

西川因为杜元颖治理不力加上南诏的入侵，很长时间以来残破凋敝，川中百姓离心涣散。而节度使郭钊在新上任没多久便一病不起，无力顾及西川建设，因此他向皇帝李昂请求辞职，希望派一名得力的人来接替自己。在这种情况下，大和四年（830 年）十月，李昂任命义成节度使李德裕为剑南西川节度使。

由于穆宗李恒时期和牛僧孺的党争问题，李德裕最终因为和穆宗李恒对藩镇的态度不同而被外调，外调后一连八年没有得到升迁，无论担任什么官职都是平级调动，这八年中，让他最为出彩的还是对于西川的治理。

李德裕到达西川后首先修建了一座筹边楼，每日登高眺望，观察当地的山川形势，派人绘制西川的地形图，其中包括南方的南诏和西边的吐蕃，并每天召见长期在军队任职且熟悉军事和边防情况的人进行详细询问。即使是挑担赶车做小生意的人，甚至是蛮族人，李德裕也都不放过，仔细向他们询问山川形势、城市位置、道路远近的分布情况。不到一个月，他就对西川地区做到了了如指掌，熟悉得好像身临其境一样。

李昂命令李德裕组织堵塞清溪关，以断绝南诏入侵西川的要道。李昂特别交代，如果没有土的话，就用石头堆积，为此，李德裕上疏李昂，认为西川通往南诏的小路有很多，仅仅依靠堵塞清溪关是解决不了问题的，只有派重兵把守才能保万无一失。而且只要训练一支作战勇敢的军队，凭借南诏的实力是断然不敢入侵的，当然军队的人数不一定多，只要听从指挥就可以。

从军事角度而言，李德裕的主张无疑是正确的，南诏这次入侵正是因为杜元颖忽略了边防军的重要性，才使得南诏长驱直入。而且以前西川地区出现的部将袭杀节度使以自立的现象，所依靠的主要力量也是边防军。可以说，李德裕一入西川便把准了脉搏，最终李昂采纳了李德裕的主张，让他放手去做。

南诏撤兵之后，李昂让诸镇援军返回本镇。李德裕刚到西川上任之时，援救西川的诸镇军队大多已经返回本镇，只有河中、陈许两镇的三千人马仍留在成都。李昂下令让他们在次年三月一并撤回本镇，可是西川百姓却担心诸镇军队全部撤走后，南诏军队会再次乘虚进犯西川，因此全都惶恐不安。李德裕发现这个问题后，果断上奏朝廷请求留下河中五百人、陈许一千人继续镇守西川，这样一来，可以在自己重新整合边防军的过渡阶段，不至于让西川再次陷入防备空虚状态，对于这个建议李昂也是完全同意。

于是，在得到有效保障的基础上，李德裕开始实施他的重整边防军计划。

针对杜元颖在任期间边防军虽然人多但战斗力却不强的现状，李德裕首先采取精兵政策。以前西川军队中的老弱病残士兵，从来不进行更新淘汰，现在，李德裕按照五尺五寸的标准，淘汰了四千多名年老体弱的士卒。

同时从淘汰的士兵家属中招募年轻力壮者一千人，以便安抚这些被淘汰的人。其次，李德裕选择旧僚与州兵中能胜任征战者来加强军队的战斗力，又让河中、陈许那一千五百名士兵融入西川的士卒之中，让他们互相学习，进而提高兵员素质。

在整兵的过程中，李德裕同样没有忽视武器准备的工作。过去西川将士制造的兵器，只讲究装饰性但实用性不强，李德裕针对这种情况，特意请来安定（今甘肃泾川）的能工巧匠制造铠甲，同时聘请工匠制造弓箭，招募浙西的巧匠制作弓弩。经过一段时间的制造和配备，西川军队的武器装备逐渐精良。

兵员素质的提高加上武器配备的精良，接下来李德裕所要做的工作就是组织这些人，开展优质的训练。《新唐书·李德裕传》记载：

时率户二百取一人，使习战、贷勿事，缓则农、急则战，谓之“雄边子弟”。其精兵曰南燕保义、保惠、两河慕义、左右连弩；骑兵曰飞星、鸷击、奇峰、流电、霆声，突骑，总十一军。

为了加强边塞的防御能力，李德裕决定修筑城防，在南部修筑杖义城，以防止南诏从南方经清溪关过大渡河入侵蜀地。与南诏、吐蕃交界处修建御侮城，进而南防南诏，西御吐蕃；在西部筑柔远城，以阻止吐蕃的入侵，又修建邛崍关，以占据险要关隘之地。总之，李德裕在要道、关隘、咽喉地段都设置了城防和关隘，占据非常有利的地势，守卫十分严密，让南诏和吐蕃很难越近。

蜀中多为丘陵地带，道路险阻，运输不便，往边区运送粮食是个棘手的问题，特别是往接近南诏的地区运送粮食，每当酷暑炎热时更是困难。在李德裕到来之前，往赡黎（今四川汉源）、嶲州（今四川嶲县）等边地运送粮食，要经过嘉眉道（今四川乐山至眉山县）、阳山江（今四川汉源境内大渡河下游支流），最后到达目的地，盛夏时节，很多运送者会因为当地的瘴疠而病死在路上，所以当时川民迫切希望的就是能够改善运输路线。

针对这个问题，李德裕到来后进行了大量的调研工作，经过多次的现场勘查后，李德裕决定除了改善嘉眉道的运输条件外，另辟运输路线，转邛、雅两道运送粮食，并以十月作为运送粮食的起始月份，在夏天到来之前运送到目的地。李德裕此举是以新开辟的邛雅道与旧嘉眉道结合，采取双轨并运的方式来减少运输路途的困难，并且改变运输时间，使得劳役者免受夏日酷暑之苦。

在之前杜元颖担任剑南节度使期间，因为他贪污腐败，专事盘剥百姓，致使边防空虚，南诏乘虚而入并掠走不少百姓，让西川百姓切身体会到了什么叫妻离子散和骨肉分离。为了安抚民心，李德裕在加强西川防备的同时，并没有忘记解除百姓们的痛苦。大和五年（831 年）五月，李德裕特意派遣使者前往南诏，索要被劫掠走的百姓，总计有四千多人返回西川。

李德裕治蜀共有三年的时间，他整顿军队、训练士卒，修筑城堡边塞，使西川的军事实力得到了空前的提高。当然，这也使得朝廷开始重视起李德裕，八年没有得到升迁的李德裕终于因为成功治理西川而得到升迁。

大和七年（833 年）正月，李昂诏令李德裕担任兵部尚书，并且即日进京赴任。对于李德裕来讲，这无疑是个好消息，八年没有得到升迁的他，此刻居然还能重新回到朝廷，这让李德裕十分兴奋。但或许令他想不到的是，前方等待他的是一条不平坦的道路。




## 互相排挤

李德裕以兵部尚书的官职高调重新回到朝廷，这固然是皇帝李昂所期望的，但同样也有很多人是不愿意李德裕回来的，其中的典型代表就是“牛党”魁首李宗闵。

八年前的那场朋党之争，最终以“牛党”大获全胜而告终，八年来朝廷的大权完全由“牛党”把持。现在李德裕高调回归，在牛党看来已经是威胁袭来，因为李宗闵已经看出皇帝对于李德裕极为器重，如果照这样下去，李德裕跻身宰相班子是早晚的事情。

因此，从李德裕回到朝廷的第一天开始，李宗闵就表现得极为忧虑。时任京兆尹的其心腹党羽杜悰看出了李宗闵的忧虑，于是，他主动提出让李宗闵向李德裕释放和解信号。他认为，李德裕虽然文学造诣颇高，但他并不是进士出身，如果能让李德裕主持科举考试，那一定能化解他们两个人之间的矛盾。

李宗闵当时听完杜悰的建议后默不作声，杜悰看出了他对这个建议并不满意，于是推出第二套方案：

“如果您不愿意让他主持科考，那就推荐他担任御史大夫如何？”

“这个想法倒是很好！”

李宗闵最终同意了第二套方案，但他表示要和给事中杨虞卿进行商议，让杜悰暂时不要将消息泄露出去。可是，杜悰偏偏是个肚子里存不住话的人，在转天拜望李德裕的时候，杜悰还是忍不住将推荐李德裕担任御史大夫的消息告诉了李德裕。

“御史大夫是朝廷举行大礼时在宫门纠察百官班列的重要职务，作为晚辈我怎敢担此大任！请你回去转告我对李大人的谢意！”听完杜悰的话后，李德裕感激涕零地对杜悰说道。

杜悰带着满意的微笑离开了李德裕的官邸。从此时起，李德裕就在官邸中盼望着御史大夫的任命状发下来。但事情往往越接近成功的时候越会出现偏差，几乎就在杜悰拜望李德裕的同一时间，李宗闵找来给事中杨虞卿商议推荐李德裕担任御史大夫的事情。结果遭到了杨虞卿的强烈反对，原因在于杨虞卿认为牛李两党积怨颇深，绝不是谁主动释放和解信号就能化解恩怨的问题，让李德裕担任御史大夫，等于给了他制约牛党的筹码。

李宗闵经过慎重的思考后，听从了杨虞卿的建议，放弃了最初的打算，最终这件事情不了了之。此时的李宗闵当然不知道杜悰已经将消息泄露出去了，随着时间的推移，李德裕并没有等来御史大夫的任命书，这让李德裕感觉自己被李宗闵着实忽悠了一把。

李德裕虽然没能等来御史大夫的任命书，但皇帝李昂显然并没有减少对他的器重之情。大和七年（833 年）二月，李昂任命李德裕为同平章事，将他招进了宰相班子。朝廷经过了长庆、宝历年间的党争，皇帝李昂即位后对于党争问题很是头疼，尤其是牛党成员长期把持朝政，这让李昂很是不满，所以在李德裕晋身同平章事进宫向他拜谢的时候，李昂向李德裕问起了对于朝廷朋党他是如何看待的问题。皇帝陛下的问题在李德裕看来是报复李宗闵的绝好机会。

“现今朝廷中有三分之一的官员都在结党营私，在臣担任同平章事之前，给事中杨虞卿和他的堂兄中书舍人杨汝士、弟弟户部郎中杨汉公、中书舍人张元夫、给事中萧浣等人相互勾结，他们攀附朝廷权贵，对上结交宰相，对下干扰各部工作，为读书人求取功名和谋求官职，从没有办不成的。”

事实上，李德裕上述这段话明显指向李宗闵，但他作为资深的“李党”领袖，是不能在皇帝面前直接贬低李宗闵的，那样一来，容易让皇帝陛下误解自己是有意打击异己，而选择李宗闵的心腹杨虞卿等人作为突破口，一来是杨虞卿等人确有其事；二来是变向提醒皇帝，杨虞卿等人不过是小苍蝇，其背后有大老虎。

李昂听完李德裕的话没有表态，他让李德裕先退下去。不过，没过多久李昂就下令贬给事中杨虞卿为常州刺史、中书舍人张元夫为汝州刺史。在李德裕看来，自己的话起了效果，这仅仅是个开始，初战告捷的他只是试探出了皇帝陛下的内心所想，接下来他要做的就是动用自己的手段直达自己的目标。

正月二十七日，李昂同时召见李宗闵和李德裕议事。在议事之后，李昂又提起了朝廷的朋党问题，由于先前李宗闵的两大心腹被外贬，所以李宗闵急于表白自己，他率先告诉李昂，自己这么多年以来对朝廷的朋党问题十分清楚，所以对于杨虞卿这些人都没有给什么好官职。

李德裕立即听出了李宗闵这是在撇清自己，所以他马上反唇相讥说给事中、中书舍人难道不算肥差？这些人的官职又是谁授予的呢？在自己回来之前，朝廷中又是谁在朋比为党呢？

李德裕一连串的反问，让李宗闵一时间大为惊讶，虽然两党明争暗斗很多年，但在皇帝面前让对方如此尴尬还尚属首次，李宗闵当然不会知道，李德裕已经运用自己的手段，让皇帝李昂不自觉地站到了他这一边。

惊讶之下的李宗闵一时间语塞，而在皇帝李昂看来，李宗闵显然是被李德裕说到了要害。所以，在这次对话的三天后，李昂再次下令外贬李宗闵的另一个心腹萧浣为郑州刺史，至此李宗闵一党的核心成员全部被排挤出朝廷。

把持朝政多年的牛党瞬间土崩瓦解，这完全出乎李宗闵的意料之外，甚至他都没来得及组织反击便被李德裕踩在了脚下。更让他想不到的是，仅仅半年后，皇帝陛下会如此快刀斩乱麻地将他本人也进行了外调，职位是山南西道节度使。虽然皇帝陛下保留了他同平章事的头衔，这次不算是被贬，但显然自己实际上也被排挤出了朝廷。

随着李宗闵的外调，以李德裕为核心的"李党"终于在八年后东山再起。然而好景不长的是，在李德裕威风八面地把持朝政时，牛李两党之外的第三股势力开始兴起，其代表人物是时任昭义节度副使的郑注。

郑注，绛州翼城人，出身寒微，以行医结交于京城长安权贵之间，本姓"鱼"，冒称"郑"姓，时人称之为"鱼郑"，后来受宠当政后，人们背后送他绰号"水族"。

郑注身材瘦小，两眼近视，但却能善解人意，巧言献媚。元和十三年（818年），李愬担任襄阳节度使的时候，郑注因为给李愬看病且效果不错而得到李愬的宠信，后来郑注又跟随李愬移镇徐州，凡是军政大事，李愬都和郑注商议。依靠李愬的宠信，郑注在军中作威作福，军中将士对他十分厌恶。当时的宦官监军王守澄将人人厌恶郑注的情况告诉了李愬，并希望李愬能够驱逐郑注。对于王守澄的建议，李愬只是笑了笑，告诉他可以和郑注谈一谈，只要谈过后，王守澄就会立即改变想法。

带着一丝好奇心，王守澄听从了李愬的建议，和郑注长谈了一番，正是这次交谈，改变了王守澄先前对郑注的印象。郑注思路敏捷，言辞机辩，给王守澄留下了深刻的印象，也正是这次长谈后，郑注同样得到了王守澄的器重。后来王守澄回到京城担任枢密使，郑注跟着他一同回到了京城，并因为王守澄的推荐而受到穆宗李恒的器重。

不过，郑注为人阴险狡诈，在朝廷中也受到很多人的非议。李昂即位后昭义节度使刘从谏就认为郑注这个人不靠谱，请求朝廷任命郑注为昭义行军司马，进而将其置于自己的监视之下。不过，郑注刚刚到任一个月，李昂便因为中风而病倒，王守澄利用这个机会向李昂推荐郑注为他行医。这样郑注重新回到宫中为皇帝陛下看病。经过一段时间的调养，李昂的病情大为好转，这也使得郑注受到了李昂的高度信任，自此之后，郑注便开始青云直上。

关于郑注的事情我们在后边的甘露之变中还要讲到，这里暂不赘述。

现在我们要说一说这个才思敏捷且为人阴险狡诈的人是如何扳倒牛李两党魁首的。

郑注因为给皇帝陛下看病有功，被李昂升职为昭义节度副使，不久在王守澄的帮助，郑注被李昂重新召回朝廷。当时因为李德裕排挤牛党后，也同样形成自己一党独大的局面，而且不将具有拥立之功的王守澄放在眼里，因而遭到其嫉恨。

郑注回到京城后，王守澄将对李德裕的厌恶之情告诉了他，于是为了增强对抗李德裕的力量，他们决定说服皇帝陛下重新召回和李德裕水火不容的李宗闵。

大和八年（834年）九月十四日，在王守澄和郑注的一再建议下，李昂诏令李宗闵回到长安，十月十四日任命其为中书侍郎、同平章事，并迫于王、郑二人的压力，命李德裕以同平章事的头衔充任山南西道节度使。

对于这突如其来的对调任命，李德裕和李宗闵先前一样，都不知道皇帝陛下为什么会在如此短的时间内会有此任命。李德裕是个坚韧之人，得到任命状后，他决定面见皇帝李昂，请求留在朝廷。

史书上没有记载李德裕究竟和皇帝李昂说了些什么，但最终结果是李昂同意了李德裕的请求，任命他以同平章事的身份兼任兵部尚书。可就在李德裕刚刚欢天喜地地离开朝堂时，李宗闵就来到皇帝李昂这里表示不满，他的理由是，任命李德裕的诏书已经下达，不能因为个人不愿意去任职就改变朝廷的决定，那样一来会使得朝廷政令不通。

李宗闵的话说得句句在理，让李昂一时间语塞，不得以他只得再次改变主意，任命李德裕为镇海节度使，并且为了显示朝廷的权威，不再给予李德裕同平章事的头衔。

据《资治通鉴》记载，当时李德裕和李宗闵双方在朝廷内各自结党，互相支持同党排挤异党，在朝廷内形成水火不容之势。李昂为此大伤脑筋并深为忧虑，他曾想过将牛李两党的所有人全部排挤出朝廷，但无情的现实告诉他，如果人都走了，就无人能为这个帝国干活出力了。

“消灭河朔三镇的叛贼还算比较容易，但消除朝廷的朋党实在是太难了。”面对牛李两党的互相明争暗斗，李昂无奈地发出了一声叹息。事实证明，当时的朝廷除了牛李党争之外，还有让他更为头疼的事情，那就是宦官专权。和牛李党争相比，李昂最迫切想解决的就是宦官专权，因为其危害远比牛李党争要大。可是李昂一定想不到，在解决宦官专权的道路上，他却为此付出了惨重的代价。

# 第八章
# 甘露之变

宦官专权是唐朝中后期的三大祸患之一，清代史学家赵翼在《廿二史札记》中指出："东汉及前明宦官之祸烈矣，然犹窃主权以肆虐天下，至唐则宦官之权反在人主之上，立君、弑君、废君如同儿戏，实古来未有之变也。"

李昂是宦官王守澄等人拥立即位的，所以经常受到王守澄的钳制。而李昂和他的父兄不同，他是一个力争有所作为的皇帝，兄长敬宗李湛被宦官弑杀，始终在李昂心中存有阴影。从即位开始，李昂就一直谋划解决宦官专权的问题，终于在大和九年（835 年），爆发了由李昂一手策划的甘露之变，表面看上去这场血流成河的斗争具有突发性，但事实上早在大和五年（831 年），这场政变就已经出现征兆，这就是宋申锡蒙冤事件。

## 前奏

宋申锡，子庆臣，少时家境孤贫，进士及第后多次被节度使府聘用。长庆二年（822 年）被提拔为起居舍人，宝历二年（826 年）改任礼部员外郎，不久又担任翰林侍讲学士，在当时朝廷党争大兴之时，宋申锡却在朝廷中清正廉洁，从不参与党争。

李昂即位后，宋申锡担任户部郎中、知制诰。大和二年（828 年），被正式任命为中书舍人，后来任为翰林学士。李昂经常忧虑宦官的权势过于强盛，而且不甘心受到一群家奴的钳制，总想物色一个合适的大臣，与之商议诛除宦官的大计。可是当时朝臣们“非牛即李”，所以李昂还是决定从内廷寻找合适的人选，看来看去他觉得只有清正廉明的宋申锡最适合。

大和四年（830 年）七月，李昂任命宋申锡为同中书门下平章事，将他招进了宰相班子，并立即和他商讨诛除宦官事宜。按说如此机密事宜，宋申锡本应该守口如瓶才对，可是他为了帮助李昂联合更多的人，将皇帝想要诛除宦官的事告诉了时任吏部侍郎的好友王璠。可是宋申锡并不知道，王璠除了是自己的好友之外，和郑注的关系也是不错的，而且当时郑注极为受宠，处于一种投机心理，王璠将诛除宦官的消息告诉了郑注。

最终的结果就是王守澄得到了消息，于是他和郑注密谋，决定先发制人，让神策军都虞候豆卢著诬告宋申锡谋立李昂的弟弟漳王李凑。他们宣称十六宅宫官员晏敬则、朝官朱训和宋申锡的心腹官员王师文图谋不轨，朱训告诉王师文皇帝多病，太子年幼，如果出现意外情况应该遵循兄终弟及的礼法，立漳王李凑为皇帝。

为了使皇帝李昂能够相信，他们设计了具体场景，说王师文送给朱训绢布八百匹，而晏敬则从十六宅宫拿出漳王李凑的吴绫汗衫一件，熟绫线一匹作为对宋申锡的报答。

王守澄和郑注等人的谋划十分严密，一直到大和五年（831 年）二月，王守澄才将诬告宋申锡的奏状报告给李昂。李昂看完后顿时十分恼怒，当即命令王守澄展开调查。事实上，王守澄正是利用了李昂身为皇帝权威不容任何人侵犯的自尊心理，将李昂玩弄于股掌之间。

有了皇帝陛下的诏令，王守澄随即开始发挥，他准备二百名骑兵去突袭宋申锡的官邸，意图杀掉其全家灭口。可是这个想法遭到了时任飞龙厩使的另一名宦官马存亮的反对，虽然马存亮不知道事情的原委，但他一再劝阻王守澄不要妄开杀戒。因为宋申锡的罪名尚不明朗，而且皇帝陛下也仅仅是让他先调查这件事情，擅杀宰相是要引起众怒的，一旦引发动乱，后果不堪设想，至少应该先和其他几位宰相商议后再做决定。

王守澄经过慎重的考虑后采纳了马存亮的建议，暂时放弃了诛杀宋申锡的想法。可是皇帝李昂的行动却快如闪电，在王守澄奏状送上来的三天后，李昂在朝会之后在延英殿召见宰相班子成员议事，名单中唯独没有宋申锡的名字。宋申锡经过多方询问，才知道自己被王守澄告了一状，于是他眼望延英殿，手执笏板叩头后回到了家中。

宰相李宗闵、牛僧孺、路隋等人进到延英殿后，李昂第一件事就是将王守澄的奏状让他们看。结果宰相们大吃一惊，但因为宋申锡日常为人清廉正直，所以宰相们力劝李昂，希望能够慎重查明，才能为宋申锡定罪。

可是李昂当时没有听进去宰相们的建议，他命令王守澄首先逮捕晏敬则、朱训和王师文等人，然后于三月二日，又下令革除宋申锡的宰相职务，改任太子右庶子的闲职。看到皇帝陛下愤怒至极，当时从宰相到满朝官员，几乎没有人敢上疏为宋申锡申辩，只有京兆尹崔管、大理卿王正雅接连上疏，请求将此案依法交由御史台审核。崔、王二人提出的请求符合制度，所以李昂同意了他们的请求。可是就在御史台准备接过这个案子时，晏敬则等人因为在狱中遭受酷刑而被屈打成招，承认宋申锡的案子全部属实。

晏敬则等人的认罪，等于宣告崔、王二人的努力前功尽弃。在审讯结束后，李昂特意召集太子太师、太子太保以下的官员，以及御史台、中书门下尚书三省、大理寺的官员当面询问审讯的情况，准备对宋申锡予以最终定罪。当时左常侍崔玄亮，给事中李固言，谏议大夫王质，补阙卢钧、裴休、韦温等内臣再次请求在延英殿面见皇帝李昂，恳求李昂能够将案子交给御史台审理。可是，李昂当时只相信晏敬则等人的认罪书，他告诉这些内臣这件事已经和朝臣们商议过，不希望他们这些内臣再多言。

面对皇帝李昂如此坚决的态度，很多内臣们开始退出，可是左常侍崔玄亮依旧不甘心，他一边给李昂不断叩头，一边流着眼泪说道：

“陛下！孟子说过，众人皆言可杀之人，尚不可以杀；卿大夫都说可杀，尚不可以杀；天下所有人都说可杀，然后还要再进行调查，才可以依法惩处。现在是至圣的朝代，杀掉一个普通百姓，还必须要符合国家的法律，何况杀掉一个无辜的宰相啊！臣为陛下珍惜天下之法，而绝对不是在为宋申锡辩护。”

崔玄亮说到最后，已经是声泪俱下。

面对崔玄亮的执意进谏，李昂稍稍缓解了些怒气，他让崔玄亮先回去，表示自己会和宰相们再商量一下。

送走了一班内臣，李昂又召来宰相们，对宋申锡的案子继续征求意见，牛僧孺站出来说道：

“作为臣子，地位最高不过宰相，现在宋申锡已经官居宰相，假如他真想拥立漳王而谋反，那么他能够得到什么呢？臣认为宋申锡绝不会傻到这种地步。”

牛僧孺虽然不像崔玄亮情绪那么激动，但说的话却是从人之情理、行为动机等方面委婉地劝说李昂，进而让皇帝陛下能够有所醒悟。牛僧孺的话让王守澄、郑注等人开始忌惮，他们担心一旦这个案子交由御史台核查，他们的阴谋肯定会败露，所以王守澄和郑注劝李昂尽快结案，只要将主要案犯李凑和宋申锡外贬即可。

大和五年（831 年）三月五日，李昂诏令贬漳王李凑为巢县公，贬宋申锡为开州司马，而晏敬则等人因宋申锡一案牵连而被判处死刑或者流放者将近百人，飞龙厩使马存亮虽然无力援救宋申锡等人，但当天提出辞职以示抗议，至此宋申锡谋反一案宣告结案。

宋申锡，一个正直清廉、洁身自好之人，却因为交友不慎和口无遮拦而惨遭诬陷，最终被贬，并于大和七年（833 年）七月郁郁而终于贬所之内，让世人为之叹息。

不过，虽然当时宋申锡的案子宣告终结，但因为这个案子所产生的辐射事件却没有结束。在甘露之变发生的一年后，即开成元年（836 年），宰相李石上奏李昂，认为宰相宋申锡忠厚正直，却被诬陷以至贬死于荒远的边地，至今未平反昭雪。当时李昂听后低头不语，沉默了很久，然后流着眼泪说道：

“这件事情我很早就已经知道宋申锡是被冤枉的，当时奸臣逼迫我，我从国家利益大局出发，连自己的亲兄弟李凑几乎都保护不了，何况宋申锡呢？最后也就是仅仅保全了他的性命而已，当时不仅宦官诬陷宋申锡，外廷百官中也有帮助宦官的人，这个冤案都是由于朕不贤明所造成的，假如宋申锡遇到汉昭帝，肯定不会如此冤枉而死。”

从李昂的话中我们可以得知两个信息，一个是李昂至少在贬黜宋申锡后已经知道自己被王守澄所忽悠，同时也说明当时宦官专权是多么严重；二是李昂对宋申锡的死十分后悔。

或许从那个时候起，李昂就产生了以武力解决宦官专权问题的想法，这既是为宋申锡报仇，也是为了夺回属于自己的权力，所以说宋申锡蒙冤事件是一个征兆，更是一个导火索，它直接导致了大和九年（835年）甘露之变的发生。

## 郑李策划

宋申锡被贬官后，以王守澄为核心的宦官集团更加骄横。李昂虽然表面上依旧姑息他们，但内心已经愤怒到不能容忍的地步，当时几乎没有人能够看穿李昂的心思，只有郑注和时任兵部郎中的李训揣摩了解了李昂的心思。

李训原名李仲言，肃宗李亨在位时宰相李揆的族孙，才思敏捷，善揣人意，因郑注的推荐而得到皇帝李昂的赏识。

李训摸透李昂除掉宦官的想法后，多次利用进宫给李昂讲解经典的机会，用敏感的词汇试探打动李昂的心意，暗示他应尽早诛除宦官之事。

对于李训的暗示，李昂并没有轻易外露自己的想法，他利用一次在蓬莱殿看书的机会，召李训问对，通过那次问对，他看出李训不仅反应敏捷，才能出众，而且是一个可以信赖的人，所以他将诛除宦官的想法告诉了李训。而对于郑注，虽然他是因王守澄推荐而进入朝廷，但郑注是个投机分子，看到皇帝有心除掉宦官，他义无反顾地站到了皇帝这边。

所以郑注和李训两个人因为李昂的目标而结成了联盟。

据史料记载，当时李训和郑注以协助皇帝李昂诛除宦官为己任，两个人互相依赖，昼夜商议对策，所提出的建议李昂无不采纳。为了掩人耳目，两个人有时故意休假在家，招揽宾客上门，接受他们的贿赂，外人只知道他们是依靠宦官才大红大紫，却万万没有想到他们会成为皇帝诛除宦官的马前卒。

李训和郑注为皇帝李昂拟定了治国平天下的大计，首先是清除宦官；其次出兵收复西部河湟地区；最后扫荡割据河北的藩镇。对于第一步清除宦官，郑注和李训认为，宦官集团内部并非铁板一块，应该利用宦官之间的矛盾，进行分化瓦解，甚至是以毒攻毒，最终达到各个击破的目的，为了实现这个目标，他们选中了与王守澄一向不和的右领军将军宦官仇士良。

当初李昂被拥立为皇帝，仇士良也是出过力，有一定功劳的，可是因为身份低于王守澄，所以经常受到王守澄的压制，两个人从此结怨。郑注和李训正是看中这一点，所以他们首先建议李昂提拔仇士良的官职。于是在大和九年（835 年）五月二十一日，李昂任命仇士良为左神策军护军中尉。

得知仇士良升职后，王守澄表现出不高兴。郑注和李训两个人察觉出王守澄的态度后，第二步采取迷惑的策略，建议李昂外贬与王守澄争权夺利的左神策军护军中尉韦元素，枢密使杨承和、王践言。李昂全部照办，不久又以当年诬陷宋申锡的罪名，将三个人全部赐死。

前边我们说过，为宪宗李纯之死，李昂后来将宦官陈弘志杖杀，这其中除了有为祖父李纯报仇的意图，同时也是为了在稳住王守澄的同时，分化瓦解其势力的一种手段。

王守澄或许不会想到，权倾一时的他居然很快会栽在自己亲手提拔的两个人身上。

在郑注和李训的建议下，大和九年（835 年）九月二十六日，李昂任命右神策军护军中尉、行右卫上将军、知内侍王守澄为左右神策军观容使兼十二卫统军。表面看起来新任官职要比原来的官职高很多，事实上新提拔的官职只是荣誉性的最高军职，等于将其架空，削夺了他的实权。

最关键的是，郑注和李训让李昂不要给王守澄任何喘息的机会，他们选中仇士良和宦官李好古作为宣读诏书的使者，带兵前往王守澄的府邸，同时带去的还有一瓶毒酒。

面对仇士良带来的神策军，王守澄来不及采取任何措施保护自己，只得饮下皇帝陛下赐给自己的毒酒。王守澄死后，李昂追赠其为扬州大都督，算是对他当年拥立自己的一点回报。

当初，李训和郑注都是因为依靠王守澄的提拔栽培而荣登高位，结果王守澄竟死在两个人的手上。虽然朝廷百官对王守澄的死而拍手称快，但同时也对李、郑二人的阴险狡诈和忘恩负义而产生憎恨。

对于李训和郑注来讲，顺利扳倒王守澄既是帮助皇帝李昂铲除元和末年谋害宪宗李纯的叛逆宦官，同时也是彻底削除宦官专权的一个重要步骤。随着王守澄饮下那杯毒酒，李、郑二人算是旗开得胜，但两个人深知除掉王守澄仅仅是个开始，为了进一步打击宦官势力，将宦官集团一网打尽，两个人与皇帝李昂密谋发动一场更大规模的诛除宦官行动，而先前为两个人出过力的仇士良则是他们的下一个目标。

为了统一朝廷百官反对宦官的力量，李昂决定全力支持和依靠李、郑二人作为核心，不过，李昂也明白，接下来要谋划更大的行动仅仅依靠李、郑二人是远远不够的。因此在他的支持下，李训和郑注又迅速拉拢了一批朝官，作为诛除宦官的骨干力量，其中包括尚书右丞王璠、京兆尹贾悚、著作郎舒元舆、御史中丞李孝本、大理寺卿郭行余等人。

在联合诸多人以及经过一段时间的密谋后，李昂开始将诛除宦官的行动付诸实施。

大和九年（835年）十一月二十一日，李昂在紫宸殿召见百官议事。就在百官刚刚列队站定后，左金吾卫大将军韩约没有例行奏报平安，相反却奏报说昨晚在左金吾卫衙门后院的石榴上天降甘露，是吉祥的征兆，如果不是皇帝陛下圣德感动上天，不会降下甘露。

当时李训和舒元舆等人力劝李昂立即亲自前往观看，以便承受上天所赐予的祥瑞，李昂欣然同意，并前往含元殿升朝。然后他让李训和诸位宰相先行前往查看，过了很长时间后，李训和宰相们回来宣称看到的似乎不是真正的甘露，不应该匆忙对外宣布这件事，否则恐怕臣民就会向陛下祝贺。

李昂听完后表现出大吃一惊的样子，他随即命令左、右神策军护军中尉仇士良、鱼弘志带领宦官们再次前往左金吾卫府后院查看。

事实上，这次查看甘露是李昂和李训、郑注二人谋划的结果，他们故意派仇、鱼二人去查看甘露，是准备让韩约在自己的府邸袭杀仇、鱼二人。

仇、鱼二人带着宦官离开后，李训急忙召集郭行余、王璠等朝臣，让他们听从皇帝李昂的安排，这些朝臣们因为知道马上要发生大事件，全都紧张得两腿发抖。李训和郑注事先召集了几百名亲兵在殿外埋伏，可是朝臣中只有王璠的河东兵赶来，而郭行余的邠宁兵竟然没来。从这个细节可以看出，李训和郑注两个人的谋划或许十分精细，但对参与事变人员的思想工作显然没有做好，所以为甘露之变的失败埋下了伏笔。

仇士良率领众宦官到左金吾后院去查看甘露，正好遇见左金吾卫韩约。或许是因为情绪高度紧张，韩约看见仇、鱼二人的时候，脸色变得惨白而且汗流满面，当时仇士良觉得甚是奇怪，于是开口问韩约道：

“韩将军，你没什么事情吧？为什么脸色这么难看？”

“没……没……没什么！”

韩约的回答十分勉强，就在话音刚落的时候，一阵大风将院中的帐幕吹起来，仇士良发现里面竟然藏着很多手拿武器的士兵，而且又听到武器互相碰撞的声音，仇士良敏锐地意识到可能要对自己不利。

“快走！”仇士良当即大喝一声，急忙带领众宦官准备向外退去。守门的士兵正要关门，听到仇士良一声大喝，吓得没有将门关上。仇士良等人就是利用这个瞬间机会冲出门外，向皇帝李昂所在的宫殿奔去。

“陛下！宫里要发生叛乱了，情况紧急，请陛下赶快回后宫！”仇士良见到皇帝李昂后，气喘吁吁地说道，显然此时他还没有想到，要杀自己的人就是这个端坐在宝座上的人。

没等李昂有所反应，仇士良便让宦官簇拥起李昂，将他架出宫，即刻向北奔去。

“不要走！臣还有事情没有奏完，请陛下留步！”李训眼看宦官挟持皇帝在手，立即高喊一声，试图阻止仇士良。

“你们在宫中私藏士兵，难道想要谋反吗？”仇士良呵斥李训说道。

“朕知道李训不可能谋反！”李昂当即想为李训开脱。

可是仇士良当时根本不听，一个箭步上去，将李训一把推倒在地。随后，李训从靴子里拔出匕首向仇士良刺去。仇士良身边的宦官眼疾手快，一把将仇士良推开。正在此时，司农寺卿罗立言带领京兆府担任巡逻任务的三百名士兵从东面赶来，御史中丞李孝本带领御史台随从二百多人多西面赶来，双方会同金吾卫士卒，一同进入大殿袭杀宦官。当时宦官们面对皇帝李昂高喊冤枉，可是士兵们对着宦官们一同乱砍，霎时间血流满地，死伤数十人。

仇士良见状让身边的宦官死死抓住皇帝李昂不放，因为他知道只要皇帝在手，士兵们是不敢靠近的，他就是靠这种方法在一片刀光剑影中居然跑了出来，带着几个宦官，簇拥李昂的软轿急往宣政门奔去。

李训当即带着士兵在后边追赶。宦官们的脚力毕竟不如士兵，在距离宣政门不到200米的时候，李训带着士兵追上宦官，拉住李昂的软轿不放，大声呼喊停下。宦官郗志荣颇有勇力，趁李训不备，挥拳猛击其胸口，李训一头栽倒在地。仇士良利用这个机会让宦官抬着李昂进入宣政门，等李训挣扎站起身的时候，宣政门已经关闭。

随着宣政门的关闭，意味着此次诛除宦官的行动已经失败，接下来仇士良开始组织反击。

## 血染朝廷

就在李训等人追逐宦官前往宣政门的时候，身在含元殿上的文武百官看到眼前的突发事变全都目瞪口呆、不知所措，接着便四散逃去。李训眼见着宦官挟持皇帝进入宣政门，知道大势已去，只得寻找脱身方法，急忙换上随从官吏的绿色衣衫，骑马奔出宫门而逃，郭行余、王璠、罗立言、李孝本等人也都树倒猢狲散式地四散奔逃。

宰相王涯和贾竦本来没有参与李训的密谋，在看到含元殿中发生的事变后，一时间摸不着头绪，仓促回到中书省静候消息。宰相舒元舆同样回到中书省，然后寻找王涯和贾竦商议对策，可是他们不知道皇帝李昂会是什么态度，所以所能做的只能是等待。

仇士良等宦官抬着李昂进入宣政门后忽然明白，原来皇帝才是这次事变的主谋，顿时怒不可遏，他出言质问李昂，搞得李昂十分尴尬和狼狈，既羞愧又惧怕。仇士良当即命令左右神策军副使刘伦泰、魏仲卿各自带领500名禁军士兵，持刀露刃从宣政门内冲出，然后逢人便杀。

此时宰相们正要在政事堂吃午饭，忽然听到有人前来报告，说一大群禁军士兵挥舞刀剑从宣政门内冲出，见人便杀，希望宰相们能够赶快找地方躲一躲。舒元舆闻讯立即拔腿就跑，王涯和贾竦也来不及骑马便狼狈逃出政事堂，紧接着中书、门下两省的官员和金吾卫士卒共计一千余人争先恐后地逃命，没过多久大门便被关闭，来不及逃出去的六百多名官员全被神策军杀死。仇士良大开杀戒后又下令关闭所有皇城大门，搜查南衙各司，逮捕贼党。各司的官员和担任警卫的士卒，以及正巧在城里的商贩又共计一千多人全部被杀，各司的印信、图书和户籍档案、衙门的帷幕和相关办公物品全部被毁。

舒元舆、王涯、李孝本等人在逃跑的过程中被抓到囚禁在神策军总部，王涯当时已经是70多岁了，受不住神策军士兵的严刑逼供，结果被屈打成招，说自己参与反叛，是为了拥立郑注登基。

十一月二十二日，文武百官进宫早朝，直等到太阳出来时，大明宫右侧的建福门才徐徐打开，宫中太监传话说，百官每人只准带一名随从进门。百官进入建福门时，禁军手持刀枪、夹道而立，到了宣政门时大门还没有打开。由于没有宰相和御史大夫的率领，百官队伍秩序混乱，不能排列就位，李昂在仇士良等宦官的簇拥下，登上紫宸殿升朝，他放眼望去，忽然发现朝官中不见宰相和御史大夫们的身影，急忙询问是何原因。

仇士良告诉李昂是王涯等人谋反，现在已被逮捕入狱，随后又将王涯的供词呈上。李昂让左仆射令狐楚、右仆射郑覃仔细查验供词是否是王涯的亲手笔记，两位仆射经过仔细查看后表示认同，最终李昂命令令狐楚起草诏书，将平定李训、王涯等人叛乱的经过昭示朝廷。

事实上，无论是李昂还是仇士良，全都明白事情的来龙去脉，作为李昂此刻需要保全自己，他必须弃车保帅，实属无奈之举。而站在仇士良的角度来看，虽然他也明白皇帝才是甘露之变的幕后主使，但他不能连同皇帝一同除掉，因为那样一来将会引起众怒。而且仇士良十分清楚当年谋害宪宗李纯的宦官的下场，所以只能让那些朝臣充当替罪羊，这是李昂和仇士良之间寻找的契合点，所以那些参与政变的朝臣们只能充当牺牲品。

皇帝和宦官已经悄然达成默契，但谋划政变的核心人员李训，此刻却正在逃亡的路上，他见诛除宦官行动失败后，从宫中逃出，前往终南山避难。因为他素来与终南山僧人宗密关系密切，所以前去投奔。当时宗密准备为李训剃度，让他装扮成和尚躲藏在寺院中，但宗密的徒弟们并不同意，认为私藏罪犯必将招致大祸。

李训无奈之下只得离开终南山，打算前往凤翔投奔郑注，可是在半路上被樗厔县镇遏使宋楚抓获，并派人押送至京城。当走到昆明池时，李训感到大势已去，恐怕到了京城后会像王涯那样遭受刑讯逼供和羞辱，所以告诉押送自己的人不要被神策军抢了功劳，应立即割下自己的首级送往京城，最终押解他的人听从了他的建议，甘露之变的谋划核心人员就这样凄惨地死在半路上。

现在参与甘露之变谋划的核心人员只剩下郑注。在这场政变计划中，李训是负责在朝廷内发动突袭，而郑注则是在外进行接应，具体就是郑注按照事变的约定时间，带领500名亲兵从凤翔出发直奔京城接应，可是刚刚走到扶风时，李训发动的政变已经失败，扶风县令韩辽得到消息，所以拒绝让郑注进入。郑注知道李训失败后，立即带兵折回凤翔，准备筹划下一步该何去何从。

可是仇士良并没有给郑注任何喘息的机会，他派人携带皇帝李昂的密旨，交给凤翔监军张仲清，让他迅速除掉郑注。张仲清得到命令后惊慌得不知所措，他的部将李叔和建议他用好言安抚郑注，使其放松警惕，然后以设宴款待郑注为名，在席间将其杀死。

郑注在撤回凤翔后，其部将魏弘节力劝他要除掉监军张仲清，毕竟他这个监军是宦官派来的，可是郑注仰仗自己有亲兵的保护没有听从，现在张仲清又好言安慰自己，这让郑注大为感动。于是，面对张仲清设宴款待的盛情邀请，郑注决定前往赴宴。

不过郑注一定想不到，这会是一场鸿门宴。

当郑注带着亲兵来到张仲清所在的监军使院时，李叔和将郑注带来的亲兵留在门外予以款待，只有郑注和几个随从进入监军使院。张仲清迎接郑注进入客厅后显得格外殷勤，宾主落座后开始交谈，双方交谈甚欢时李叔和藏刀入厅，绕到郑注背后，抢前一步，挥刀猛砍，只听“嗖”的一声，郑注当场人头落地，紧接着在李叔和的组织下，对郑注带来的亲兵大开杀戒，并同时前往郑注的府衙将其全家老小全部杀死。

十一月二十七日，张仲清派李叔和将郑注的首级送到仇士良那里。仇士良看到郑注的首级后，强迫李昂下诏剥夺郑注的所有官职和爵位，并宣布戒严京城，命令与凤翔相邻的泾原、鄜坊节度使王茂元、萧弘紧急戒备，密切注视凤翔城中的动静，以防不测，同时任命左神策大将军陈君奕为凤翔节度使。

随着郑注的被杀，发动以及参与甘露之变的核心成员全部被宦官一网打尽，残酷屠杀。在仇士良的逼迫下，李昂被迫下诏，凡讨伐贼党的有功禁军将士以及追捕逃亡贼党的有功人员，依据功劳大小，授予官爵和赏赐财物。仇士良、鱼弘志等有功的宦官，依据功劳大小升迁官位和品级。自此之后，朝政大事都由“北司”的宦官决定，而“南衙”的宰相只是照发公文。

甘露之变失败后，以仇士良为核心的宦官集团更加盛气凌人，对上胁迫天子，对下欺压百官，而皇帝李昂已是如木偶一般，能够保全性命已是万幸。每次李昂召集百官在延英殿议事时，仇士良、鱼弘志等宦官动不动就拿李训、郑注谋反的事情来羞辱李昂和诸位宰相，让在场的人很是尴尬。

据《新唐书·仇士良传》记载，甘露之变后，仇士良和鱼弘志曾经有意废掉李昂另立新君，但因为以郑覃、李石为代表的朝官坚决抵制和以昭义节度使刘从谏为代表的藩镇表示公开反对，使得仇士良和鱼弘志很是顾忌，所以他们的阴谋未能得逞。

但是对于李昂来讲，虽然甘露之变后他依然端坐在那个宝座上，但他的心灵已经受到严重的创伤。李训、郑注虽然不是什么君子，但他们协助自己诛除宦官，而自己却在关键时刻保护不了他们，这让李昂内疚不已。

事实上，李昂是个具有双重人格的皇帝，一方面他不甘心受家奴宦官的钳制而立志诛除宦官；另一方面他的性格和经历又让他在关键时刻缺少和宦官集团坚决斗争的勇气，所以史家对他的评价是有帝王之道，却无帝王之才。

无论怎样，甘露之变其实是李昂重振李唐皇室权威的一个绝好机会，机会失去了便不再回来。虽然在此之后李昂也有过诛杀仇士良和鱼弘志的想法，但局势告诉他，想要做到这一点已经不再可能，留在他面前的是一个只能维持的残局而已。

## 国储之争

甘露之变的失败让李昂有些一蹶不振，但作为一个皇帝，他需要处理的事情还有很多，最重要的问题当属册立继承人的问题。因为有了甘露之变失败的教训，所以他在册立继承人的问题上显得尤为谨慎。

李昂生有二子，长子李永，次子李宗检。早在李昂即位之初，就有大臣上疏请求册立长子李永为皇太子，以早定国储。但李昂当时以登上皇位是受之于兄长为名，所以在册立皇太子的问题上，首先考虑在敬宗李湛诸子中物色，从李昂的做法来看，明显有还位于长兄一系的意思，他本想册立敬宗李湛的长子李普为皇太子，可是李普却在大和二年（828 年）六月夭折，当时年仅 5 岁。李昂因为这件事悲痛不已，很多天没有上朝，甚至在很长时间没有提过册立储君一事。

一直到大和六年（832 年），册立储君事宜才被重新提起。当时李永被封为鲁王，已经到了开蒙读书的年龄，李昂知道皇子读书事关重大，所以躬亲顾问，十分注意选拔那些既饱读诗书、有真才实学，又品德高尚、堪为师表的人来辅佐李永。

此时李永的身边已经有了一位王傅（辅导皇子读书的官员名称），名字叫元亮。他本是小吏出身，事实上没读过几天书，于经史子集更是一无所知，在皇帝李昂召对时，完全不能回答皇帝陛下提出的问题，所以被李昂毫不犹豫地解除了职务。

李昂由此开始重视为皇子选拔老师的问题。一次在延英殿与宰相的谈话中，他就认为鲁王李永天资聪颖，应该选择贤良的士大夫加以细心辅导，未来必成大器，坚决不可以再用元亮那样一问三不知的老师。为此李昂选中户部郎中庾敬休以本官兼任王傅，太常卿郑肃以本官兼任王傅长史，户部郎中李践方以本官兼王府司马，组成辅导团队共同加强对李永的教育工作。

从李昂如此重视为李永选拔老师可以看出，他不仅十分喜爱这个儿子，而且对其抱有很大的期望，所以在同年十月，李昂正式颁诏册立李永为皇太子，同时又任命朝官王起和陈夷行为侍读，专职负责太子李永读书事宜。

按说李昂成功解决了继承人问题，也算是完成了一项重要任务。但从当时的后宫形势来看，李永的太子之位并不稳固。其重要的原因在于李永的生母王德妃在李昂即位后渐渐失宠，取而代之得到李昂宠幸的是杨贤妃。

李永不是杨贤妃所生，现在当了太子，这在杨贤妃看来可不是件好事情，她知道李永未来一旦即位，是要孝敬自己亲妈的，而到时自己这个小妈只能是靠边站。所以当时她从一己之私利出发，屡次利用侍寝的机会在李昂面前进谗，中伤诋毁太子李永。

李昂是个具有双重性格的皇帝，既有刚强的一面，也有软弱的一面，性格的缺陷让他轻易罢免了宋申锡，更导致了甘露之变的失败，这一次在继承人问题上，他虽然慎之又慎，但他还是没有摆脱自身的缺陷，继续犯下错误。

在事关国本的重大问题上，李昂还是唯杨贤妃之言是听。终于在开成三年（838 年）九月，正式提出废黜皇太子李永，理由是李永宴游无度、荒废正业，所接近的多是奸邪小人。事实上此时的李永充其量不过十几岁的光景，说到底还是个稚气未脱的少年，放浪贪玩是完全有可能的，但要说为其定性为亲近奸邪小人，则有失偏颇。李昂如果给出这样的评价，等于是在否定他自己为李永配备的强有力的师资团队。

显然李昂给出李永如此偏颇的评价，这其中杨贤妃的进谗起了主要作用。针对废黜太子李永的问题，李昂特意在延英殿召集宰相及中书、门下两省、御史台五品以上、武将四品以上官员讨论。他列举了太子李永不循法度、亲昵小人等几条罪状，自己想要废掉李永，让大臣们充分进行讨论。

当时参加讨论的文武大臣都为皇帝李昂在废立储君问题上如此轻率而吃惊不已，纷纷以太子尚且年少，即使存在过失仍可开导教化为名，主张给他改过自新的机会，而且大臣们一致提醒李昂国本事重，不可轻动。

在所有朝臣中，要数御史中丞狄兼谟的进谏最为激烈，他涕泪交加，跪在朝堂上向李昂陈说轻动国本的危害，并不断叩头直到流血，搞得李昂无言以对，只好暂时答应再慎重考虑一下。而转天又有 6 名翰林学士和 16 名神策军使在朝堂外向李昂进谏，最终李昂无奈只得打消废黜太子李永的想法。

可是即使这样，李永的太子之位依然未能稳固，杨贤妃在此之后反而变本加厉对李永极尽谗毁之能事，而且她还煽动少阳院的乐官刘楚才、宫人张十十等人，唆使他们在皇帝李昂面前诋毁太子李永。

或许是因为经历险些被废事件让李永内心十分惊恐，也或是因为杨贤妃的谗言让李永在惊吓中度过每一天，开成三年（838 年）十月，李永在少阳院暴病而亡。至此，杨贤妃终于达到了扳倒李永的目的，李永死后被追赠为庄恪太子。

李永暴死后，朝臣们又陆续向李昂进言，恳请马上册立皇太子，可是杨贤妃借口李昂的次子李宗检年幼，建议李昂册立其弟安王李溶为皇太弟（穆宗李恒第八子），杨贤妃之所以推荐李溶，是因为李溶的母亲杨氏和她是同一家族的人。

针对这个建议，李昂征询时任宰相李珏的意见。李珏认为太子李永既然已死，与其册立弟弟为皇太子，不如册立侄子为宜。在李珏的建议下，李昂又将目光投向敬宗李湛诸子，最后选定了敬宗李湛第六子陈王李成美作为皇太子，并下令朝廷有关机构和官员做好择日、备礼等准备工作，吉日一到，就册立李成美为皇太子。

可是当时谁也不会想到，上天没有给李昂册立太子的机会，而且就是因为这件事居然会成为未来的皇帝人选产生变故的导火索。

在大臣们准备册立李成美太子事宜期间，有一天，李昂在会宁殿宴请大臣，席间有杂技演员为之表演助兴。当一个小演员在长竿上表演时，李昂看见竿下有一个中年男子盯着小演员往来奔走，脸上同时不无惊恐之色。当时，李昂觉得很是奇怪，便问左右人到底是什么原因，一个小宦官告诉李昂中年男子是小演员的父亲，担心孩子在表演中出现意外，所以惊恐进而奔走保护孩子。

当时李昂听完后不禁长叹一声，刹那间他想到了死去的太子李永。虽然因为杨贤妃的原因，李昂对李永已经产生憎恶，但毕竟是血浓于水，李昂当时对李永之死颇有追悔之意，尤其是当他想到李永暴病而亡都没来得及和自己说上一句话时，他再也抑制不住自己的悲痛，不由得潸然泪下。他悲咽地说自己贵为天下之主，居然连自己的儿子都保护不了，实在让人悲叹。李昂一怒之下将在自己面前诋毁李永的刘楚才和张十十等人全部斩首，以告慰李永的在天之灵。

但即使李昂已经由衷地忏悔，却依然摆脱不了李永暴病而亡的阴影，也就是在那次会宁殿宴请群臣之后，李昂因为思念李永感伤抑郁而患病在床。开成四年（839 年）十二月十三日，李昂最后一次在延英殿接见群臣。开成五年（840 年）正月一日，李昂因为病情加重不得不取消新年的群臣朝贺典礼。

正月二日，已经病入膏肓、大限即将到来的李昂在弥留之际，急召枢密使宦官刘弘逸、薛季棱，以及宰相李珏和杨嗣复入宫，让他们奉迎还未来得及册立为皇太子的李成美监国。

事实上，在李昂病重之际，把持禁军神策军统帅权的仇士良和鱼弘志一直在暗中秘密谋划，希望能够改变李昂既定的皇位继承格局。他们是不希望李成美成为皇帝的，因为李成美一旦即位，宰相李珏、杨嗣复和宦官刘弘逸、薛季棱等人是具有拥立之功的，这样一来，仇士良和鱼弘志不免会受到冷落。

因此，仇士良和鱼弘志便决心以他们手中掌握的神策军为后盾，力图使皇帝李昂身后的皇位继承事宜向着有利于自己一派的方向转变。

就在李珏等人准备奉诏迎接李成美入宫之时，仇士良、鱼弘志率领神策军迅速闯入李昂的寝殿，拦住李珏等人后，仇士良冷冷地说道：

“陈王年龄尚小，而且体弱多病，难以肩负军国重任，需要另立皇太子才是。”

“皇太子之位是陛下诏可的，早定于数月之前，怎么能说变就变？”李珏当即争辩道。

“陛下诏可的人选，未必就是合适的人选，不然的话先太子李永也不会含冤死去。”面对李珏的争辩，仇士良寸步不让，说完后他立即让神策军士兵将李昂的寝殿迅速封锁。

“没有我的命令，不许从这里放出去一个人。”

仇士良和鱼弘志当即伪造李昂的诏书，立颍王李瀍（穆宗李恒第五子）为皇太弟，紧接着仇士良留下鱼弘志看守寝殿，自己则带领五百名神策军士兵前往诸王府邸十六宅，迎接李瀍至少阳院，在东宫思贤殿接受了文武百官的朝拜。仇士良此举使李瀍强行完成了从宗室子弟向皇太弟身份的转变，使他具有了继承皇位的合法身份，同时也使自己拥有了在李瀍即位后获得拥立之功的荣耀。

开成五年（840 年）正月四日，李昂带着对李永的追悔之意，在大明宫太和殿与世长辞。按照仇士良伪造的李昂遗诏，27 岁的皇太弟李瀍在灵柩前继承皇位。

八月十七日，李昂被葬于章陵，庙号文宗。至此，这个有心杀贼却无力回天的皇帝，终于入土为安，留在他身后的朝廷依然是宦官专权和党争不已。

李瀍得到了皇帝之位，这对于他来讲实在出乎意料，不过这个 27 岁的帝王很快便进入角色，在即位伊始也如同先前的唐朝皇帝一样，颁布了例行的即位大赦令，以表示新天子的宽恕仁德，进而取得他所预期的天下向化、万民臣服的结果。不过，如果你认为李瀍是个仁慈的帝王那可是大错特错，事实上，他和哥哥文宗李昂是两种性格截然不同的人。李瀍即位十天后，为了巩固皇位以绝后患，下令将陈王李成美、安王李溶以及杨贤妃全部杀死，充分体现了他冷酷的一面。

# 第九章
# 权臣固政

## 李德裕复相

随着陈王李成美和安王李溶等人的被杀，在朝廷中担任宰相的牛党成员杨嗣复、李珏以及与牛党关系关系密切的枢密使刘弘逸、薛季棱等人全都失势，朝廷内取而代之，掌握朝政的是李党领袖李德裕。

开成五年（840 年）九月，李瀍将在淮南任上的李德裕召回朝廷，先是任命其为吏部尚书、同中书门下平章事，不久又兼门下侍郎，由此开始了李德裕独掌宰相大权的时期。值得一提的是，这一年李德裕 54 岁，当年他的父亲李吉甫出任淮南节度使时是 51 岁，后来应召入朝担任宰相也是 54 岁，被朝野视为奇异之事。

事实上，李瀍重新起用李德裕担任宰相，并不完全是因为李德裕具有真才实学，在很大程度上是因为牛党不拥立自己的政治原因。尽管如此，由于李德裕后来一系列出色的表现，例如，平定泽潞之乱、北征回鹘、会昌废佛等，使得他在李瀍在位时期一直身居宰相职位而没有变化。

对于重新回到朝廷的李德裕而言，现在自己得到皇帝陛下的信任，这个机会实在很难得，他利用李瀍对他的信任，首先要做的就是去掉长期让他如芒在背却始终未得妥善解决的心病，那就是设法删减《宪宗实录》中关于他父亲李吉甫的一些有碍名誉声望的记录。

李吉甫当年因为主张对藩镇采取用兵之策，而深受宪宗李纯的赏识，无论在朝廷中，还是出镇地方，都有很多建树，当然他也得罪过很多人，尤其是元和三年（808 年）发生的贬谪制科考官和对牛僧孺、李宗闵等人长期压制不用，进而导致朝野舆论的批评。

记载宪宗李纯一生史事的《宪宗实录》一共四十卷，是路随等人监修，沈传师等人修撰的，在大和四年（830 年）三月修成。

由于唐朝中期以后，朝廷斗争日趋激烈和复杂，其中对史馆中各类历史文献的修撰工作也产生很多影响。秉笔直书，善恶如实记录似乎已经大成问题，而且在实录修成之后，出于某种政治需要而一再进行删减涂改，进而失去了历史记录的严肃性和可信程度。

当时《宪宗实录》修成后的遭遇即是如此，文宗李昂在位时曾经下令修改其中顺宗李诵在位时期的某些记录，但遭到了路随的反对。不过路随虽然上疏指出修改实录记载的种种不妥之处，但是文宗李昂并没有接受，依然下诏进行修改。于是在大和七年（833 年），路随将经过修改的《宪宗实录》和新修撰的《穆宗实录》二十卷一起进献文宗李昂。

而李德裕复相后想要修改的《宪宗实录》，正是路随在大和七年完成修改的版本。从文宗李昂给路随的诏令来看，当时对《宪宗实录》的修改，也仅限于顺宗李诵时期的史事记录，而李吉甫对朝政产生较大影响是在元和二年（807 年）担任宰相以后，但李德裕仍然担心《宪宗实录》中存在着不利于父亲的记录，所以他决定无论如何也要修改实录。

早在文宗李昂即位之初，曾经下诏宗室成员李汉担任实录修撰，参与《宪宗实录》的编撰工作，李汉秉承史家直书的优良品德，尊重历史事实，对李吉甫在宪宗时期的所作所为如实记录，因此备受舆论称道，但相反却深受李德裕的厌恶和疏远。

李德裕为了达到修改《宪宗实录》的目的，先是在会昌元年（841 年）三月，带领重新回归朝廷的宰相班子成员陈夷行、崔珙、李绅，以宪宗李纯有中兴之功，上疏皇帝李瀍请求为宪宗李纯修建百世不迁之庙。李德裕这样做无非是想提高宪宗李纯的祭祀规格，以博得皇帝李瀍对自己的好感，为他修改《宪宗实录》的计划奠定基础。

但是李德裕没有想到，他的请求不太合乎礼法。因为在古代宗法制度中，关于祭祀祖宗有这样的规定：只有始祖之庙才能永远不迁，而始祖以下的历代祖宗在祭祀世代之数过于遥远后，要按规定迁入太庙，并按次序排列，统一进行祭祀。

尽管皇帝李瀍看了李德裕的奏疏，并称赞李德裕的建议很是中肯（“所论至当”）。但是当李瀍将李德裕的建议交给朝廷大臣进行讨论时，还是因为不合乎礼法而遭到了朝臣们的普遍反对。

在舆论的压力之下，李德裕只好不再采取迂回策略，直接以现有的《宪宗实录》版本所记载的内容不齐全为由，向皇帝李瀍提出了重新修订的请求。会昌元年（841 年）四月，李瀍诏令宰相、监修国史李绅和史馆修撰郑亚重修《宪宗实录》。十二月，李德裕又针对实录的体例问题，上疏李瀍请求修改，事实上，李德裕的上疏不过是个障眼法，是为了他删减实录中关于父亲李吉甫的“不善之迹”制造理论根据，他的想法不仅是朝臣，就连皇帝李瀍都颇为知晓。

当时李德裕为了避免朝臣们的非议，对可以记入实录的史事做了十分严格的规定，但是其同党李绅和郑亚为了讨好李德裕，在修改实录的过程中，不仅将原稿中对李吉甫不利的记载全部删除，而且利用不少材料对李吉甫进行美化。

会昌三年（843 年）十月，经李绅和郑亚将近三年的修改，新修撰的四十卷《宪宗实录》修成，并进献皇帝李瀍。对于李瀍而言，新修撰的《宪宗实录》品质如何似乎与他关系并不大，而且他早就知道李德裕的真实想法，所以重修《宪宗实录》和重新起用李德裕一样，都是出于政治需要，表明了李瀍对李德裕的绝对信任以及对牛党的彻底否定。

李德裕曾经就如何看待朋党问题，特意利用在延英殿与李瀍对话的机会，表明了自己的态度。当时，李瀍召见宰相班子成员议事，告诉宰相们说侍讲把孔子的三千弟子说成是朋党，为此询问宰相们对这种说法的看法，于是李德裕专门针对这个话题向李瀍上了一封奏疏。

在奏疏中，李德裕驳斥了侍讲把孔子三千弟子看成是朋党的论断，他认为所谓的朋党在行事中带有很强的政治目的，他还列举了历朝历代那些背信弃义、结党营私的行为表现，对这些人的行为进行了强烈地批评，而且在奏疏中李德裕还特意提醒皇帝李瀍，标榜自己这种不结朋党的人实在为数不多。

事实上，李德裕的目的在于借古喻今，指斥当朝官员结党营私的行为，他的锋芒所向是针对通过科举考试进入官场，并以“座主”“门生”等关系形成朋党势力的牛党而发的。

但是“牛李党争”的本质就是两党结党营私，进而达到自己的政治目的。在这一点上以李德裕为核心的“李党”与他在奏疏中列举的朋党性质相同，不过从某种角度而言，李德裕复相后首要的任务是要抑制宦官的特权。

## 抑制宦官

李德裕复相后，颇得皇帝李瀍的信任倚重，而且牛党势力暂时受挫，使得李德裕逐步成为朝政的掌控者。但事实证明，即使没有牛党，李德裕同样面对来自不同势力的挑战，这一次挑战他权威的是内廷之臣，具有拥立李瀍之功的宦官仇士良。

李瀍成功登上皇位，作为神策军右军中尉的仇士良以其拥立之功，显得更加嚣张跋扈。在李瀍即位之初的开成五年（840 年）二月，为了答谢仇士良的拥立之功，李瀍下诏晋封仇士良为楚国公。会昌元年（841 年）二月，又赐给仇士良记功碑牌，并下诏命令曾经担任宰相的右仆射李程为其撰写碑文。八月加封仇士良为观军容使，统领神策军左、右两军。

观军容使这个职位全称观军容宣慰处置使，是由宦官监军发展而来的军职。前边介绍安史之乱时，我们说过郭子仪、李光弼等九个节度使围攻相州，唐肃宗李亨以郭、李二人资历相当难以互相节度为名，以宦官鱼朝恩为观军容宣慰处置使总监九军，成为围攻相州的实际军事统帅。安史之乱平定后，鱼朝恩奉命出任天下观军容使，等于成为全国军队的总监军。

在鱼朝恩之后，宦官中还没人担任过观军容使一职，仇士良是继鱼朝恩之后第二个出任这个职位的宦官，同时这也标志着他的权力达到顶峰。

按说身为内廷之臣的仇士良与身为外臣的李德裕，本质上不应该有什么冲突，而且李德裕八年的时间没在朝廷，和仇士良也没有什么交集，双方本可以和睦相处，但是为什么随着时间的推移，双方形同水火呢？

虽然李德裕有结党营私的一面，而且打击政敌丝毫不手软，但实事求是地讲，他和仇士良的矛盾，起因在于仇士良的心态失衡。

会昌二年（842年）四月，李德裕率领群臣为李瀍加尊号仁圣文武至神大孝皇帝，就在朝廷筹备这个月的二十三日在丹凤楼举行加尊号大典时，朝廷中有人向仇士良通风报信，说李德裕和度支使正在讨论起草皇帝陛下在接受尊号后所要颁布的赦书，其中内容之一是要削减神策军将士的军衣口粮和马匹草料。

仇士良听完后勃然大怒，他当即对部下进行部署，说如果真是如此，等到皇帝陛下发布大赦的那一天，我就带着神策军在丹凤楼前大闹一场。

仇士良当时的情绪十分激动，他没有冷静思考自己说这番话会有什么后果，他可谓是精明一世，糊涂一时。神策军作为皇家禁军中战斗力最强的军队，入则宿卫宫禁，出则为征战的中坚力量，其地位十分重要，自它诞生之日起，历代皇帝给予神策军的待遇都要优于其他军队，所给予的赏赐更非其他军队所能相提并论的，当时就算皇帝李瀍厌恶仇士良，也不可能削减地位十分重要的神策军的待遇。

史书上没有记载为仇士良通风报信的那个人的初衷是什么，但可以肯定的是，在仇士良对部下说完要大闹丹凤楼的狠话后，李德裕便得到了消息，于是他抢在仇士良之前，将这件事报告给了皇帝李瀍。

李瀍当即认为一定是别有用心的人在挑拨离间，于是他在延英殿召见仇士良，当面向其解释说赦书的内容都是自己的想法，和宰相等人完全没有关系，而且赦书尚未公开发表，仇士良怎么会听说有削减神策军待遇的事情呢？

有了皇帝陛下的定心丸，仇士良的怒气才逐渐平复下来。在恢复冷静的同时，他也为自己口无遮拦而懊悔不已，所以听完李瀍的解释后，仇士良恭敬地向皇帝陛下叩了三个头，然后诚惶诚恐地退了下去。

李瀍借仇士良之力顺利登上皇位，虽然在表面上对他加官晋爵尊崇至极，但内心深处始终对这位自甘露之变以来就手握禁军，在朝廷中专横跋扈、说一不二、钳制文宗李昂的家奴怀有恐惧之感，可以说厌恶的成分远远超过拥立即位的感激之情。

对于这一点，精明的仇士良其实也十分明白，所以他才会对自己的口无遮拦而诚惶诚恐，因为他也担心会刺激到皇帝陛下那敏感的神经。而且仇士良已经从李瀍更多的信任李德裕的变化中有所察觉，自己在皇帝心中的地位已经开始动摇，为了确保绝对安全，仇士良以年老体衰为由，于会昌三年（843年）四月向皇帝李瀍提出退休的请求。

对于仇士良的请求，李瀍当时心中乐开了花，在表面上稍作挽留之后，李瀍顺水推舟地下诏免去仇士良观军容使的职务，以左卫上将军兼内侍监、知省事。在此之后仇士良又多次提出请求致仕，终于同年六月得到了李瀍的批准。

会昌三年（843年）九月，历仕宪、穆、敬、文、武五朝，横行朝廷将近30年，曾经杀死两位亲王、一位皇妃和四位宰相的大宦官仇士良病死于自己的府邸之中，终年63岁。

从他的结局来看算是善终，这个双手同样沾满鲜血的宦官，是一个比李辅国、程元振、鱼朝恩以及王守澄等更加聪明的人。原因在于他懂得知难而退，算是一个没有被权力和恩宠彻底蒙蔽心智的人，所以他可以安静地死在自己的府邸。不过，仇士良虽然离开了这个世界，但关于他的事情并没有结束。

在仇士良死去的一年多后，即会昌四年（844年）六月，宫中有和仇士良结怨者，忽然站出来揭发仇士良的罪行，说他活着的时候存有谋反之心，而且府邸里私藏兵器甲胄。李瀍得到报告后，命人前去搜查，结果确实搜出了几百件兵器甲胄。

按照《唐律》规定，如果私藏甲胄三领、弓弩五张，则要被处以绞刑，而仇士良私藏了数百件，即使千刀万剐恐怕也难以抵罪。于是，李瀍诏令削夺其官爵，并没收其全部家产。

仇士良最终也没能逃过惩罚，虽然那个时候他已经是个死人，但因为其嚣张跋扈三十年，还是将恶业播到了家人身上。随着仇士良的被迫退休和遭到惩处，李瀍即位后在抑制宦官方面取得了成功。纵观李瀍在位的六年间，像李辅国、程元振、仇士良那样嚣张跋扈的宦官不曾出现，取而代之的则是宰相李德裕独揽大权。

当然，宦官干预朝政已经历时百年，积以成习难以根除，整倒一个仇士良并不意味着就能彻底根除宦官干政的局面，李德裕对此不能视而不见，而他所能做的，就是在努力寻求平衡的基础上尽量抑制宦官特权，换句话说将宦官特权限制在不损害朝廷大局所能容许的范围之内。

在仇士良之后，宫中宦官的头面人物是枢密使杨钦义和刘行深。杨钦义与李德裕可谓是老相识，李德裕复相之前担任淮南节度使的时候，杨钦义是淮南监军。那个时候李德裕并不拿杨钦义这个监军当回事儿，完全不像其他藩镇节度使对皇帝任命的监军毕恭毕敬，因此遭到杨钦义的嫉恨。

直到有一天，杨钦义突然接到皇帝的诏令，让他即日起程入朝。当时许多人猜测杨钦义此番入朝，一定会被委以重任担任枢密使。李德裕听到人们议论后，为了避免日后杨钦义为难自己，便在节度使府衙摆下酒席宴请杨钦义。席间李德裕对杨钦义巧言恭维，又赠给杨钦义珍玩宝物数十件，搞得杨钦义十分感动，表示如果日后高升，一定不会忘记提携李德裕。

可是就在杨钦义启程行至汴州时，又突然接到皇帝的诏书，让他重返淮南担任监军。杨钦义返回淮南后，第一件事就是想将李德裕赠予的数十件珍玩宝物如数奉还。可是李德裕却丝毫不以为然，他告诉杨钦说这点东西不算什么，希望杨钦义不要多虑。

杨钦义听完后大为感动，原先对李德裕的不良印象一笔勾销，也就是从那个时候起，杨钦义发誓如果未来有合适的机会，一定让李德裕重返朝廷。后来杨钦义果然再次入朝担任枢密使，史料上没有记载李德裕重新回归朝廷，杨钦义是否起了什么作用，但李德裕复相之后，和杨钦义的关系十分要好，而且李德裕充分利用他和杨钦义的关系，妥善解决了军队统帅指挥权与宦官监军之间的关系。

李德裕后来在平定泽潞之乱与北征回鹘的作战中，总结了贞元十四年（798 年）时韩全义奉命讨伐吴少诚以来对叛乱藩镇作战屡屡失败的教训，李德裕认为，以往朝廷用兵往往存在三大弊端：

一、皇帝为军队下诏令，宰相大多事先并不知情。

二、监军都是按照自己的意图指挥军队，而军队统帅无法指挥军队。

三、每支军队都有宦官充当监使，选用军中骁勇善战者保护自己，而那些上阵打仗的士兵多为怯弱胆小者，每次开战，监使都在距离战场很远的地方，只要看到军队怯战，立即带着卫队先行撤退，最终导致军队溃退。

李德裕说的这三点，显然是将产生弊端的根源归结为宦官监军所致，于是他与枢密使杨钦义、刘行深协商，提出各军监军从今以后不参与军政事宜，允许监军在每千人中抽去十人充当护卫，如果军队打了胜仗，监军可以跟着统帅一同得到封赏。

杨钦义和刘行深接受了李德裕的提议，并上奏皇帝李瀍形成制度，以便在未来用兵时得到贯彻实施。而且今后皇帝为军队下达诏令，都重新回归中书省，由宰相起草相关诏书，进而避免宦官染指诏书下达事宜。从后来官军出战的战绩来看，李德裕提出的解决办法，使得李瀍在位时期的官军战斗力较之以往提升了不少，这一点从后来的平定泽潞之乱以及北征回鹘中可以充分体现出来。

## 泽潞之乱

李德裕复相后除了在朝廷内部巩固自己的地位、抑制宦官权力之外，还对藩镇采取了强势策略。会昌三年(843年)泽潞镇节度使刘稹发动叛乱，李德裕毅然决定采取用兵策略，决心平定其叛乱。

泽潞镇是刘悟、刘从谏、刘稹祖孙三代经营的独立王国。宪宗李纯平定淮西吴元济后，接着又进兵征讨李师道，而当时身为李师道牙将的刘悟徘徊不战，结果差点遭到李师道的诛杀，刘悟最终返兵诛杀李师道投降官军，被授予义成军节度使。

从刘悟归降朝廷到其孙刘稹发动叛乱，中间经历了极其复杂的过程。

穆宗李恒即位当年，幽州的朱克融发动叛乱，囚禁节度使张弘靖，而刘悟受命为卢龙节度使出任渔阳，当时又逢王廷凑发动叛乱，于是改任刘悟为幽、镇招讨。

当时刘悟军中的监军刘承偕，仰仗自己是皇太后养子，多次当众羞辱刘悟，纵容其下属横行不法，而且唆使刘悟部将张问取而代之。刘悟终于忍无可忍，最终率领部众囚禁刘承偕，并想要将其杀掉，被幕僚劝止。

刘悟囚禁刘承偕等于公开和朝廷翻脸，不过穆宗李恒知道是刘承偕太过分，所以没有追究刘悟的责任，而是让他将刘承偕送还朝廷。结果心态失衡的刘悟拒不奉诏，直到穆宗李恒下诏流放刘承偕，刘悟才奉诏放人，这场兵变一直持续三个月方才平。也就是从那个时候起，刘悟看到了朝廷软弱的一面，于是他决定效仿河北三镇，将自己的地盘经营成独立王国。

由于穆宗李恒采取的“销兵”之策在具体执行的过程中出现偏差，最终导致被销之兵很多都投奔到了刘悟帐下，使得刘悟的实力急速扩充。

敬宗宝历元年（825 年）八月，刘悟因病去世，其子刘从谏秘不发丧，与部将刘武德等人以刘悟遗表请求继任节度使之职。对于刘从谏的请求，朝廷让刘从谏出示刘悟的遗表以做证明，直到十一月朝廷才收到刘悟的遗表。当时敬宗李湛召集大臣讨论对于这件事的处置办法，以左仆射李绛为代表的部分大臣认为刘从谏居然用了三个月的时间才出示遗表，这其中大有问题。而且泽潞镇地处关中腹地，刘悟又心怀不臣之心，朝廷不能轻易允许藩镇父死子继。而且在拒绝刘从谏的同时，朝廷应该做好应对刘从谏有可能发动叛乱的准备。

应该说以李绛为代表的朝臣意见，是朝廷能够利用刘悟去世的机会，有效控制泽潞镇的唯一可行的正确主张。但刘从谏在上表请求袭任节度使职位的同时，就不惜重金贿赂朝廷权贵，由此以李逢吉、王守澄为代表的另一部分大臣，主张应该尽快同意刘从谏的请求。

由于敬宗李湛是王守澄拥立的，所以在王守澄的运作下，宝历二年（826 年）四月，敬宗李湛正式下诏任命刘从谏为泽潞节度使。在此之后，由于刘从谏从朝廷那里获得了丰厚的政治利益，所以在此后将近七年的时间里，基本上算是安分守己。

文宗大和六年（832 年），刘从谏进京朝见皇帝李昂，当他看到朝廷内朋党纷争导致政事懈怠时，他的内心顿时产生变化，开始对朝廷轻视，回到本镇后越发骄狂。在甘露之变以前，李训曾经求助刘从谏，两个人相约在事变后诛杀郑注，共同把控朝廷大权，不料李训在甘露之变中死于宦官之手，仇士良趁机控制了朝政，这让刘从谏十分气愤。

内心郁闷的刘从谏一时间找不到发泄的地方，于是他上疏文宗李昂，质问在甘露之变中被杀死的宰相王涯等人究竟犯了什么罪，要求朝廷必须给出明确的说法。当时针对这件事，刘从谏派部将陈季卿带着自己曾经和李训来往的书信入朝，以示王涯和李训等人的无辜。可是，陈季卿走到长安城外，正好遇到仇士良派刺客劫杀宰相李石未遂事件，陈季卿因为城中人心惶惶未敢入城便返回了泽潞镇。刘从谏因为陈季卿没有完成如此重要的任务，一怒之下杀死陈季卿，然后向全天下公布了这些信件。

刘从谏公布信件后，认为此举依然没有达到预期目的，于是继续上疏文宗李昂，认为朝廷应该剪除宦官之害，现在自己正想进京面见皇帝陛下，愿意兴兵讨伐宦官，重振皇家声威。

当时，天下人并不知道刘从谏说这番话其实是在泄愤，他的这番话一时间为自己赢得了空前的声誉，被人们争相赞颂为骨鲠之臣。

事实上，如果当时文宗李昂真的要让刘从谏出兵剪除宦官，刘从谏都未必答应。但刘从谏这番剪除宦官信誓旦旦的话语，让仇士良十分恐慌，他一方面在文宗李昂面前诬告刘从谏有谋反之心；另一方面又不得不对自己的专横跋扈有所收敛，鼓动李昂加封刘从谏为检校司徒，想以此缓和与刘从谏的关系。但刘从谏对此并不买账，拒不接受封官，他再一次上疏李昂，认为如果朝廷真的看重自己，那就请为王涯等在甘露之变中冤死的朝臣平反，如果只是出于无奈之举而封赏自己，建议朝廷赏罚不可妄出。

当时由于是宦官把持朝政，所以文宗李昂是不能为王涯等人申冤的，一直到文宗李昂去世，刘从谏因为甘露之变没能掌控朝政，一直对朝廷心怀不满，只是由于朝廷对他采取姑息之策，所以刘从谏没有做出什么出格的事情。

可是李瀍即位后，刘从谏的这种不满因为一个偶然的原因升格为公开对抗。

在李瀍即位之初，刘从谏向李瀍进献一匹九尺高的宝马，但李瀍没有接受。刘从谏怀疑是仇士良从中挑拨所致，所以一气之下杀死宝马，树起大旗立志反叛，并不断招兵买马，以致周边藩镇不得不对其进行严加防范。

就在刘从谏积极谋划对朝廷用兵之时，会昌三年（843年）四月，一场突如其来的中风使得刘从谏一病不起，自觉大限将至的他与幕僚们商议，决定恪守父亲刘悟的志向，效仿河朔三镇的做法，以其弟刘从素之子刘稹为牙内都知兵马使，由大将王协、刘武德、郭谊等人辅佐，拥兵割据，与朝廷采取分庭抗礼之势。

不久刘从谏去世，刘稹秘不发丧，对外封锁了刘从谏去世的消息，当时王协建议刘稹坚决不要泄露刘从谏去世的消息，不出百日朝廷的册封诏令一定会来，到时一定要供奉好朝廷派来的监军，千万不能让士兵惹出乱子。

刘稹接受了王协的建议，随意采取障眼法以为叔父刘从谏诊病为由，派牙将姜鋆入朝请诊。李瀍当即派宦官和宫中御医前往泽潞镇，此时距离刘从谏去世已经有二十多天的时间，当宦官和御医到达泽潞镇后，刘稹却以刘从谏病重无法跪领皇帝陛下诏书为名，拒绝御医为刘从谏治病。

当时宦官和御医全都是丈二和尚摸不着头脑，他们不知道刘稹向朝廷请诊的目的是什么，于是便将在泽潞镇遇到的奇怪境遇向皇帝李瀍做了报告。李瀍认为可能是刘稹认为对待刘从谏的规格不到位，于是，又派使者前往泽潞镇，安排刘从谏前往东都洛阳治病，待病情好转另有重用，并且许诺如果刘稹一同入朝，也将会得到重用。

刘稹眼见自己的障眼法就要被识破，于是索性胁迫监军崔士康上奏朝廷，要求任命自己为泽潞镇节度使。不过由于刘稹的疏忽，对崔士康看管不严，崔士康利用看管自己的士兵酒醉熟睡之际，一路逃回长安，向皇帝李瀍报告了刘从谏已经去世的消息。

当李瀍得知自己原来被刘稹忽悠之后，他一怒之下，下令杀死刘稹派来的牙将姜鋆，然后立即召集中书门下两省、御史台四品以上、武官三品以上的官员讨论如何处置刘稹。

## 定计进讨

在讨论如何处置刘稹的会议上，很多人认为自开成年间以来，回鹘不断南下侵扰，朝廷为之连年用兵，应付不暇，如果再立即兴兵讨伐刘稹，朝廷恐怕会成为强弩之末，不如采取权宜之计，让一位亲王遥领泽潞镇的昭义军，任命刘稹权知兵马事，等到击退回鹘后，再对刘稹用兵不迟。

宰相李德裕针对上述建议，提出了不同意见，他认为泽潞镇与河朔三镇不同，河朔三镇作乱已经将近百年，人心已经难以教化，所以从代宗李豫之后，历代皇帝全都将其置之度外，任由其发展。但是泽潞镇靠近京城腹地，最初被称为忠义之军，曾经打败朱滔、生擒卢从史，立下大功，而那个时候朝廷多用文臣担任统帅。即使昭义军的创建者李抱真，朝廷都没有同意他子袭父位的请求，并且让其子李缄护丧回归东都洛阳。现在之所以泽潞镇会生出叛乱之心，完全是因为敬宗皇帝不理朝政，才导致刘从谏决定承袭父亲刘悟的遗志，成为朝廷难以节制的一块硬骨头。现在刘稹又要承袭其位，朝廷如果同意其请求，那么天下藩镇全都会效仿其所为，天子的威严将不复存在。

显然李德裕面对皇帝和诸多朝臣，说了这么一大段话，就是想要立即对刘稹用兵。而皇帝李瀍也看出了李德裕的意图，但又担心用兵失败，所以李瀍当即问李德裕有什么办法保证用兵能够成功，是否真的能够成功。

面对皇帝陛下的提问，李德裕当即为李瀍吃下了定心丸，他接着为所有人提出了具体的用兵之策。

在李德裕看来，刘稹所依靠的对象就是河朔三镇，只要成德、魏博不与他同谋，刘稹就会无所作为。现在只要派一名重臣宣谕成德节度使王逵元和魏博节度使何弘敬，以河朔三镇子袭父位已成既定事实来看，成德和魏博两镇一定不会与刘稹同谋。

而且朝廷如果确保征讨刘稹成功，应该派遣禁军进兵山东，协同成德、魏博两镇一同进攻臣服刘稹的邢、洺、磁三州，并许诺平定泽潞之后加官晋爵，只要两镇不阻挠官军进兵，则必能生擒刘稹。

李德裕在朝堂上侃侃而谈，听得皇帝李瀍着实兴奋不已。于是，在李德裕说完后，这个本就性格强势的皇帝拍案而起，决定兴兵讨伐刘稹。

“陛下！刘稹的祖父刘悟曾经有功于朝廷，一旦开战则绝刘家后嗣，而且泽潞镇拥兵十万，仅是粟米即可支撑十年之用，不是那么轻易能够平定的。”朝臣中依然有人站出来反对。

“昔日诸葛亮说曹操颇能用兵，但是昌霸一战尚且打了五次，常言道，胜败乃兵家常事，陛下圣策先定，我们这些做臣子只要不为流言蜚语所动就算是有功，如果此次出战出现不利，臣愿以死谢罪。”李德裕最后坚定地说道。

李德裕的话再一次让皇帝李瀍增添了信心，为了让李德裕没有后顾之忧地指挥本次作战，李瀍愤然说道：“朕在朝堂上说话，如果敢有懈怠军威的话语，朕先斩了他。”

随着李瀍的一声令下，讨伐泽潞镇的大政方针就此定下。

会昌三年（843 年）四月，皇帝李瀍在李德裕的支持下，决意出兵讨伐刘稹。按照李德裕事先定下的方针策略，为了防止刘稹东连河朔三镇中的成德节度使王元逵和魏博节度使何弘敬，进而减轻进军的阻力，李德裕特意派御史中丞李回作为使臣，前往成德、魏博宣谕皇帝李瀍的旨意。并且也让幽州节度使张仲武尽快击退回鹘，与身在太原的河东节度使刘沔协同作战，以方便成德、魏博二镇防守攻取臣服刘稹的山东邢、洺、磁三州。

与此同时，李德裕调兵遣将，将刘稹盘踞的泽潞地区团团包围，命令原忠武军节度使王茂元移驻河阳；河东节度使刘沔驻守昂车关；魏博节度使何弘敬驻守肥乡；成德节度使王逵元进兵临洺、向城等地；河中节度使陈夷行屯驻冀城。

从李德裕的整体部署来看，主要是从东、西两路夹攻泽潞镇，鉴于大战在即，李德裕为了加快进军速度，向皇帝李瀍建议，让诸军放弃进攻各县而直取州府，命令王元逵攻取邢州、何弘敬攻取洺州；王茂元攻取泽州；刘沔攻取潞州；石雄攻取泽州。

不久后，诸路大军集结完毕，开始按照李德裕的部署进兵，在诸军中，成德节度使王元逵最先深入昭义军的邢州境内，并在尧山打败刘稹派来的增援部队。可是魏博节度使何弘敬却始终按兵不动，和王元逵形成了鲜明的反差，为此王元逵十分不满，屡次向朝廷密奏揭发何弘敬首鼠两端。

作为主攻西线一路的何弘敬，在李德裕的战略部署中对平叛能否成功具有决定性意义，现在何弘敬按兵不动，等于李德裕打出去的两个拳头只剩下一个。针对这种情况，李德裕决定对何弘敬采取攻心伐谋之术，迫使其尽快出战。他告诉何弘敬，称河阳、河东各地山路崎岖，不便大军行动，朝廷决定派忠武军节度使王宰带领大军取道魏博境内，从相州、魏州方向进入磁州作战。

李德裕此举等于是向何弘敬施加军事压力，潜台词是朝廷大军可以随时进入魏博镇。何弘敬得到消息后，唯恐忠武军进入自己的境内会于己不利，因此，立即回复朝廷称全军即日渡过漳水进入磁州作战。

到九月为止，因为何弘敬出兵磁州，才使得李德裕的战略部署得到彻底地执行，而且石雄带领大军越过乌岭，连破叛军五寨，斩获颇多。皇帝李瀍闻讯大喜，下诏褒奖石雄，并赏赐绢帛若干，但石雄却将绢帛全部分给士卒，使得部下将士万众一心，冲锋陷阵人人争先，成为平定泽潞之乱中作战最为勇敢、让朝廷最为放心的一路大军。

从朝廷决定征讨泽潞镇以来，除了石雄积极作战，王元逵稍有胜绩之外，其余几路大军因为各种原因，进展有些缓慢。刘稹得知朝廷四面合围自己之后，自感不妙的他派部将贾群前往太原，通过新任的河东节度使李石，表示愿意归附朝廷，护送刘从谏灵柩归葬东都洛阳，并听候朝廷发落。

李石将刘稹的意愿上奏朝廷，遭到了李德裕的拒绝。在他看来，刘稹之所以现在想要归顺朝廷，那是因为朝廷举大军进行征讨，现在朝廷应该一举平定泽潞之乱，只要官军连续作战，再接再厉，不出半个月，刘稹内部自会生出变故，平叛之日可待。

于是，在李德裕的鼓动下，皇帝李瀍再次为诸道大军下诏，要求务必齐心协力协同作战，争取早日平定泽潞叛乱。

事实证明，虽然当时诸路大军进展缓慢，但李德裕对刘稹内部会生出变故的判断十分准确。不久后，刘镇的心腹大将高文端投降朝廷，他的到来印证了泽潞镇内部已经是矛盾重重的事实。



## 内讧授首

高文端之所以要投降朝廷，就是因为他看出了刘稹内部已经积怨难返，如果再和刘稹一条道走到黑，那么身家性命就有可能不保。

作为泽潞镇的山东三州守将之一，洺州都知兵马使王钊是刘稹信任的驻守洺州的将领，王钊是个遇事喜欢独断专行的人，常常不服从上司领导的约束，因此被同僚高元武、安玉等人诬告有异心想要谋反。

刘稹本身就是一个叛将，他对于部下的所思所想十分敏感，因此对王钊想要谋反之说信以为真，为了将祸患扼杀在萌芽状态，刘稹急招王钊回到潞州。王钊唯恐刘稹于己不利，便以初到洺州，寸功未建为名，请求留任数月后再回潞州。常言道，将在外君命有所不受，面对王钊的请求，刘稹也没有什么更好的办法，只得无奈应允。

高文端投降朝廷后，将这个消息告诉给了朝廷，他断言王钊已经被刘稹猜疑，以刘稹的性格绝不会再重用王钊，而王钊也绝不会再真心为刘稹卖命。只是因为王钊和部下的家属都在潞州刘稹的掌控中，王钊是不可能公开投降朝廷的。高文端建议朝廷应该争取王钊，可以派使者秘密宣谕王钊，让他在合适的时机返兵突袭潞州，擒获刘稹之后朝廷论功行赏，授予王钊节度使职位，这样想要攻取山东三州之地并不是件困难的事情。

皇帝李瀍采纳了高文端的建议，下诏让距离洺州最近的魏博节度使何弘敬秘密招降王钊，劝他弃暗投明为朝廷平叛效力。但是王钊面对朝廷的招降，内心斗争十分激烈，不过谁也没有想到最终让王钊决定归降朝廷的，居然源于邢州方面的变故。

当时刘稹的牙将王协，为了增加军队开支而想出了敛财搜刮的新招数，那就是向商人收税以增加收入，也就是所谓的“商税”，每州派一名将领主管此事。王协此举名为商税，实际上是变向对辖区内的百姓增加赋税，不仅逐户登记家财，就连日常的使用器具也不放过，全部折估为绢，以十分之二的比例收税。而且办事的官吏在估算民用家财时，无不弄虚作假拔高价格，百姓穷尽家产也无法完成交税任务，搞得境内民怨沸腾，怨气冲天。

王协以昭义军中首推邢州富商最多为借口，将邢州作为此次征税的重点，派部将刘溪前往邢州主持收税事宜。刘溪素以残暴贪婪、心狠手辣而臭名昭著，邢州方面的守将是刘稹的舅舅裴问，面对刘溪的到来，裴问顾全大局，顶着巨大压力支持刘溪执行商税政策。但刘溪对裴问十分不尊重，言语之中多有不逊，最终将裴问激怒。

裴问大怒之下，遂与部众密谋袭杀刘溪然后归顺朝廷，同时将自己的想法通告了邢州刺史崔嘏。崔嘏当即表示响应，于是，裴问关闭邢州城门，将刘溪等人杀死，事后向成德节度使王元逵投降。

邢州转瞬之间归顺朝廷，这对身在洺州的王钊是极大的震动。恰在此时，王协派来主持商税的军将已经进入洺州境内，王钊担心洺州会重演邢州的变故，于是下令紧闭城门，拒绝王协派来主持商税的军将进城，同时向何弘敬归降。

邢、洺二州的归降，让磁州守将、刺史安玉顿时感觉陷入孤立境地，在自知大势已去，顽固抵抗只能是死路一条的情况下，安玉也投降了何弘敬，最终朝廷攻取山东三州之地的计划，以三州叛将先后投降而实现。

山东三州陆续投降的消息传到潞州后，在刘稹内部引起了极大的恐慌，刘稹由于年纪尚轻，最先出现焦躁不安的情绪。而他平常最为信任的王协和郭谊等人并没有在如此危急的时刻，想着如何保护刘稹的安全，而是看到前景不妙后，开始为自己寻找后路。

在他们看来，能够彻底保全自己的唯一办法，就是将刘稹交出去，这样或许可以减轻罪过，得到朝廷的赦免。

于是，王协和郭谊等人一方面派使者向忠武军节度使王宰请降；另一方面开始谋划杀死刘稹。王协等人明白虽然刘稹年纪尚轻，但杀死他并不容易，原因在于刘稹的护卫也是其同族兄弟，时任中军兼押牙将的刘匡周是个“猛张飞”式的人物，人称十三郎，统率亲兵，时刻不离刘稹左右进行护卫。

如果要想成功实施杀死刘稹的计划，就必须首先除掉刘匡周。这是王协和郭谊等人达成的一致意见。于是郭谊利用面见刘稹的机会，称只要刘匡周在刘稹身边，诸将全都不敢言事，担心因为言语不慎而被刘匡周杀掉，长此以往，恐怕会导致人心离散，建议刘稹今后议事时，可以不让刘匡周在旁边。

由于郭谊是刘稹十分信任的人，所以刘稹对其所言深信不疑，他让刘匡周称病在家。可是刘匡周怀疑郭谊等人有阴谋，他情绪激动地告诉刘稹，说因为自己在他身边，所以众将不敢有异心，如果自己不在了，刘家必遭灭门之祸。

可惜刘稹并没有听进去刘匡周的话，在他的一再要求下，刘匡周最终称病离开潞州。

而刘稹万万不会想到，失去了刘匡周的保护，自己即将面临一场杀身之祸。

看到刘匡周离去后，郭谊等人立即开始实施计划，他首先让亲信董可武委婉地劝说刘稹，看他是否能够归降朝廷。对于董可武的劝说，刘稹觉得十分纳闷，于是他问董可武，郭谊对于归降朝廷这件事是如何考虑的。

“可武已经和郭大人立下誓言，绝不辜负您！”在看到刘稹的态度有所松动后，董可武终于说出了实情。

“既然如此！那就听凭郭谊等人的安排吧！”

可是时任宅内兵马使的李士贵因为平常受到郭谊、王协等人的排挤，对于这件事的内情并不知晓。因此，当刘稹回到府邸打点行装细软时，李士贵闻讯，以为郭谊、王协等人胁迫刘稹，于是，带领亲兵一千人杀奔节度使府邸，与郭谊、王协的护卫军厮杀起来。

李士贵的突然出现，彻底打乱了郭谊的计划，在他看来，这是刘稹在忽悠自己，不然的话李士贵不可能如此巧合地出现。于是愤怒之下的郭谊下令大开杀戒，在王协等人的协助下，他们杀死李士贵后，又打开府库，向部下四散财物，只用了一天便掌握了潞州的军政大权。

现在，刘稹可以说已经成为了名副其实的孤家寡人，但尽管如此，郭谊依然不想放过他。

次日，郭谊又指使董可武将刘稹引至北宅置酒作乐。其实郭谊摆下的是一场鸿门宴，席间郭谊对刘稹阴阳怪气地说道：

“昨天的事情实属迫不得已，今后如果想要保全泽潞安宁，需要您亲自去朝廷谢罪，朝廷看在泽潞镇曾经有功于朝廷，一定会怜悯宽恕您的。”

“将军所言甚是，这也是我所想的。”

直到现在为止，刘稹依然对郭谊心怀感激，而且董可武此时也上前拉住刘稹的手，大有不忍离别之情。刘稹当即大为感动，紧紧抱住郭谊痛哭流涕，可是就在他沉浸在这悲凉的离情别意中时，站在他身后的将军崔玄度将一把尖刀狠狠地插在了刘稹的后背之中。

刘稹或许至死也不会想到，他居然会是在这样一种自认为“情意真挚”场景下死去，而留在他身后的，则是郭谊对刘氏宗族的血腥屠戮。

郭谊当即下令，将刘氏宗族不分男女老少尽皆屠杀以绝后患，然后他亲自切下刘稹的头颅，装在木匣里，派遣使者急速送往忠武军节度使王宰那里。随着刘稹的死去，历时一年有余的泽潞叛乱至此被彻底平定，而且自刘悟至刘稹祖孙三代经营泽潞昭义军长达26年的割据势力，也同时宣告结束。

捷报传到京城长安，皇帝李瀍喜不自胜。李德裕认为刘稹之所以发动叛乱，全是因为郭谊、王协等人唆使所致，现在郭谊又弑杀其主，完全是个狼子野心的人，建议除郭谊以绝后患。李瀍当即表示同意，于是下达《诛郭谊等敕》，同时诏令晋绛行营节度使石雄带领大军进入潞州。

郭谊本以为石雄是前来受降的，所以他没有对石雄采取任何提防措施，结果刚一见面便被石雄一刀斩于马下，其余部众见大势已去，尽皆归降朝廷。

会昌四年（844 年）九月，皇帝李瀍颁布《平潞州德音》恩诏，在诏书中除了对有功将士论功行赏之外，还对泽潞平叛进行了总结。史书上记载，平定泽潞叛乱后，河朔三镇由于受到朝廷震慑而不敢有异志，这虽然对李瀍和李德裕不无虚夸溢美之词，但至少说明自李纯时代的元和中兴之后，河朔三镇不再像以前那么嚣张了。

李瀍即位后打击异己，强势对待藩镇，可以充分看出这是个十分强势的皇帝。虽然他即位的时代大唐帝国已经今非昔比，但对待领土问题时，也丝毫不退缩不让步。

# 第十章
# 威制回鹘

## 回鹘兴衰

李瀍是个强势派，不仅要将政敌置于死地，而且强力讨伐藩镇，在涉及国家主权问题上，他更是丝毫不让步。即位伊始，面对回鹘的侵扰，他果断采取措施，最终利用其内部不可调和的矛盾，解除了来自帝国北方的威胁。

回鹘就是回纥，唐朝北方古老的少数民族之一，北魏时为铁勒诸部之一，称为袁纥，隋朝时称为韦纥，唐朝初年称为回纥，德宗贞元四年（788年）以后，改称回鹘。

在前边介绍安史之乱的时候，我们曾经说过唐朝向回鹘借兵平叛，但一直没有机会说说这个在北方经常威胁唐朝的部落的历史。

回鹘最初一直臣属于突厥，隋朝时散居于娑陵水（今蒙古色愣格河流域）流域，为了摆脱突厥的压迫和奴役，不断起来反抗斗争，有可靠史料记载的回鹘人首领是隋末唐初的时健俟斤。贞观元年（627年），时健俟斤之子菩萨率众联合铁勒诸部之一薛延陀，打败了东突厥。贞观四年（630年）唐朝生擒颉利可汗，灭掉东突厥。此时回鹘仍然被薛延陀控制，而菩萨则在独乐河（今蒙古土拉河）建立起牙帐，配合唐朝军队作战，最终灭掉薛延陀，控制了全部漠北地区。

唐朝在漠北设立羁縻州府，在回鹘所居地设瀚海都督府，以回鹘第三代酋长吐迷度为都督，归唐朝燕然都护府管辖，此后回鹘的六代酋长婆闰、比粟毒、独解支、伏帝匐、承宗、伏帝难依次都接受唐朝授予的都督称号，进而统治回鹘各部。

开耀二年（682 年），东突厥复国，称为后突厥汗国，回鹘一部向南迁居甘、凉诸地，留居漠北原地的回鹘人则重新被后突厥役属。天宝二年（742 年）后突厥发生内乱，回鹘、葛逻禄、拔悉密诸部联合灭掉突厥，次年回鹘酋长骨力裴罗被唐朝册封为怀仁可汗，拥有后突厥汗国之地，建牙帐于乌德犍山（今蒙古杭爱山），建立起东自室韦、西抵金山、南控大漠的大汗国，一直到唐文宗开成五年（840 年）汗国解体。

唐朝与回鹘关系的密切发展，是在安史之乱爆发后。面对唐朝内部混乱不堪的局面，回鹘磨延啜可汗主动遣使表示愿意出兵协助唐朝平叛，并派其子叶护率军协助唐军收复长安、洛阳。肃宗李亨以亲女宁国公主嫁可汗为敦（王后），册封磨延啜为英武威远毗伽阙可汗。后来，牟羽可汗即位后，又派军队协助唐军消灭史朝义叛军。

此后唐朝与回鹘的关系进一步密切，唐朝的经济文化乃至生活方式对回鹘产生了深远影响。在此之前回鹘风俗敦厚质朴，君臣之间的尊卑并不十分严格，在原始的民主制度下，回鹘部落万众一心，保持了相当强的战斗力。可是自从回鹘有功于唐朝后，其酋长不仅接受了唐朝册封的官爵和大量的赏赐，而且也从唐朝引进了各种繁缛的君臣礼节，甚至是奢侈和排场等不良恶习。

从登里可汗开始，回鹘的君臣之礼开始严格起来。登里可汗不仅修建了自己居住的豪华宫殿，而且要求上层妇女也要注重粉黛文绣之饰。

回鹘使者、商人往来于中原和回鹘之间，络绎不绝，仅常居住长安者就有将近千人。因为回鹘人自恃对唐朝有功，旅居长安的回鹘人中多有横行不法之徒，地方官吏也不敢过问。回鹘人在长安置办产业牟取厚利，但日常所需还要求必须由辖区的官府供给，更有打扮成汉人模样的回鹘人，诱骗汉人妇女为妻妾，以致唐朝皇帝不得不下令回鹘人在长安必须着本民族服装，以便加强约束管理。

因为在安史之乱中，唐朝调集河西、陇右诸镇军队参加平叛，吐蕃乘虚东进，侵占唐朝的监牧之地，导致马匹急缺。因此，在唐朝与回鹘的双边贸易中，绢马、茶马贸易占了绝大多数。不过回鹘经常强买强卖，动辄以数万匹马来市，而其中又多是瘦弱不堪的劣马。

吐蕃控制了河西走廊地区，阻断了唐朝与西域及中亚各国的交通往来，当时唐朝与上述地区想要互通往来贸易，必须假道回鹘，仅此一项回鹘人便获利匪浅。

建中元年（780 年）以后，回鹘开始进入剧烈动荡时期，内部不断发生因汗位而引发的流血冲突，对外又和吐蕃、葛罗禄及突厥余部时起干戈，因此更让国家急速衰落。

唐代宗李豫去世时，唐朝曾派使臣梁文秀入回鹘报丧，但是登利可汗不仅表现得傲慢无礼，而且在部众的煽动下想要乘唐朝国丧之际进犯，进而引发了国内矛盾的加剧。以宰相顿莫贺达干为首的元老派强烈反对登利可汗的行为，双方因此发生流血冲突，最终顿莫贺达干杀死登利可汗自立，接受唐朝的册封为武义成功可汗。

贞元四年（788 年），德宗李适为了帝国北部边境的平稳，应武义成功可汗之请婚，以亲女咸安公主下嫁武义成功可汗为妻，同时批准其改国号为回鹘，册封武义成功可汗为长寿天亲可汗。贞元五年（789 年）十二月，长寿天亲可汗病逝，德宗李适册封长寿天亲可汗之子多逻斯为忠贞可汗。但是没过几个月忠贞可汗便被其弟政变杀死，于是部众拥立年仅 15 岁的忠贞可汗之子阿啜为可汗。

在这段时期内，回鹘因与吐蕃魏争夺北庭地区而发生大规模的战争，结果回鹘大败，将西北部落悉数迁到牙帐以南，进而以避吐蕃兵锋。

贞元七年（791 年），唐朝遣使册封阿啜为奉诚可汗。贞元十一年（795 年），奉诚可汗病逝，因为没有子嗣，部众于是拥立宰相骨咄禄为可汗，同年德宗李适册封其为怀信可汗，也就是从此时开始，回鹘的汗位正式由药葛罗氏转入颊跌氏时代。

宪宗李纯在位时，回鹘的可汗曾经数次遣使向唐朝请婚，但是历来强硬的宪宗李纯并没有理睬，一直到唐穆宗李恒即位后的长庆元年（821 年），不仅册封新即位的崇德可汗，而且穆宗李恒以亲妹太和公主下嫁崇德可汗为妻。

自崇德可汗之后，回鹘内部矛盾不断加剧，汗位频繁更迭。大和六年（832 年）昭礼可汗被杀，从子胡特勒即位为可汗，被文宗李昂册封为彰信可汗。开成四年（839 年），回鹘国相安允合特勒革谋反，被彰信可汗杀死，另一个参与谋反的宰相掘罗勿见势不妙，立即收买沙陀酋长朱邪赤心，借兵反攻彰信可汗。结果彰信可汗因为猝不及防兵败自杀，部众拥立㕎馺特勒为可汗，也就是在这一年，回鹘国内遭受了建国以来罕见的瘟疫以及严重的自然灾害侵袭，使得国内民不聊生，其实力更加大为受损。

就在回鹘国内被天灾人祸所困扰，国势日渐衰落之时，在其汗国牙帐西北三千里的黠戛斯部落日渐兴起，让回鹘想不到的是，这个部落的兴起居然会加速自己国家走向崩溃的进程。

## 黠戛斯的崛起

黠戛斯人相传是汉朝李陵的后裔，聚居于回鹘牙帐西北三千里，相当于今天叶尼塞河上游地区，当时从回鹘牙帐骑骆驼需要走将近 40 天的时间。据史料记载，这个部落汉朝时称为隔昆或坚昆；南北朝时称为护骨、结骨或者纥骨；到了唐朝称为黠戛斯或者纥扢斯。

唐朝初年，黠戛斯役属于薛延陀。贞观二十二年（648 年）黠戛斯酋长失钵屈阿栈入朝，唐朝在黠戛斯设坚昆都督府，以失钵屈阿栈为都督，隶属燕然都护府。高宗李治在位的乾元年间，黠戛斯被回鹘打败，成为回鹘的从属部落之一，从此与唐朝失去联系。

后来黠戛斯的几任酋长乘回鹘逐渐衰弱，连年发兵南进，几度大败回鹘军队。回鹘国相掘罗勿援引沙陀打败彰信可汗，㕎馺特勒立为可汗时，回鹘大将句录贺勾结黠戛斯十万大军来攻，杀死掘罗勿、㕎馺特勒，荡平回鹘牙帐。回鹘从此崩溃，其诸部族四散逃亡，另两位国相拔职与庞特勒带领其中的 15 个部落向西逃往葛罗禄，后来与那里的部落建立哈剌汗国；而有的部族西迁西州和龟兹，称为西州回鹘或高昌回鹘，为今天新疆维吾尔族的祖先；有的西迁甘州，称为甘州回鹘，成为今天裕固族的祖先。

在这些四散逃亡的回鹘部族中，原来牙帐附近的13个部落拥立乌介特勒为可汗，称为乌介可汗。而越过大漠向唐朝边塞靠近的有原可汗的兄弟嗢没斯和国相赤心、特勒那颉啜等率领的部众。他们在开成五年（840年）九月，到达唐朝的天德城下，请求进入中原依附唐朝。

当黠戛斯荡平回鹘牙帐时，同时将唐朝的太和公主掠去，然后又派使者达干将太和公主送还唐朝。乌介可汗得知消息后，派遣军队追杀达干，并抢回太和公主，同时率领13个部落也来到天德城下，遣使入奏向唐朝借兵，准备反击黠戛斯，恢复回鹘。

当时太和公主也派属下颉干伽思上奏皇帝李瀍称乌介特勒既已成为可汗，希望朝廷尽快遣使册封。天德军使温德彝也不敢怠慢，紧急上奏皇帝李瀍，报告回鹘大军进逼边塞，兵马前后绵延六十余里，已经引起沿边军民的极大恐慌，希望朝廷速派援兵。

李瀍得到奏疏后，下诏让振武军节度使刘沔沿云迦关设军把守，防止回鹘进一步南侵，以确保河东之地的安全。

会昌元年（841年）八月，新任天德军使田牟和监军韦仲平想要反击回鹘以邀军功，他们向皇帝李瀍上奏，说与回鹘素有仇怨的吐谷浑、沙陀、党项等部落全都主动请缨，希望和大唐的军队一起攻打回鹘，如果朝廷批准发兵，这次一定能打败回鹘。

面对来天德军的建议，李瀍召集朝臣进行讨论。讨论中很多朝臣认为嗢没斯等人背叛自己的可汗而请求依附大唐，朝廷不宜接受，应该批准田牟的请示，以发兵攻打回鹘为上策。

就在朝臣们几乎达成一致意见时，一个人站了出来明确表示反对，这个人就是刚刚重新回到朝廷担任宰相的李德裕。

李德裕能够重新复相，得益于李瀍即位后排挤牛党成员。因为在李瀍即位前，以杨嗣复、李珏为核心的牛党成员想按照文宗李昂的诏令拥立安王李溶，所以李瀍即位后打击牛党的同时，开始重新起用李党成员。

“穷鸟入怀还想着怎样能够让它活下去，况且回鹘屡建大功，现在被邻国所攻破，部族离散无所归依，远道而来想要依附我大唐，而且秋毫无犯，我国为什么要趁人之危而进攻人家，我认为现在应该遣使前往安抚，并赐粮食以帮助其渡过难关，难道诸位没听过汉宣帝以服韩邪的事情吗？”

这是李德裕复相后第一次在公开场合明确表达自己的意见，虽然很长时间没在朝廷，但他的威信依然存在，所说的话掷地有声，以至于一时间无人表态。

“如果按照李大人所说去做，会不会是犹如借给入侵者兵器，资助强盗以粮食，这是十分危险的，不如趁回鹘目前衰弱发兵攻打。”另一位宰相陈夷行说道。

“从前吐谷浑等部落，见到对自己有利便争相出兵；见到对自己不利了，便犹如受惊的鸟兽各自逃回老巢，我们怎么可以指望这些人为国家出力呢？现在天德军不过数千人，如果战事不利，天德城必然陷落。不如以我们的恩德安抚回鹘，相信回鹘一定不会作乱，即使一旦侵扰边境，也应该征调诸道大军进行征讨，怎么可以单独让天德军出兵呢？”

此时，以李瀍为核心的朝廷上下对回鹘此番南来大唐边境究竟是何目的，全都不甚了解，更对嗢没斯等人请求依附将信将疑，面对李德裕所说的话，很多人虽然默不作声，但脸上逐渐显出不屑的表情。李德裕经过观察显然察觉到了这一点，于是他就回鹘的现状以及诸多人对回鹘表示怀疑继续说道：

“如果回鹘国内有可汗，嗢没斯等人前来请求依附，那的确是不合乎礼法，但是现在其国内战乱无主，部落竞相四散逃亡，有依附葛逻禄的，有依附吐蕃的，只有嗢没斯这一支前来依附我国，我仔细看过他写的请求依附的表文，言辞极其诚恳，怎么可能会是叛将？而且嗢没斯自去年九月到达天德城下，今年二月乌介特勒才被其部众拥立为可汗，两个人之间自无君臣之分。”

面对朝臣们的讨论，新即位的李瀍始终没有发表意见，并不是李瀍心中没谱，事实上他十分明白自己初登皇位，面对涉及国与国之间的复杂外事问题，他必须要慎重地做出决策，在此之前他首先要做的就是多听和多看。

李德裕虽然说得信心满满，但李瀍并没有立即做出决策，所以针对回鹘究竟是战是和始终久议不决。会昌元年（841 年）十一月，李德裕再次上奏李瀍，表示回鹘国破家亡，太和公主还不知道身在何方，如果不遣使访问，周边国家会说我们薄情寡义，这样既辜负公主，又让周边国家对我国产生失望，不如遣使册封乌介特勒，同时宣慰嗢没斯，可以通过他转达对公主的问候，顺便也可以和嗢没斯联络感情。

李德裕的这次上奏，表现出了作为官场老手的高超技巧，他一语说中了李瀍的要害处，那就是新君即位的面子问题。李瀍最终接受了李德裕招抚回鹘的建议，派右金吾大将军王会为安抚大使，带着李德裕起草的皇帝宣慰制书出使回鹘。

不过，李瀍并没有忘记提防回鹘的侵扰，他一方面招抚回鹘，另一方面又调兵遣将，任命刘沔为河东节度使，李忠顺为振武军节度使，下令重修杷头烽等边关要塞，加固修筑东、中受降城，在天德、振武一线增加防守兵力，同时又派出兵部郎中李式为巡边使，奉命巡察沿边军事事宜，督促边将们切实加强防御。

而且李瀍即使派出使者前往回鹘册封乌介特勒，但他担心回鹘内部再生变故，于是留了个心眼儿，在乌介特勒非正常情况继承汗位的现实下，他采取了十分谨慎的做法，让使者缓缓而行，顺便观察回鹘国内的形势，待其汗位稳固再行册封不迟。结果后来因为乌介特勒屡次率部众侵扰大唐边境，册封的使者始终滞留太原，册封一事最终不了了之。

此时回鹘内部矛盾不断升级，嗢没斯因宰相赤心桀骜不驯，难以与之共存，而且赤心与另一名宰相那颉啜拥兵不听乌介可汗号令，被乌介可汗视为眼中钉肉中刺。会昌二年（842 年）三月，赤心想要率领部众入侵唐境，乌介可汗将这个消息透露给了天德军使田牟，让其早做防备，同时下令让嗢没斯诱骗赤心至其帐下，趁赤心没有防备将其杀死。

那颉啜得到消息后，顺势兼并了赤心所属的七千人部众，迅速逃离牙帐东进振武大同，同时纠集室韦、黑沙等部落进犯幽州，结果被卢龙节度使张仲武打败。那颉啜带领残兵北逃，被正在追赶他的乌介可汗杀死于乱军之中。

回鹘国内的动乱局势，让处在与回鹘接壤的天德军使田牟始终摩拳擦掌，在屡次向朝廷上表请求攻打回鹘被拒绝后，终于在会昌二年（842 年）四月，在没经过朝廷批准的情况下，派兵三千攻打回鹘，结果打了个胜仗。值得一提的是，这是自回鹘靠近大唐边境以来，唐朝边将主动采取的第一次军事行动。

田牟打了胜仗后，兴高采烈地上奏朝廷报告边境大捷的消息。李瀍本想重赏田牟，但却遭到了李德裕的反对。

在李德裕看来，田牟虽然是驻守边境的武将，但却不懂得兵法，回鹘军队擅长野战，攻城战不是其长项，田牟应该采取坚守城池的策略，等待诸道大军集结后再行出兵。现在天德军独自出战，一旦打了败仗回鹘必定趁天德空虚发起进攻，那个以天德军的兵力是无法再坚守的，朝廷必须要制止田牟这种冒险行为。

同时李德裕针对已经与回鹘交兵的现实和未来回鹘有可能骚扰大唐边境的情况，也提出了有针对性的策略部署。

他建议李瀍立即召集近年来归降云、朔二州以及天德的羌族、吐谷浑部落各自出兵反击回鹘，如果打了胜仗所俘获的物资让他们自行分配。回鹘羁旅两年有余，物资匮乏、人心浮动，可以让田牟利用这个机会招降其部众，发放粮食转置太原。虽然不知道嗢没斯究竟是不是真的想要依附，但从大局考虑，也要早加封赏，就是他没有诚意，我们这样做也算是反间计，让远近的四夷部落都知道朝廷是追究回鹘可汗的不敬之罪，并非想要灭掉回鹘这个国家。

对于李德裕的建议，皇帝李瀍全部采纳。后来的事实证明李德裕的策略十分有效，不久后正是因为李德裕的怀柔策略，致使嗢没斯前来归附。

## 嗢没斯归附

李瀍采纳李德裕的建议对回鹘各部临之以大兵和抚之以恩惠，利用其内部矛盾，分化瓦解的策略很快产生了积极效果。不久，回鹘可汗家族成员的中厖俱遮、阿敦宁等四部，以及大将军曹磨率领所部三万人向卢龙节度使投降。

同时，嗢没斯率领所部两千余人至振武军归附。李瀍下诏任命嗢没斯为右金吾大将军，封怀化郡王。不久又改天德军为归义军，任命嗢没斯为归义军使。

为了表彰嗢没斯的归附之举，李瀍赐给嗢没斯牙旗、豹尾、刀器等物，下诏让李德裕广采秦汉以来起自边陲殊域、有忠诚朝廷卓异行为的 30 人事迹写成《异域归忠传》，赏赐给嗢没斯等人，以表彰其归顺朝廷的忠义行为，并赐嗢没斯“李”姓，名为“思忠”。

就在嗢没斯率众归附朝廷的同时，乌介可汗在回鹘的众多部落争相归附大唐，在其势力受到很大削弱的情况下，依然不肯按照李瀍的意图去办，而不断骚扰大唐边境。在乌介可汗看来，自己依然有和唐朝掰手腕的筹码，追随其帐下仍有一支将近十万人的军队，他将牙帐设在大同的北阎门山，同时上表李瀍请求朝廷接济粮草、牛羊，并遣返叛将嗢没斯。

对此，李瀍专门写了一封拒绝的诏书进行答复，同时告诉乌介可汗遣返嗢没斯的事情今后不要再提，因为从现在开始，嗢没斯已经是大唐的子民。

李瀍的回绝书让乌介可汗有些恼怒，但目前以他的实力已经无法与唐朝大规模的开战，于是他只好耐着性子再次派宰相上表李瀍，请求借兵返回回鹘复国，并以安置太和公主的名义暂时借天德城以休整。对于这个请求李瀍也是一口回绝，他的理由是回鹘的内政大唐不便过多地参与，希望乌介可汗能够尽快离开大唐边境返回漠南。

这一次乌介可汗彻底愤怒了！

会昌二年（842 年）八月，乌介可汗率众越过杷头烽向南逼近，突袭云州境内的大同，掠夺牛马数万头，然后挥师直抵云州城下。刺史张献节坚守城池不战，而周围的吐谷浑、党项、羌族等部落各自闭门不出以自保，一时间太原以北的气氛顿时为之紧张。为了防止回鹘大规模南侵，李瀍从各藩镇调集军队，加强对太原、天德、振武等地的防守力量。

就在李瀍高度戒备回鹘的关键时刻，一个久居长安名叫石戒直的人向朝廷自告奋勇，愿意充当一介信使，转达皇帝李瀍对于回鹘可汗的意旨。在石戒直带去的诏书中，皇帝李瀍再次重申希望乌介可汗退回本国的态度，而且在诏书的结尾部分，李瀍加上了具有震慑力的话语：

“然朕志在怀柔，情深屈己，宁可汗之负德，终未忍于幸灾……速择良图，无至不悛，或贻后悔。”

从李瀍诏书最后的话语来看，明显带有最后通牒的味道。事实上，自从回鹘各部南下逼近唐朝边境以来，唐朝一直对乌介可汗采取优言抚慰，百般接济的策略，希望他能够按照朝廷的要求返回漠南地区，朝廷可以伺机提供帮助，在适当时机协助其复国。在李瀍给乌介可汗的诸多诏书中，可以说石戒直带去的这一封是第一道措辞比较强硬、不无威胁口气的诏书。

之所以很长时间以来，以李德裕为首的朝廷主张对回鹘采取容忍策略，除了回鹘实力强大外，还源于自身的诸多缺陷，因为自安史之乱后，朝廷逐渐受制于藩镇，能够直接指挥调动的军队不是很多，而且太原、振武、天德等地，驻军人数也不是很多，仅够守城招架而已。而调集大军入援，军需给养的筹措运转又十分困难，上述原因就是皇帝李瀍和李德裕群臣对乌介可汗的侵扰一再容忍、不想大动干戈，而想用传统的满足他们经济上需求的方法，缓解因回鹘南移对帝国边境造成的巨大压力。

但是乌介可汗则以其受到黠戛斯为首的西北各部族的联合进攻，短时间内难以复国为由，继续在唐朝边境游动，伺机入境骚扰，进而向皇帝李瀍施加压力，以求不断获得粮食等日用必需物资的接济。

即使是面对乌介可汗这种死皮赖脸的行为，李瀍为了避免干戈，还是从大局出发让李德裕代河东节度使刘沔致信回鹘宰相颉于迦斯，反复申明朝廷让回鹘回到漠南的坚定立场。可是颉于迦斯是个比乌介可汗还要赖皮的人，对于李瀍的信件，他的处理方法是置之不理。



当时正值八月金秋，帝国北部边境虽然已经秋凉袭人，但正是草壮马肥之时，当然也是北方数民族历来频频近塞骚扰的黄金季节。乌介可汗利用这一时节，大肆劫掠边境客商，而且频繁在边塞一带骚扰大唐国土。

李德裕依据短时间内不能更彻底解决回鹘对北部边境安全威胁的实际情况，只好向皇帝李瀍建议用加强北方诸道防御的方法与回鹘对峙和伺机破敌。因为李德裕清楚地知道，在即将到来的冬季里，回鹘军队骚扰大唐边境虽然存在很大困难，但对于大唐来讲则更加困难，边境上环境恶劣，军需供给匮乏自不待说，最关键的是中原士兵禁受不住北方严寒之苦，这会让军队出征作战的威力大打折扣。

事实上，谁都知道对回鹘用兵的最好季节是在春季，因为乌介可汗同时也要防备唐朝和沿边少数民族军队的侵扰，他所率的残部必定成为惊弓之鸟，而且春季里人无食粮，马无草料，正是人饥马乏之时，那个时候大军出击，必定能驱逐回鹘。

针对上述想法，李瀍召集大臣们进行商讨论证。以李德裕为首的朝臣们认为，在朝廷多次容忍乌介可汗，但其并不买账的现实下，朝廷有必要采取武力措施驱逐回鹘。在看到群臣意见一致后，李瀍定下了来年春天驱逐乌介可汗于塞下的方针策略。

围绕这个策略，李瀍任命河东节度使刘沔为招抚回鹘使；卢龙节度使张仲武为东部招抚回鹘使；新归附的李思忠为河西党项都将、西南招讨使；由刘沔居中全权指挥对回鹘用兵事宜。在这些将领指挥的军队中，除了大唐和新归附的李思忠回鹘军队之外，还有奚、契丹、室韦等少数民族军队。

李瀍诏令刘沔在来年春季到来之前，尽量不要和乌介可汗发生军事冲突，应该多多积累粮草，以及提高士兵的战斗力，一切等到来年春季再行用兵，目前的秋冬季节与回鹘要保持目前这种对峙局面。

不过，李瀍制定的秋冬季节与回鹘保持对峙局面的策略，却因为两件突发事件而产生变化，同时也加快了解决回鹘问题的进程。

会昌二年（842 年）九月，河东奏事官孙寿入朝向李德裕报告了乌介可汗的最新动向，报告称乌介可汗因担心契丹在其背后突袭，将大本营向南移动了四十里，已经抵达塞下，从距离来看正是驱逐回鹘作战的适合距离，唯一不足之处是大同的兵力稍显薄弱，还需要从中原地区调兵增援。

于是皇帝李瀍和李德裕针对这种突然出现的变化，立即改变策略着手部署驱逐回鹘事宜，下令幽州、振武、天德各地守军出动，以营栅为据稳扎稳打，逐渐向乌介可汗逼近。同时下令银州刺史何朝清、蔚州刺史契苾通率领河东地区的藩兵，赴振武接受李思忠节制，与官军合击回鹘。

就在李瀍安排好反击回鹘的一切事宜后不久，黠戛斯派遣使臣入朝，使臣在皇帝李瀍面前发誓，上天入地也要找到被回鹘掠去的太和公主。在李瀍看来这又是给了自己反击回鹘的绝好借口，于是他不失时机地抓住这个事件，将黠戛斯使臣的话不无夸张地转告回鹘宰相，意在进一步向乌介可汗施加压力，因为无论从地理角度还是时局形势而言，黠戛斯堪称回鹘的苦主，有了黠戛斯这个强援，李瀍和李德裕决定利用这个机会对乌介可汗采取更大规模的军事行动。

## 逼退回鹘

李瀍决定反击回鹘，除了乌介可汗经常骚扰唐境，欺人太甚之外，太和公主始终不知身在何方，也是李瀍心头一大隐忧。论辈分，太和公主是李瀍的姑姑，所以李瀍有义务找寻这位长辈的下落。

会昌三年（843 年）正月，乌介可汗率部众偕太和公主进逼振武城下。河东节度使刘沔带领大军先期进入云州，做好了反击乌介可汗的准备，他见乌介可汗大兵压境，便决定采取突袭可汗牙帐的方式，使其部众溃散，乘混乱之机夺回太和公主。

为此，刘沔派时任麟州刺史的部将石雄带领精锐奇兵，出其不意出振武城，以迅雷不及掩耳之势直取乌介可汗牙帐。石雄接受命令后，与都支兵马使王逢，同率沙陀族酋长朱邪赤心的三个部落和契苾拓跋为首的各部落骑兵，在夜色的掩护下从马邑出发，急速进入振武城。

到达城内后，石雄登上振武城楼，见城外星罗棋布的幕帐中，有一处用数十辆毡车构成的营帐群，出入其间的人的装束与其他处着塞外胡族服饰不同，而是身穿彩色的丝织衣物，显然与中原人的打扮相似，而且十分醒目。

石雄下令让探马找来军中的回鹘人登城瞭望，结果回鹘人给出的答案是：石雄所看见的是太和公主的营帐。

偶然间发现太和公主的踪迹，这让石雄大喜过望，于是他当机立断决定趁机迎回公主。当夜，石雄派军中细作潜入太和公主营帐，通报了大唐军队即将发动对乌介可汗进攻的消息，叮嘱公主与侍从在官军进攻时小心自保，切勿轻易出帐，耐心等待自己接应其还朝。

与太和公主接头之后，石雄派人分头在振武城中搜集牛马等牲畜和大鼓，连夜在临近乌介可汗牙帐的城墙下开挖十余个门洞，以备出兵所用。

黎明时分，石雄一声令下，城墙上旌旗招展号角齐鸣，城墙下的门洞骤然顿开，在石雄的精心安排下，士兵们将夜间搜集来的牛马在鼓角声的驱赶下狂奔门洞，向乌介可汗的牙帐疾驰奔去。石雄带领精锐骑兵跟在后边随之跟进，顿时振武城下牛马杂畜横冲直撞，一时间尘埃障目，不辨东西。

此时，乌介可汗还在睡梦之中，在唐军迅雷不及掩耳之势的攻势下顿时惊醒，当他反应过来想组织反击时为时已晚，匆忙中乌介可汗丢弃大批辎重，也顾不得太和公主身在何方，便带着部众向北逃去。

石雄见回鹘大军顷刻间溃散，他一声令下乘胜追击乌介可汗至杀胡山。乌介可汗在逃命中被唐军射伤，最终仅带领十几名亲兵继续向北逃去。而石雄则按照先前的计划将太和公主迎回太原。

振武之战石雄所部取得了反击回鹘以来的最大胜利，降回鹘部众两万余人，自此之后回鹘更加衰弱，而石雄也因为这一战打出声威，被加官检校左散骑常侍、丰州刺史兼御史大夫、天德防御使。

刘沔很快将振武前线胜利的消息入奏朝廷，李瀍获悉不仅驱逐了乌介可汗，而且迎回了太和公主，欣喜异常，当即下令朝廷相关部门准备迎接太和公主还朝。

会昌三年（843 年）二月二十五日，太和公主从太原终于回到了她阔别 20 多年之久的长安。李瀍下诏左右神策军各出士兵二百人与太常寺所备仪仗，共同到长安城外的长乐驿迎接太和公主入朝。宰相和百官在章敬寺门立班等候参拜太和公主，然后由礼官引导太和公主至太庙，祭拜父亲宪宗李纯和哥哥穆宗李恒，最后从光化门进入皇宫。

就在同一天，宰相李德裕和百官来到宣政殿，向皇帝李瀍祝贺太和公主还朝，然后又前往兴庆宫向李瀍的祖母，也就是太和公主的生母太皇太后郭氏祝贺。

当时朝廷上下沉浸在一片喜气洋洋的氛围中，不过皇帝李瀍和李德裕十分明白，乌介可汗虽然溃逃漠南，持续了二年有余的反击回鹘之战终于取得胜利，但乌介可汗很有可能会卷土重来，为了彻底解决帝国北部来自回鹘的侵扰，李瀍决定对回鹘残部采取穷追猛打之策，下令让各路人马继续扫荡回鹘残部，追击乌介可汗。

当时李德裕十分担心乌介可汗逃入黑车子部落，因为从大唐到黑车子部落山高路远，那样将会使朝廷劳师费财，很难在短时间内解决回鹘问题。于是，他向皇帝李瀍建议，由熟悉西北边地情况的回鹘将领李忠顺带领精锐骑兵，截断乌介可汗进入黑车子部落的要道，并由李思忠、何重顺带兵从振武出发，跟踪乌介可汗的行踪至金山，然后在当地联络少数民族部落，共同截杀乌介可汗。

此后在将近一年的时间里，唐朝各路大军分兵追缴乌介可汗，并取得一系列胜利。会昌四年（844 年）九月，幽州奏事官入朝向李德裕报告了回鹘的最新情况。在唐军的不断打击下，回鹘内部开始上下离心，乌介可汗想带领残部进入安西以求庇护，而其部众则以他们的家属多在大唐，表示愿意归附唐朝拒绝西行。而且回鹘与向来关系密切的室韦部族闹翻，不能再从室韦部族那里得到物资供应，这无疑又为唐朝加快解决回鹘问题提供了新的机会，针对上述情况，李德裕断定按照目前情况发展下去，乌介可汗只有两条路可走，一是归降大唐；二是在其内部纠纷中被部众杀死。

事实证明，李德裕的判断十分准确。会昌六年（846 年）二月，乌介可汗慑于唐朝的军威，而且他已经十分孤立，在无所归依的情况下只好率部远走金山。此时因为天寒地冻，很多人相继离开了乌介可汗，追随他的部众仅剩三千余人。

七月，回鹘残部的内部矛盾进一步升级，以宰相逸隐啜为首的几个大臣利用乌介可汗巡视各营的机会，忽然发动政变，杀死乌介可汗于金山牙帐之内，同时立其弟特勒遏捻为可汗。

特勒遏捻登上汗位以来，投靠奚族酋长石舍朗。次年宣宗李忱即位后，幽州节度使张仲武接连出兵北上，大破始终收留回鹘残部的奚族部落。大中二年（848 年）正月，奚族部落被唐军打散，特勒遏捻再次陷入无所归依的状态，紧接着部署相继离散，最终特勒遏捻只得带着 500 人去投靠先前和乌介可汗闹翻室韦部族，希望室韦部族看在乌介可汗已经被杀的情面上收留自己。

当时室韦酋长正派遣使者入朝觐见宣宗李忱，在途经幽州时，张仲武得到了特勒遏捻想要前去投靠室韦的消息，于是他截住室韦使者，以交出特勒遏捻为条件，才准许其入朝觐见。

就在室韦使者将张仲武的要求刚刚汇报给酋长时，特勒遏捻便得到了消息，他闻讯大惊失色，担心室韦酋长会将自己交出去，于是连部众都没来得及通知，只带着妻儿等九个人仓皇向西逃去，其余部众知道后想要追赶已经来不及，遂被室韦酋长分为七部，并赐室韦的姓氏，这便是室韦七姓的由来。

三天后，黠戛斯派遣其宰相阿插领兵攻打室韦，尽取回鹘余众归于漠北，只有少数人逃脱后藏于山林之中，靠劫掠当地少数民族游牧部落维持生计，至此乌介可汗一系全部覆亡。

在黠戛斯攻破回鹘汗国时，西迁回鹘中的一支进入安西，其酋长庞特勒自称可汗，设牙帐于甘州，控制了当地各部族，尽管其实力并不强盛，但仍经常入朝觐见，与唐朝保持时断时续的联系。

大中十年（856 年）三月，宣宗李忱一反李德裕在武宗李瀍时期极力主张剿灭回鹘的做法，在成功收复河湟地区，解除了来自吐蕃的威胁后，仍想要在西北地区扶持一个少数民族政权，进而借以稳定西北局势。相比之下，回鹘比吐蕃与唐朝的关系更为密切，于是李忱决定在适当时机对安西的回鹘庞勒可汗采取羁縻策略进行册封。

十月，李忱派遣卫尉少卿王端章为使臣，赴安西招抚回鹘庞勒可汗。当王端章行至灵武时，正好与庞勒可汗派遣入朝觐见皇帝李忱的使者相遇，于是李忱正式册封庞勒可汗为怀建可汗，并让王端章迅速前往安西，向庞勒可汗递交册封的诏书。

然而王端章从灵武出发近一年后，即大中十一年（857 年）十月，因为黑车子部落阻断交通，王端章无法通行，于是无功而返，王端章也因没有完成对庞勒可汗的册封任务而被贬为贺州司马。

唐懿宗咸通四年（863 年），黠戛斯曾经派使者入朝觐见，主动提出大兵讨伐回鹘，并保证让回鹘所居的安西之地尽归唐朝，结果懿宗皇帝没有同意。乾符元年（874 年），僖宗皇帝应回鹘的多次册封请求，派册封使郗宗莒前往安西进行册封。不过当时正值回鹘受到吐谷浑的进攻，部众尽皆溃散，郗宗莒到达的时候已经无法找到，于是只得返回唐朝。僖宗皇帝只好让郗宗莒将册封使用的玉册和国信交给灵盐节度使唐弘夫保管，准备在回鹘国内局势稳定后再行册封。

可是就是在这次未成的册封之行后，唐朝与回鹘再也没有联系。

回鹘因为自身的内乱和唐朝不断的打击，终于彻底衰落下去，这个在安史之乱中曾经帮助唐朝收复两京的庞大汗国，就这样随风逐渐消逝在历史的长河中。而在它曾经辉煌过的土地上，取而代之的是黠戛斯部落，李瀍没有忘记在反击回鹘的过程中，黠戛斯所起的关键作用，所以在成功击退回鹘之后，如何报答黠戛斯就被提上日程。

## 黠戛斯之封

黠戛斯趁回鹘国内动乱，又连遭严重自然灾害侵袭，势力大为削弱之际迅速崛起，先后占领了回鹘控制下的安西、北庭各地，在回鹘故地建立起统治区域，将牙帐由睹满山（今叶塞尼河上游萨彦岭）之北迁至山南，南部与吐蕃，西南与葛逻禄相邻。

黠戛斯自从攻破回鹘，夺得太和公主而复失，便以此为契机多次向朝廷示好，随着时间的推移与朝廷的来往日渐密切。

早在会昌三年（843 年）三月，黠戛斯就派使者注吾合索入朝，向皇帝李瀍进献名马。当时负责接待黠戛斯使者的唐朝官员是太仆卿赵蕃，在赵蕃与黠戛斯使者的交往中，得知黠戛斯正在攻取安西、北庭地区，于是他向李瀍上奏，请求出师应援收复安、北庭地区，结果遭到了宰相李德裕的反对。李德裕写了封奏疏专门论述朝廷进兵安西、北庭地区的诸多困难。

应该说那个时候李德裕的反对确实有一定道理，在刚刚结束的击溃乌介可汗的军事行动中，唐朝面对已经衰弱不堪的回鹘残部，尚且显露出捉襟见肘、兵力不足，而要劳师远征安西、北庭，则完全不具备这样的实力。因此皇帝李瀍只好放弃了这个打算。

黠戛斯可汗见唐朝婉拒出兵安西，为了进一步加强与唐朝的联系，便提出请求派使臣入朝，希望获得册封。当时皇帝李瀍因为回鹘问题还没有彻底解决，如果册封黠戛斯可汗，担心会重蹈回鹘可汗的居功自大、藐视大唐的覆辙，于是就想婉拒其册封的请求。

可是李德裕并不这么看，他认为在当前形势下，朝廷应该与黠戛斯互通友好。因为黠戛斯已经自立可汗，现在朝廷需要这个外援共同打击回鹘，千万不能吝啬册封之事，当年回鹘协助朝廷收复两京，朝廷每年赐给其绢布两万匹，并且与之和市，现在黠戛斯还没有为朝廷立下功劳，不可能有所多求，如果担心其有不臣之心，可以与其立约，相信其必能像当年回鹘那样称臣。

于是，在李德裕的极力劝说下，皇帝李瀍派赵蕃为安抚使出使黠戛斯，要求其出兵扫荡回鹘残部。事实上，赵蕃此次出使，李德裕也让他肩负着侦察黠戛斯虚实的使命。在赵蕃带给黠戛斯可汗的由李德裕代皇帝李瀍起草的信札中，字里行间充满了委婉之辞，完全不见了大唐天子昔日居高临下、盛气凌人的气势，其口气似乎倒是久别重逢的老友在促膝而谈。虽然这是李德裕对不知虚实的黠戛斯采取的权宜之计，但从实际效果来看，黠戛斯可汗十分高兴。

到了六月，黠戛斯可汗又派大将军温件入朝进贡马匹。虽然这次没再提册封之事，但皇帝李瀍明白温件入朝的用意，在他给黠戛斯可汗的回信中，依然重申了黠戛斯必须尽快出兵扫荡回鹘残部及其所投靠的黑车子部落，朝廷才能考虑遣使册封的问题。在这一次回复的信札中，除了如同以往与黠戛斯攀亲叙旧，对其好言笼络之外，急于黠戛斯出兵进攻回鹘的焦急心态溢于言表。而且为了在黠戛斯曾经被回鹘奴役的旧怨基础上，燃起其对回鹘的更大仇恨，皇帝李瀍使用了离间手段，表示大唐在黠戛斯起兵攻打回鹘时，就已经成为黠戛斯的兄弟盟国。

黠戛斯可汗被皇帝李瀍的一再表示要册封的许诺所吸引，在会昌三年（843 年）三月，第二次派遣大将军谛德伊斯难珠等人入朝觐见，并告诉皇帝李瀍黠戛斯部落准备在秋季迁居回鹘牙帐旧址，与朝廷约定发兵日期以及会师地点。

李瀍见黠戛斯终于表示出兵东进与官军协同彻底消灭回鹘，内心欣喜异常，当即赐诏回复黠戛斯可汗，对当年秋季进攻回鹘的军事行动做出部署。可是从后来的实际情况来看，尽管李瀍在天德、振武、太原一线部署军队，并不断运输粮草训练士卒，但诏书中与黠戛斯约定好的军事行动并没有真正实施，而史料上也找不到黠戛斯独自进攻回鹘的记录。

会昌五年（845 年）四月，李瀍曾经多次许诺过的派遣使臣对黠戛斯可汗行册封之事终于付诸行动。李瀍先是任命了陕虢观察使李拭为册封黠戛斯可汗使，在经过群臣讨论一个月后，册封黠戛斯可汗为宗英雄武诚明可汗，但是当时不知道什么原因，册封使李拭一直没有成行。

会昌六年（846 年）二月，李瀍得知乌介可汗带领残部远走金山，他决定这一次无论如何也要对黠戛斯可汗进行册封。然而不幸的是，就在他刚刚对此事安排完毕，一个月后他便驾崩。当时按照礼制规定，正值国丧期间，不宜派出使者远行，所以朝廷从半路召回了前往黠戛斯完成册封任务的使者，准备在国丧期之后再行册封。

不过后来宣宗李忱即位后，将李德裕排挤出朝廷，昔日主持反击回鹘，联络黠戛斯的两个主要人物一个病逝，一个被贬，而随着新皇帝的即位，朝中官员对册封黠戛斯可汗一事，全都看着新皇帝李忱的脸色行事，不轻易发表意见。

好在皇帝李忱并没有忘记这件事，当时他召集百官针对这件事进行讨论。而大臣们也是意见不同，各抒己见，有的人认为册封黠戛斯是先皇已定下的事情，应该付诸实施；有的人则认为黠戛斯是北狄偏远小国，不足与大唐抗衡，对册封之事可以置之不理；还有的人认为乌介可汗虽然已死，但回鹘残部还没有完全被消灭，目前不应立即册封黠戛斯，以免生出后患。

坦白地讲，大臣们的话都很有道理，最终皇帝李忱经过慎重的考虑，还是以大国应该言而有信为理由，决定对黠戛斯进行册封。

大中元年（847 年）六月，皇帝李忱重新任命鸿胪卿李业为册封使。一个月后李业到达黠戛斯，正式册封其可汗为英武诚明可汗，至此承诺许多年的册封黠戛斯一事，终于宣告完成。

反击回鹘之战，是大唐帝国晚期少有的打出声威的一战，虽然其中有回鹘内乱以及黠戛斯部落协助的因素，但这毕竟为逐渐走下坡路的大唐帝国增添了一抹亮丽的色彩。而李瀍和李德裕也因为运用策略得当，而被后世史家所称道。当然，从李瀍时间并不算长的皇帝生涯来看，他所做的最有影响力的事情并不是这一件。

# 第十一章
# 会昌废佛

李瀍在位共计六年，这六年中，他成功强兵远征威制过回鹘，也曾平定强藩泽潞镇的叛乱，但他所做的最有影响力的事情并不是上述这些，而是废佛事件。李瀍即位后改元会昌，所以这次废佛事件史称会昌废佛，佛教史上称为“会昌法难”，对于佛教而言，这是佛教史上的一次大灾难。

## 历史渊源

会昌废佛事件表面上看起来有非常大的偶然性，但细究起来这里边既有李瀍的个人喜好原因，同时也有更深的历史渊源。要说清楚这个问题，我们还得从唐朝的佛、道之争说起。

佛教在两汉之际传入中国后，与汉民族的本土宗教在各自的发展过程中，既有融合也有斗争。尽管互相进退消长，但它们在支持皇家统治中都具有不可取代的作用，因此，它们不但没有受到削弱，反而不断壮大，其教义也更加充实和丰富。从佛、道斗争的总体情况来看，佛教的势力要胜过道教，不过在隋朝建立后，由于特定的历史环境，道教的势力和影响开始增强。

在隋朝建立之前，北周武帝宇文邕在道士张宾、焦子顺的支持下开展过一次废佛运动。但在后来杨坚密谋篡周时，张宾和焦子顺又向杨坚密告受命之符，说星历有代谢之征，杨坚当为天子。杨坚建立隋朝后，张、焦二人颇得宠信，由此也使得隋朝在继续尊奉佛教的同时，因为张、焦二人的缘故而大修道观，广度道士，进而推动了道教势力的发展。

在隋末天下动乱之机，道士王知远一方面和隋炀帝杨广十分亲密；另一方面见李渊有取代隋朝的希望，又向李渊密告符命，称李渊当受天命，所以，唐朝建立后，道教继续受到尊奉。

不过唐朝建立后，佛、道之争开始加剧，斗争也更加复杂。道教因为获得皇家支持而得到极大的发展，其地位有史以来首次排在佛教之上，这其中要数傅奕排斥佛教最为积极。

傅奕不仅会观星象，他对宗教也具有浓厚的兴趣。不过，他对佛教却是采取坚决抵制的态度，他认为，佛教违背儒家传统的伦理道德，而且寺院经济会给国家带来危害，他指责佛教徒“不忠不孝，削发而辑君亲，易服以逃租赋”。所以，为了维护儒教的纲常理论和统治秩序，傅奕主张从根本上废除佛教，并恳请皇帝下令天下僧尼还俗婚配，生育子女，参加生产使天下足兵足粮。

傅奕的废佛主张遭到了朝廷中信奉佛教的官员的强力反击，而且那个时候唐朝刚刚建立，皇帝也不会轻而易举地接受傅奕的主张。除了担心会产生动乱外，最关键的是，在皇帝看来，佛教理论如果利用得当，是一件很得心应手的思想武器。

尽管傅奕废佛的立场极其坚定，态度极其鲜明，然而李唐皇族依然重视儒、佛、道三教并用。因此，在三者互为融合的唐朝初年，傅奕以儒家的伦理道德为思想武器，是不可能在理论上战胜佛教的。

但值得注意的是，傅奕的废佛主张在当时的高层引起了强烈的震荡，并挑起了的三教论战，成为唐朝思想界具有重大影响的事件。从论战的阵容上看，形成了儒、道联合与佛教对阵的局面。而论战的基本内容之一，即是佛、道谁先谁后的问题，由于这个问题关系到二者在唐朝的政治地位和切身利益，所以是争论最为激烈的问题。

由傅奕上疏反对佛教而引起的三教论战，其影响已经远远超过了傅奕反对佛教的本身，特别是佛、道先后的问题已经涉及李唐皇族对三教采取何种根本政策的问题。于是，这场论战也引起了唐高祖李渊的重视，以至于在武德八年（625年）他亲自召见儒、佛、道三教代表人物时，宣布道教和儒教是本土宗教（“此土之基”），佛教是后来兴起的宗教，应该像尊重客人那样去尊崇（“宜崇客礼”），今后三教的座次依次是道教第一、儒教次之、佛教第三。可以说，李渊的金口玉言，为那个时候佛、道谁先谁后问题的争论做了定论。

李渊将道、儒二教排在佛教之先，从表面看是依据道、儒二教产生在前，而且是中国土生土长的宗教，而实际上也包含了对道教在唐朝建立的过程中所作贡献的一种回报，所以唐初在李渊的隐性保护下，道教第一次排在了佛教之前。

李渊的先道后佛的排列法，引起了佛教徒的激烈反对，后来又与宫廷内部和唐初士庶斗争纠缠在了一起。这样，就迫使后来即位的李世民不得不运用至高无上的皇权重申道先佛后的次序。

李世民在隋末唐初改朝换代之际，和父亲李渊一样曾经得到过道教的帮助，因此对道教也颇有好感。在他和李建成的政治斗争中，李建成的势力得到了以法琳为首的佛教支持，而李世民的势力则有以王知远为首的道教徒支持。

李世民即位后，出于报答以及巩固皇位的需要，在贞观十一年特意下诏，宣布道士、女冠的地位在僧尼之上。而且李世民还自称道教教祖是李唐皇族的远祖，以此提高本来并不著名的李氏的声望和地位。可以说，他在位时期对道、佛二教的态度是对李渊时期的一种继承，并且进一步提高了道教地位，对道教势力的急速扩张起到了推波助澜的作用。

此后，一直到唐高宗李治时代结束，道教都保持较高的地位。可是随着武则天时代的到来，道教开始受到一些压制，因为武则天是女皇的这种特殊身份，使得她十分在意为自己篡夺李唐天下大造舆论。因此，她一反高祖李渊以来崇道抑佛的政策，极力扶持佛教，例如，她让薛怀义伪造《大云经》，称自己是弥勒转世，应当取代李氏天下，同时她削去老子的皇帝封号，命令佛教在道教之上，下令收缴《老子化胡经》，限制出家道士数量等。据说，现在龙门石窟的卢舍那大佛像就是武则天依据自己的形象而建。

到了唐玄宗李隆基时期，道教的发展一改先前武则天时代的萎靡，开始重新复苏，并且因为国家逐渐步入黄金时代而达到登峰造极的地步。老子的皇帝封号在中宗李显时期已经恢复，李隆基即位后多次到供奉老子的玄元皇帝庙拜谒，一再加封号提高其地位，直至“圣祖大道玄元皇帝”尊号为止。他下令全国州县必须建立玄元皇帝庙，制作玄元皇帝像，并且多次利用道教制造玄元皇帝下凡的神话以巩固皇权。

不仅如此，李隆基还经常接见道士委任官职，本人亲受法箓，拜道士为师，恢复道士的皇亲资格。道士、女冠犯法享有地方官吏不得擅自处罚的特权，因此使道教的地位急速提高，让佛教望尘莫及，俨然成为受皇家保护的特殊社会阶层。

道教势力在唐朝的飞速发展，是因为道教在改朝换代之际向开国之君密告符命，博取恩宠；在天下承平之时，他们与皇族保持密切关系的途径是从事炼丹活动，为皇帝炼制和进献不死之药。想通过服食丹药而实现长生不老的皇帝中，绝大部分是信奉道教的人，例如，太宗李世民、宪宗李纯、穆宗李恒，而高宗李治和玄宗李隆基虽然担心会像太宗李世民一样服食丹药中毒而未敢服用，但对道教的长生不死之说也是深信不疑。

肃宗、代宗时期，佛教尽管不像唐朝前期那样绝大部分时间受到压制，甚至还有超过道教之势。但道教那长生不死的丹药依然在皇室上层具有很深的影响力，炼丹和服食丹药的活动有增无减。佛教在唐朝地位最高的时期当属宪宗李纯在位时期，李纯在唐朝诸帝中堪称佞佛的突出典型，一场迎奉佛骨闹剧将朝廷上下搞得人心离散，然而他又想借助道教的丹药实现长生不老，最终服食丹药成为他死亡的导火索。

穆宗李恒、敬宗李湛虽然在位时期很短，但对道教的丹药始终痴迷。穆宗李恒虽然即位之初就将蛊惑父皇李纯服食丹药的道士赶尽杀绝，但他最终也没能抵挡住丹药的诱惑以致最终送命。敬宗李湛虽然没有服食丹药，但他的死与宠信道士有着必然联系，而且李湛在位两年多的时间里，关于他处理政事的记录寥寥无几，但参加与道教有关的活动却连篇累牍、不绝于书，其崇道的热情可见一斑。

可以说，从唐朝建立伊始，一直到李瀍即位之前这二百多年的时间里，道教因为与皇族的密切联系，以及自身的长生不老之说，绝大部分时间保持了较高地位。佛教虽然地位低于道教，但因为李渊定下的宜崇客礼的原则，所以李渊之后的历代皇帝基本遵从。但到了李瀍即位后，情况却发生根本性的变化，具体来说，就是道教依然保持很高的地位，但佛教却遭到致命的打击。

## 李瀍崇道

李瀍在即位之前就是忠实的道教信徒，与道士多有交往，且颇好修道之术，对道教鼓吹的长生不死之说深信不疑。在他即位的第二个月，即开成五年（840 年）二月，就下诏将每年二月十五日玄元皇帝老子的降生日定为降圣节。朝廷百官这一天休假一日，同时下令长安、洛阳两京及天下州县设斋行道作乐，除了紧急军情之外，将其设为常例。

当年秋天，李瀍召敬宗李湛时期就颇受宠信的道士赵归真等 81 名道士入宫，在三殿修全箓道场，李瀍亲至三殿，在九天玄坛接受法箓，正式拜赵归真为师。当时右拾遗王哲上疏劝谏，认为新皇帝即位伊始，需要处理的政事有很多，不应该对道教崇信过头。然而，奏疏递上去，李瀍回馈给王哲的却是将其外贬为河南府功曹的诏书。

据史料记载，李瀍对道教的痴迷程度已经达到狂热状态。会昌元年（841 年）三月，他下令为赵归真等道士修建灵符应圣院，六月，又以衡山道士刘玄靖为银青光禄大夫，充崇玄馆学士，赐号广成先生，并在这一年下令开讲“四子真经”之一的《南华经》，在庆阳节于宫中设斋，召集僧、道进行议论。不过，李瀍对佛、道二教的态度截然不同，他赏赐道士紫袍以奖励，却没赏赐僧人，由此表现了他崇道抑佛的鲜明态度。

在所有的道士中，李瀍最为宠信赵归真，除了拜他为师之外，还下令在皇宫中单独为赵归真修建望仙馆，任命赵归真为左右街道门的教授先生。

赵归真这个因在敬宗李湛时期经常出入宫廷，向李湛进献神仙之术的道士，在李昂即位后被贬黜远地。如今又被新即位的李瀍宠信，于是他利用李瀍痴迷道教和宠信自己的机会，趁机向李瀍宣传佛教最初并不是中华的土生土长宗教，佛教进入中华是趁机想吞并本土宗教。而且赵归真认为佛寺广置田产，蠹耗生灵，于国不利，请求李瀍尽早下令废除佛教。从后来李瀍大力废佛来看，赵归真的蛊惑应该起到了至关重要的作用。

事实上，李瀍即位后，赵归真卷土重来，成为李瀍的座上客，引起了朝廷很多大臣的警惕，言官们多次上疏劝谏李瀍不要过分沉湎于道教的神仙之术，以及过度宠信道士。如宰相李德裕就劝谏李瀍，认为赵归真是公认的敬宗李湛时期的罪人，所以不宜亲近，很多小人见赵归真这样的人受到重用，一定会争相巴结，就好像夜蛾总是围绕火烛飞舞一样，希望皇帝陛下能够引以为戒。

李德裕作为李党魁首，在皇帝重新起用自己后，依然尽心尽力地做着分内之事，所以在看到皇帝过分崇道之后，他觉得自己有责任进谏皇帝。不过皇帝李瀍给他的回馈似乎让李德裕感觉自己的进谏有些多余。

面对李德裕的进谏，李瀍并没有像对待右拾遗王哲那样动怒，而是告诉李德裕，现在很多人议论赵归真，自己正想让大臣们知道他作为皇帝是个什么态度。在李瀍看来，赵归真的存在是因为自己闲着没事儿，想听赵归真说说道家的话语，而且李瀍提醒李德裕，自己早就知道赵归真这个人，只是那个时候不知道叫什么而已，只是称作赵炼师。这个人似乎在敬宗李湛时期并没有什么大过错，而自己和他说话是为了去除烦恼，至于军国大事肯定是要和朝臣们商议，不可能去问一个道士，别说一个赵归真，就是有一百个赵归真也不会迷惑自己（“百归真亦不能相惑”）。

皇帝陛下的话让李德裕瞬间觉得自己貌似比皇帝还糊涂，所以他立即闭上嘴不再言语，免得落个多管闲事的不是。朝臣们看到宰相李德裕都吃了闭门羹，所以也都选择沉默不语，任由皇帝陛下宠信赵归真。

赵归真在看到朝廷的舆论似乎于己不利后，他担心自己单枪匹马势单力孤，为了进一步邀宠固位，所以又向李瀍推荐了具有“长年之术”的罗浮山道士邓元起。面对邓元起的到来，李瀍特意派心腹宦官前往迎接。随着邓元起的到来，赵归真、刘玄靖和邓元起三人互相勾结在一起，组成了抑佛联盟，他们共同向李瀍灌输道家长生不老之说，并排斥和诋毁佛教。

坦白地讲，李瀍从笃信道教发展到后来的废佛，除了他个人的原因之外，以赵归真为核心的“抑佛联盟”对他的蛊惑起到了不可忽视的作用，而当朝宰相李德裕也在这其中起到了推波助澜的作用。

李德裕虽然反对李瀍过分崇道，但他并不反对废佛。原因在于作为一个头脑十分清楚的帝国高层官员，他看到了佛教当时已经严重在拖国家的后腿，他当然了解沉湎于宗教达到完全忘我不能自拔的程度，将会导致怎样可怕的结局。事实上，李德裕的一生对佛教和道教始终保持着距离，尤其对佛教一直采取批判态度。从现在的史料记载来看，李德裕作为宰相有责任和义务从国家的最高利益出发，虽然无法成功劝说李瀍从笃信道教中走出来，但可以限制佛教势力的发展。

李德裕在敬宗李湛时期出任浙西观察使时，就对当地的宗教发展进行了相关限制。当时徐州节度使王智兴为聚敛财富，以为敬宗李湛诞辰祈福为名设置僧坛，广度僧尼以邀厚利，使江、淮以南的百姓结队北上落发出家为僧尼。李德裕知道后立即上疏敬宗李湛，认为王智兴的做法是在让江淮地区流失壮丁，而江淮地区又是京城长安的物资保障大后方，如果江淮地区的壮丁流失过多的话，谁来为国家创造财富？最后李德裕提醒李湛，这个问题已经不是个偶然事件，而是关系到国家法度的问题。

李德裕在穆宗李恒时期第一次出任浙西观察使时，就下令拆毁辖境内未经官府登记的佛教庙宇千余座，招提、兰若（私自建造的寺院）一千四百余间。后来在剑南西川节度使任上，又拆毁浮屠私庐数千所，将它们所占土地还给百姓，而且在成都有的人已经削发为僧，却又娶妻生子犹如常人，李德裕因此明令禁止，进而保证国家能够控制足够的劳动人手，受到朝野的广泛称赞。

对于李德裕而言，如果非要分出他倾向于佛教还是道教的话，他还是倾向道教多些。五代时期后蜀何光远所著的《鉴戒录》中，记载了李德裕经常冠褐，修炼房中术、求茅君点化，抑制佛教徒发展，却保护道士不受侵犯的事例。从中可以看出，虽然他对待道教比皇帝李瀍更理性，但比起佛教来，李德裕已经十分崇信道教。

李德裕针对道教还写过《方士论》和《黄冶论》两篇专论，在这两篇专论中，他极力称赞道家学说，尤其认为黄冶变化是“未之学也，焉之未有”，这里边我们不能排除他写这两篇专论有取悦皇帝李瀍的意图，但从很多史料记载来看，李德裕明显是崇道抑佛的。

因此，皇帝的喜好，“抑佛联盟”的蛊惑以及宰相的支持，使得会昌废佛似乎具备了客观条件。但如果单从会昌年间广阔的社会背景下去分析，我们会发现这场废佛运动其实也有朝廷迫不得已而为之的原因。

## 拆寺废佛

李瀍废佛事件的发生，除了有佛、道二教之争的历史渊源和李瀍的个人喜好之外，当时的寺院地主和国家甚至一般地主在利益分配上的矛盾才是废佛事件的根本原因。

唐朝中后期，大小寺院争先恐后加入土地兼并的狂潮中，以各种方式获得土地占有。当时有舆论认为“十分天下之财，而佛有七八”，而且据史料记载，当时“凡京畿之丰田美利，多归于寺院，吏不能制”。更为突出的是，僧侣本已享受免役特权，但当时寺院所占的土地又不向国家缴纳赋税，导致成千上万的劳动力为了逃避赋税负担纷纷出家为僧尼，以寺院为庇护之地，这些作为严重危害了国家的根本利益。

而且李瀍废佛看似偶然，实则有其必然性。早在文宗李昂在位时，就曾经对寺院经济的恶性膨胀痛心疾首，他曾经由衷地发出感慨，认为古时候一个农民的劳动，可以供给三个人，而现在算上士兵和僧尼，一个农民的劳动需要供给五个人，这其中负担最重的就是要供养寺院的僧尼（“吾民尤困于佛”）。当时的宰相李训也以天下寺院规避徭役，耗费国家财政，上疏请求下令将其中行业不如令者还俗为民，但当时因佛教势力的根基已经太深，所以文宗一朝未能办到。

李瀍即位后继续采取抑制佛教的政策，并对佛教开始实行限制和歧视，对僧尼的打击迫害也开始升级。前边我们说过会昌元年（841 年）六月，在李瀍诞辰的庆阳节上，他赏赐道士紫衣，但却不让僧尼穿着，应该说是他即位之后歧视和打击僧尼政策的第一步。

接下来便发生了棒责僧人的事件，当时南天竺僧人宝月，因入朝未先觐见皇帝而上表请求回国。朝廷非但拒绝了宝月的回国请求，并以越官罪将其拘禁，他的三个弟子各受棒责七下，通事僧受棒责十下，这标志着李瀍打击佛教已经逐渐具体到僧侣个人。

会昌二年（842 年）昭义镇刘稹发动叛乱，朝廷被迫需要进行征讨，使得本来就入不敷出的国家财政更加困难。当时在宰相李德裕和以赵归真为核心的“抑佛联盟”的鼓动下，李瀍终于下定决心从打击佛教升级为废佛运动。他首先采纳李德裕的建议，下诏遣散不在朝廷编制之内的僧人，禁止寺院收置童子沙弥。

十月，李瀍又颁布诏令，宣布长安城中僧尼中有过淫行、嫁娶、不修戒律者，一律强制还俗。其他僧尼如果个人拥有田产，由官府收缴，如果舍不得钱财，情愿还俗的，依据目前所有的财产数量，按比例承担两税徭役。

据史料记载，当时仅上述一项措施，长安城中按照李瀍诏令的标准，因舍不得钱财被迫还俗的僧尼，左、右街功德使统计报告的人数，共计达到 3491 人。后来李瀍又将这项措施颁布到全国实施，而且规定僧尼所蓄的奴婢中，僧侣只能留下一名，尼姑可以留下两名，多余的奴婢听任其本家收管，无家可归者由官府统一管理。

应该说李瀍废佛伊始，其经济目的十分明确，到会昌三年（843 年）正月，强令僧尼还俗的第一阶段宣告结束。

会昌废佛运动的第一阶段算是初战告捷。不过，在这期间也有人对佛教势力实施保护和慰问，其中的代表是拥立李瀍即位的神策军使仇士良。

会昌三年（843 年）正月二十七日，仇士良发帖邀请外国僧人，次日到场的有青龙寺南天竺僧人三藏、宝月等五人；兴善寺北天竺三藏南陀；慈恩寺狮子国僧一人；资圣寺日本僧人圆仁及其弟子惟正、惟晓三人，还有各寺院中的新罗僧人、龟兹国僧人等。

仇士良是信佛之人，史料上没有记载仇士良这次邀请僧人的目的是什么，但他于李瀍具有拥立之功，恐怕在当时只有他敢做出如此举动，相信李瀍对他也是礼让三分。不过，这并不妨碍李瀍接下来对佛教打击的升级。

在仇士良邀请众多僧人的一个月后，李瀍继续下诏，宣布已经还俗的僧尼禁止再进入寺院居住，已经被遣散出长安的僧尼禁止再进入长安。两个月后李瀍又下令，盘查在长安寺院中外国僧人的来历，颇有些政治审查的味道。

从李瀍即位伊始到会昌三年（843 年）六月，李瀍的废佛运动还仅仅限于打击佛教徒个人的层面，没有牵涉佛教的经文典籍以及寺院建筑。不过，当会昌三年（843 年）六月，太子詹事韦宗卿不合时宜地向李瀍进献自己所著的二十卷佛教书籍《大圆伊字镜略》时，李瀍终于找到了损毁佛教典籍的理由。当时李瀍十分愤怒，斥责韦宗卿身为朝廷官员，至少应该尊奉儒教，不应该沉溺佛教邪说，在朝廷内煽风点火，更不应该拿着外来宗教的典籍进行宣传。

针对韦宗卿的进献，李瀍进一步大做文章，指斥佛本是西戎之人，佛教经书是胡人所著，并且说韦宗卿的著作是妖妄之言，完全是愚弄人的邪说，将其贬官为成都府尹。他利用这个契机，除了将韦宗卿进献的佛教著作焚毁外，开始下令焚毁皇宫内保存的佛教典籍，并掩埋处理佛像及菩萨、天王像等。

九月，长安城中有传闻说昭义镇叛将刘稹控制下的潞州僧人隐藏于寺院之中，李瀍下令左右街功德使清查城中的僧人，对没有登记落发出家者一律强制还俗，并敕令天下诸道州府也准此办理，对于住寺僧人中说不清来路者，一律逮捕下狱。据史料记载，当时对那些行走在大街上的裹头僧人殴打致死者将近三百人。

可以说，韦宗卿进献佛教著作事件，让李瀍找到了升级废佛运动的理由。而会昌三年（843 年）的这次殴死裹头僧人事件，也由此成为对佛教徒擅杀的开始。

进入会昌四年（844 年），废佛运动持续进入高潮。正月伊始，中书门下的宰相们联名上奏李瀍，请求修改朝廷先前依据佛教教义而制定的三长月（每年的正、五、九月）断屠不杀生制度，建议凡是遇到三长月时候，不必整月断屠，只需中断三日即可，对于这个建议李瀍完全同意。

三月，李瀍又下令禁止各地寺院供养佛指，特别下令代州五台山、泗州普光王寺、终南五台、凤翔法门寺等几所寺院禁止供奉佛指。无论僧人还是俗人，只要有上供一钱者，受杖脊二十，各处寺院有收一钱者，亦受杖脊二十。天下各道州县吏民有向寺院送钱物供养佛指者，一旦抓到受杖脊数同上。

除了限制佛教祭拜仪式之外，李瀍还针对平定刘稹叛乱的特殊时期，对削减僧人数量采取极端措施。他规定，全国寺院的僧人，只要没有官府公验者可以就地打杀。这是由于当时朝廷大军正在征讨刘稹，李瀍担心叛军会假扮僧人隐身于寺院，可是他的这个命令使得当时很多僧人无辜丧命。而且以前在皇宫的长生殿内设有道场，用于安置佛经、佛像等，由左右两街各寺院派修行高深的持念僧轮番在道场内诵经做佛事。至此，李瀍下令将道场所存的佛经付之一炬，并将佛像拆毁，设置道教的太上老君像，规定从本年的庆阳节开始，禁止召僧人进入皇宫设斋做佛事。

当时在赵归真等道士的鼓动下，李瀍又特意颁布敕令，限制长安城诸寺僧人的行动。僧人不得随意在街上行走，如有外出者，必须要在钟声未响前返回寺院，僧人不许在其他寺院逗留，违者将被治罪。

同时长安城内的佛堂亦被强制拆毁三百余所，各处的尊胜石幢、僧人墓塔等也被强制拆毁。到会昌四年（844年）底，长安城内大大小小的寺院被拆毁的多达六百余所，这些被拆寺院的僧尼，凡是有不尊戒律者，不论男女老少全部勒令还俗遣返家乡。能依戒律者，只有年岁较大者安置在寺院中，年少者依然被强制还俗归乡务农。

进入会昌五年（845年），李瀍对僧尼的限制更加严格。按照李瀍的规定，僧尼禁止在午后离开寺院，也禁止冒犯斋钟及留宿其他寺院，连往年僧尼可以参加南郊祭天典礼的资格也被取消。

当时李瀍急切地想要得到道士为他炼制的能够长生不老的丹药，多次诏令催促道士们加紧炼制。不过，赵归真告诉李瀍，要想得到效果好的丹药，必须要到吐蕃去采制。然而，就在李瀍准备下令让赵归真启程时，仇士良提出了反对意见，他认为让赵归真去吐蕃不是不可以，但要首先弄清赵归真所说的丹药配方是什么，先在本国采集，如果配置不成功或者本国没有配药，再去吐蕃采集也不迟。

由于仇士良具有拥立之功，所以李瀍十分重视仇士良的意见，他立即让赵归真将配方上报，然后派人赴各地求购，最终无果而归。事实上，这次关于丹药配方事件，仇士良反对赵归真前往吐蕃属于有意刁难，他充分利用自己特殊的身份，实际上是在警告赵归真不要仰仗皇帝的宠信而为所欲为，尤其是对佛教的打压。

面对仇士良的挑衅，以赵归真的实力是无法与之正面抗衡的，但赵归真可以采取避其锋芒，而利用皇帝废佛的坚定态度报复仇士良。于是，他向李瀍请求与僧人展开一场主题为“神仙为可学与不可学”的辩论会。

赵归真的提议正中李瀍下怀，他早就想找个机会让自己宠信的道士们在一个合适的场合，将那些讨厌的僧人们辩论得哑口无言，于是他欣然同意了赵归真的请求，并在其提议的基础上，又以《老子》一书中“治大国若烹小鲜”之义，让僧、道展开辩论。

在这场辩论会上，双方各自施展本领，在两个时辰内不相上下。可是，其中一个法号知玄的僧人代表，在辩论的过程中，称神仙方术乃山林匹夫之事，根本不值一提，更非帝王所应该信奉的。

这下李瀍彻底愤怒了，本来作为这次辩论会的裁判，李瀍并没有吹黑哨的打算。但知玄的话明显带有攻击道教以及轻视皇帝的味道，于是李瀍当场中断辩论，下令将知玄逮捕下狱。李瀍本想严惩知玄，后来在仇士良和枢密使杨钦义的全力营救下，知玄才免于一死，被遣返原籍了事。

赵归真和仇士良之间的较劲，也说明了当时在李瀍废佛的过程中，佛教势力并不只是被动挨打，他们在以仇士良为代表信奉佛教的高层人士支持下，也展开了一些反击。只是在面对朝廷强大的压力下，他们的这种微弱的反击力量，实在是无法自救。

由丹药配方事件引发的僧、道辩论，李瀍在其中看出了佛教势力根基颇深，即使在自己如此大力度的打击下，佛教依然誓不低头。于是，他继续加大废佛力度，会昌五年（845 年）七月，李瀍下诏祠部再次检括全国寺院及僧尼之数，据调查统计，经过四年多的废佛运动之后，全国依然还有寺院四千六百所，私自建成的寺院将近四万所，僧尼共计二十六万零五百人。

统计报告呈献到李瀍面前后，他顿时倒吸了一口凉气，经历四年多的废佛运动，他实在没有想到佛教势力居然还是如此强大。于是，在七月他下诏合并全国寺院，京城长安、东都洛阳两街只保留两所寺庙，保留的两座寺庙内每寺留僧 30 人，长安城左街保留慈恩寺和荐福寺，右街保留西明寺和庄严寺。天下节度使和观察使治所，以及同、华、商、汝等上州，各留寺院一所，并分为三等，上等寺留僧 20 人，中等寺留僧 10 人，下等寺留僧 5 人，未来如遇有祭拜之日，所有官员都去道观行香，除了留守僧人之外，其余僧人包括景教、摩尼教徒全部强制还俗。

一个月后，李瀍觉得留守的寺僧依然过多，又下诏削减其人数，东都洛阳只留下僧人 20 名，全国诸道州在允许保留 20 人的基础上再削减 10 人，尼姑只限保留 7 人，而且僧尼不再归祠部管辖，改由鸿胪寺接管。

对于那些非保留的寺院，李瀍规定限期由辖区所在官府拆毁，朝廷派御史到各地监督执行情况，所有拆毁寺院中的佛像、钟、盘等物，上缴盐铁用于铸钱，铁像交由辖区官府用于铸造农具，衣冠士庶之家所有的金、银、铁制成的佛像，限期在诏令下达的一个月之内缴纳官府，如有抗拒不交者，由盐铁使依据禁铜法治罪。

经过会昌五年（845年）七月的这次整顿寺院和僧尼运动，使历经五年的废佛运动完全达到高潮，也标志着佛教势力遭到毁灭性的打击。八月，李瀍向全天下颁诏，除了陈述佛教势力对国家的危害弊病之外，还宣布了五年来废佛的一系列成果。在诏书中，李瀍指责佛教势力浪费国家财富，伤风败俗，希望通过以“自此清静训人，慕无为之理”达到他同归皇化的治理天下目标。而事实上，直到会昌六年（846年）李瀍去世为止，他的理想也未能实现。

在他历经五年的废佛运动之后，全国各地关于佛教的胜迹景象堪称一片凄凉，僧尼们的命运更是坎坷多艰。

## 狼狈景象

会昌废佛不仅是唐朝历史上的重大事件，更是佛教发展史上的一件让人痛心疾首的事情，被称为“会昌法难”，与北魏太武帝、北周武帝时的废佛运动并称佛教的“三武之祸”。尤其在唐朝后期的政治史上具有重要的地位和影响，也是李瀍的六年帝王生涯中值得大书特书的一笔。

这一事件在本质上是国家与寺院地主之间矛盾的总爆发，与李瀍崇道以及李德裕和“抑佛联盟”的蛊惑有着密切联系。就在废佛运动结束之后不到两年，宣宗李忱即位后又下诏恢复佛教。在会昌废佛运动中，佛教势力尤其是寺院经济势力几乎受到了致命的打击，进而使其元气大伤。当时朝廷不仅从废佛运动中直接获取一笔为数可观的经济收入，在客观上对于改善劳动生产以及推动当时社会生产发展都起到了积极作用，这是我们在评价李瀍会昌废佛事件时所不应忽视的问题。

李瀍作为皇帝，是以国家政权的名义以及动用全国力量展开废佛运动的，所以僧尼们没有力量保护自己的地位和利益，纵然有所不满，也是无济于事。在李瀍下诏废佛前夕，长安城中的僧人灵宴和辩章等共推法师玄畅为代表，上表进谏反对废佛，其结果可想而知，当时的朝廷大臣中也没有人站出来对废佛事件表示异议。

李瀍废佛诏令一出，全国大部分道州闻风而动，他派御史分赴各道监督废佛执行情况，对此，杜牧曾经描述说："御史乘驿未出关，天下寺至于屋基耕而刓之。"杜牧的说法虽不无夸张，但至少说明朝廷上下对此保持着较高的行政效率。当时长安城中诸寺，因其地处天子脚下，自然先罹其难，而各道地方寺院亦不能幸免，只不过稍晚于长安而已。

废佛运动历时五年，官方史料记载都是拆了多少座寺庙，强制多少僧尼还俗，以及收缴了多少寺院资产等，但对被强制还俗僧尼们的去向和经历，却几乎没有记载。对于这一点，我们或许可以从日本僧人圆仁的经历中了解一些。

圆仁在会昌五年（845 年）三月时被强制还俗，这个从日本漂洋过海一心到中国求学的僧人，实在没有想到会在中国遇到废佛这种事儿。圆仁当时不得不离开长安而辗转各地，他一路上的亲身经历以及所见所闻，足以证明当时被强制还俗的僧尼经历堪称狼狈至极。

在李瀍下诏合并寺院之前的会昌五年（845 年）六月，圆仁来到泗州，亲眼见到当地普光王寺的庄园、钱物、奴婢尽数被当地官府点检没收的情形。强制还俗的僧人们被士兵一通棍棒打出寺院，一些年岁较大的僧人因为走得较慢，被士兵打断筋骨者不在少数。僧人们散去后士兵立即封锁寺院，普光王寺当时是当地很著名的寺院，规模十分庞大，而在寺院被封后逐渐衰败，以至于最终被拆毁。

圆仁眼见一座规模庞大的寺院就此衰败，不由得悲从心头起，但是理智告诉他这里不是久留之地，于是他加快步伐向着还算比较安全的扬州而去。可是到了扬州，他忽然发现这里的状况比泗州好不到哪里去。

圆仁是在六月底到的扬州，在他到达的十天前，朝廷拆寺废佛的诏令已经传到当地，当他刚走进城中便发现僧人们都以巾裹头站在大街上，等待官府点名，然后遣返回原籍。各寺院的钱物、庄园、钟磬，甚至是佛像也在等待官府的查验收缴，而且圆仁在扬州的时候，已经听说皇帝李瀍继续下了尽毁寺院铜像，全部由盐铁使主持收缴的诏令。

在圆仁看来，扬州和泗州一样，自己已经不能在这里找到归宿。于是，他又一次踏上行程，向着地处稍偏的登州而去。登州就是今天山东的蓬莱一带，圆仁之所以选择去那里，是因为登州地处海边，距离京城长安遥远，就算是皇帝向那里下了废佛的诏令，恐怕因为山高皇帝远，执行起来也会打折扣。

可事实证明，圆仁的地理计算是不错的，但登州执行皇帝的诏令一点也不比京城长安含糊。早在前往登州的路上，圆仁就已经听说皇帝李瀍颁布了新诏令，天下各地方除了收缴佛像之外，对于镀金的佛像一律刮削镀金，点检收缴，所以在路上圆仁就将一直带在身边的佛像偷偷埋了起来，后来到了登州他才明白自己的做法十分正确。

据史料记载，登州虽然背靠大海，距离京城长安遥远，但当地在执行皇帝废佛的诏令时，可谓是“条疏僧尼，毁拆寺舍，禁经毁像，收检寺物，与京城无异”。圆登走到登州管辖的文登县时，又听说皇帝李瀍下诏将收纳各地还俗僧尼的缁服尽数销毁，以切实防止被私家隐匿。而且圆登打听到文登县内的寺院已经全部拆除，于是在找不到可以住宿的地方以及担心自己被扒光衣服的情况下，圆仁只得逃离登州。

圆仁一路逃亡的经历，证明了当时李瀍废佛的力度十分严厉，以至于僧尼们昨日还是座上客，今日已成为丧家之犬。事实上对于当时各地方官府执行朝廷废佛的诏令，许多碑刻文献中也有记载。例如《百岩寺重建法堂记》中记载：

明敕既废，莫不遵行，官吏颁选，敢不从命。

当时许多寺院中的经幢在被毁后埋入地下，后来陆续重见天日，为后人了解会昌废佛也提供了可贵的证据。如清代王昶撰写的《金石萃编》中就有记载：

会昌中有诏大除佛寺，凡融毁雕刻堂阁关于佛祠者，焚灭销破，一无遗余。分道御史复视之，州县俱畏，至于碑幢铭缕赞述之类，亦皆毁而瘗藏之。

清代的叶昌炽在他的著作《语石》第四卷中也记载道：

余所藏唐幢，往往有大中（唐宣宗年号）重建题字，五代宋初尚有发地得之而再立者，皆因会昌之劫也。

从现在很多出土的碑刻文献中，还可看到许多著名的寺院被拆毁的来龙去脉的具体记载，如四川资中的北岩寺、浙江天台山的国清寺等。

不过，就在李瀍下令大肆废佛之时，在全国迅速执行皇帝诏令的时候，一贯与朝廷分庭抗礼的河北藩镇所管辖的州县，废佛诏令执行得大打折扣，甚至可以说基本上未得到贯彻。前边我们说过的日本僧人圆仁在离开登州后，被迫前往幽州寻求庇护，在他所作的《入唐求法巡行礼记》中记述道：

三四年已来，天下州县准敕条疏僧尼，还俗已尽，又天下毁拆佛堂若兰寺舍已尽，又天下焚烧经像、僧服罄尽……唯黄河已北镇、幽、魏、路节度使，素来敬重佛法，不毁拆佛寺，不条疏僧尼，佛法之事，一切不动之……




非但如此，黄河以北藩镇们所控制的割据地区，还成为废佛以来中原僧人逃避还俗，免受打击的避难所。除了圆仁之外，据记载，约有十多万僧尼北越黄河前往幽州寻求庇护，仅河东境内的五台山就有将近万名僧人在知道皇帝李瀍下达废佛的诏令后而逃亡幽州。

当时，宰相李德裕针对这件事就讥讽过卢龙镇的驻京奏事官，认为幽州收留一群僧人，如果让他们担任行军打仗的将领，那肯定不如幽州具有多年丰富实战经验的将领；如果让他们充当冲锋陷阵的士兵，也肯定不如幽州本就能征善战的士兵，真不明白卢龙镇收留这些僧人意图是什么，难道就是为了白白地养着他们吗？

李德裕的话明显带有蛊惑性。于是，在他的鼓动下，幽州节度使张仲武在收留大批僧人后，认为继续收留将会形成负担，遂下令再有僧尼进入幽州地界寻求庇护，就地处决不必奏报。但即使是这样，还是有大批僧人在幽州得到庇护，从而使得很多佛教典籍保留了下来。

当时除了卢龙镇，河东地区也是在废佛中得以侥幸保留佛经较多的地区。据《佛祖统纪》一书记载：后来宣宗皇帝李忱在位时期，潭州岳麓寺曾因当地在李瀍废佛中，佛经几乎全部被毁，因此派僧人奔赴太原求大藏经五千零四十八卷。

李瀍发起的会昌废佛，因限期紧急，全国拆毁寺院、招提、兰若共四万余所，强制还俗僧尼 26 万人，奴婢 35 万人，特别是被勒令还俗的僧尼向来身无谋生之技，一下子让他们成为自食其力的劳动者是不可能的，因此曾经在短时间造成了社会秩序动荡的社会问题。对于这个问题，圆仁的《入唐求法巡行礼记》中同样有记载，而且宰相李德裕也举例说僧尼被强制还俗之后，江西地区劫杀事件频发，搞得商旅人心惶惶，很少去那里做生意。

为了解决还俗僧人的生计问题，进而安定社会秩序，李德裕上奏皇帝李瀍，建议改变原来寺院周济穷人的悲田院为养病坊，由官府拨出土地，接济贫穷的僧人。李瀍虽然同意了李德裕的建议，但实行了一段时间后，因僧尼还俗而脱离寺院的奴婢，在人数上要超过还俗的僧尼，尽管朝廷对他们的生计已有安排，如将没收寺院土地中个的中下田分配给寺院奴婢丁壮者为两税户，每亩十丁，但是仍然存在接济困难的问题。为此，以李德裕为核心的中书门下先后两次上奏李瀍，试图寻求解决办法，李瀍也先后批复，但实际效果并不显著。

会昌废佛历时五年，贯穿了李瀍皇帝生涯的绝大部分时间。历经这次废佛运动，佛教势力被打击殆尽。从国家角度来看，强制收回寺院土地，确实缓解了帝国的财政危机，但对于那些曾经被人供奉敬仰的僧尼们，如今要靠政府接济去度过每一天，其下场堪称凄凉。

会昌废佛除了李瀍崇道和诸多人的蛊惑之外，李瀍心中所想的应该还是缓解国家的财政困难问题。他在不遗余力地打击佛教的同时，对道教的态度则是另一番景象，除了宠信道士之外，对道士所炼制的不死仙丹信奉得五体投地。然而他一定想不到，在他成功废佛的同时，自己的性命居然会断送在道士们炼制的不死仙丹上。

## 宣宗之立

李瀍在不遗余力废佛的同时，与道士赵归真、邓元起以及刘玄靖终日讲道论法，并服用道士们给他炼制的所谓长生不死的丹药。这种丹药是含有许多毒素的有毒之物，虽然在炼制的过程中会经过排毒处理，但长期服用对人体是非常有害的，最终会导致慢性中毒而死亡。太宗李世民、宪宗李纯、穆宗李恒等皇帝的死直接或间接都与服食这种丹药有关。

很长时间以来，李瀍因为服食丹药而面容憔悴、肤泽枯槁，到了后来则经常由于药力发作而变得性情乖张和喜怒无常。但李瀍十分听信赵归真的解释，所以对朝野秘而不宣。文武百官不明真相，只是奇怪皇帝陛下近来很少外出游幸，大臣们上朝奏事，也是匆忙奏罢就急速离去，不敢在朝堂久留。

当时深受李瀍宠爱的王才人劝李瀍珍惜身体，少服丹药，但李瀍对“长生不死”之说深信不疑，沉湎其中而不能自拔。道士赵归真则极力诡辩，说服食丹药消瘦是正常的，表明是在脱胎换骨的过程中，越瘦越服，越服越瘦，直至最后得道成仙。

在赵归真的鬼话哄骗下，这几年李瀍一直没中断服食丹药。会昌六年（846 年），李瀍终于病入膏肓，而且愈益沉重不能上朝理政，甚至在延英殿与宰相讨论国事也不能坚持，就连例行的正旦日接受百官朝贺，也不得不取消。

所有人其实都明白，李瀍病情严重是因为服食丹药，所以都将矛头指向以赵归真为首的道士。但赵归真却认为李瀍病体沉重是因为他的名字在“五德始终”说中处在不利的位置而造成的。在道士们看来，大唐因“土德”而王，但李瀍名字中的“瀍”字，在五行中从“水”，而“土”恰恰克“水”，所以对李瀍极为不利，道士们建议改名为“炎”。因为“土”能生“火”，以取君名胜王气之义。

朝臣们对道士们的荒诞之说嗤之以鼻，但李瀍却深信不疑，于是朝臣们随声附和道士之说，一起上奏李瀍请求改名为“炎”。可是李瀍改名叫李炎后，病情依然未见好转，反而在会昌六年（846 年）三月以后，病情进一步加重，一连十多天口不能言。宰相李德裕请求入宫探望皇帝，遭到了神策军左军中尉宦官马元贽的拒绝。由于宫门紧闭，朝臣们见不到皇帝，所以一时间人们无法知道皇帝李炎究竟是个什么状况，所以流言纷起，人心畏惧。

事实上，此时朝廷中以李德裕为首的朝臣与李炎的联系已经被切断，这也意味着他们失去了在皇位交替之际左右朝政的能力。而在会昌年间一直受到压制的宦官势力，则利用他们身居宫中和掌握神策军的有利条件，捷足先登，先发制人，使唐朝历史上又多了一幕宦官拥立皇帝的闹剧。

李炎在生命的最后时刻，完全丧失了安排身后事的能力，已经成为任人摆布和利用的木偶。当时在李炎身后立嗣问题上能够左右局势的，除了神策军中尉宦官马元贽之外，还有一直受到李炎宠爱的才人王氏。

可是通过后来王氏的行为来看，这个女子并没有政治野心。

王氏最初是一名民间歌姬，后来进宫做了宫女，因为在李炎即位之时力挺，李炎成功即位后感念其功，所以晋封其才人，并曾打算册立她为皇后。可是宰相李德裕认为，王才人出身极其平常，入宫前只是一个下贱的歌姬，而且无子嗣。如果立为皇后，恐怕会被天下人所讥笑，为此上疏反对，所以李炎只得作罢。

会昌六年（846年）初李炎病重，王才人感觉李炎驾崩之后，宫中恐怕再无自己立足之地，甚至自己的前程会凶多吉少，所以有意为李炎殉死，她不离左右地侍奉。或许李炎觉得自己已经不能再保护这个心爱的女人，或许是出于自私的心理，他不希望失去王才人对自己的绝对忠诚，三月二日，李炎利用王才人御榻之侧侍疾的机会，试探着问她：

“朕驾崩后，你该怎么办呢？”

因为早有殉死之心，所以面对皇帝李炎的问话，王才人并不惊讶，当即她痛快地回答道：

“愿从陛下于九泉！”

听完王才人的回答后，李炎的脸上现出了复杂的表情，在嘴角露出微笑的同时，眼睛也开始湿润起来。在经过很长时间的沉默后，他随手将一根丝巾交给了这个自己心爱的女人，然后他摆摆手示意王才人退下，转过头时早已经是泪流满面。

王才人回到寝殿，浓妆盛服一如平日，她将自己所蓄的财物尽数分散给宫人，然后在寝殿内自缢身亡。曾经有文献记载，李炎在弥留之际，王才人在他的身边为他唱歌，一曲《何满子》音调悲怆凄凉，让在场的人无不为之流涕。

无论如何，王才人作为李炎最为宠爱的女人，本来是有机会通过自己的努力，至少可以左右皇位继承格局的，但她却选择为了心爱的男人殉情而死这条不归路。虽然我们并不赞成她的这种做法，但王才人的确是个让人尊敬的烈女子。

当时除了王才人之外，理论上可以左右皇位继承格局的，就是李炎的五个儿子。但这几个儿子当时年龄都很小，而且李炎直到临去世前也没有册立太子，显而易见王才人和李炎的几个儿子都无法与左神策军中尉马元贽相抗衡。因此马元贽在操纵皇位继承时可以说达到了有恃无恐、为所欲为的地步。

在李炎诸子年幼的情况下，马元贽以李炎诸子幼冲，立嗣须选贤德者为名，果断放弃在李炎诸子中寻找皇位继承人，并以垂死之际的李炎的名义颁诏，立光王李怡为皇太叔，并监理国政。

李怡是宪宗李纯第十三子，长庆元年（821 年）三月被封为光王。他的生母郑氏本是镇海节度使李锜的小妾，元和二年（807 年）宪宗李纯平定李锜叛乱后，郑氏被送入皇宫，充任郭贵妃的侍从，因其貌美被李纯宠幸生下李怡。

李怡幼年与一般孩子不同，不仅沉默少语而且视瞻特异，当时人们都以为他是先天性智力障碍。在其十多岁时，曾经得过一场大病，据说在他病愈之后的一天，身体忽然通体发光，而且思维变得异常敏捷，接人待物应对如流，就像完全换了个人。尤其令人惊讶的是，他经常拱揖，做出皇帝面对群臣的姿态，这不禁让所有人对其刮目相看。

据说李怡经常梦见自己乘着飞龙升天，他将自己梦到的情境告诉母亲郑氏，郑氏因此叮嘱他不要将这件事告诉任何人，以免招致祸患。而且郑氏还叮嘱李怡，深宫之内绝非风平浪静之地，无论与谁相处，切莫轻易多言。

李怡自此之后牢记母亲郑氏的叮嘱，遵循外晦而内朗的处世准则，在与宗室成员的交往中，轻易不发一言。

后来无论是李昂还是李炎在位，都经常到宗室诸王的居住地十六王宅，与诸王宴饮聚会，他们都认为李怡这位皇叔的模样和做派十分有特点，千方百计地引诱他说话。诸王看着李怡的样子，也都将他当成开心的笑料，戏称他为“光叔”。这其中尤以李炎自认为长得高大威猛，善于谈吐，对皇叔李怡的轻视程度甚至达到了不太礼貌的程度。

那个时候李炎一定想不到，在他百年之后，正是这个自己一向轻视的“光叔”，会是皇位的继承者。

在李炎弥留之际，马元贽之所以会选择李怡作为皇位的继承人，或许正是因为看中不善言谈的李怡似乎是个忠厚老实之人，换句话说，李怡是个好驾驭的人。如果拥立其继承皇位成功，那么马元贽不仅会成为佐命功臣，而且肯定能大权独揽。

事实证明，马元贽十分不了解李怡，后来他确实成为了佐命功臣而受到李怡的绝对宠信。但大权独揽似乎距离他很遥远，《宫心计》中那个威风八面、拥立几朝皇帝的马元贽，并不是其真正的历史形象。

会昌六年（846 年）三月二十三日，在皇帝李炎颁诏改名后的第十二天，因为他长期服用丹药中毒终于一命归西，时年三十三岁，同年八月埋葬端陵，庙号武宗。

《旧唐书·武宗本纪》最后的“史臣曰”部分，对武宗李炎在位六年的表现做了盖棺定论，其中肯定者如威制回鹘、会昌废佛等；否定者当是过度崇信道教，迷信长生不死的神仙方术，基本上还是比较客观公正的。

三月二十六日，皇太叔李怡遵循所谓李炎立下的遗诏，在大行皇帝灵柩前即位，同时改名为李忱。

在武宗李炎病重期间，李怡接受诏命监国，他的行为让朝野上下刮目相看。不仅其言行举止合乎礼法，而且在他即位之初，接见群臣，批阅奏章，日理万机，决断政务，显得井然有序，充分表现了他面对纷繁复杂的朝政的卓越气度和雍容风范。

值得一提的是，李忱是继宪宗李纯之后，大唐帝国后期又一位较有作为的皇帝。因为他虚心纳谏，勤于政事，人们似乎看到了唐太宗李世民的影子，所以亲切地称李忱为“小太宗”。

# 第十二章
# 党争终结

## 宠衰之间

李忱成功继承了皇位，这个先前始终在韬光养晦中修炼自己的“光叔”，在当上皇帝后立即着手解决朝廷中突出的矛盾问题。在他看来，目前困扰朝廷以及影响决策政令的制约因素，主要是很长时间以来形成的党争问题。

李忱清楚地知道要想成功解决党争问题，整治党派魁首是关键。由于宰相李德裕在会昌年间辅佐武宗李炎在威制回鹘、废佛运动等一系列事件中发挥了重要作用，武宗李炎对他十分倚重。而李德裕也是承受惠恩，权势非同一般。所以李忱成功即位后，有意以李德裕为切入口去解决党争问题。

正是因为李德裕在武宗李炎时期的尊宠地位，才造成了他最终悲剧性的结局。因为会昌年间朝中大小政事，武宗李炎几乎无一例外地征询李德裕的意见，以至于达到唯李德裕之言是用的程度。可以说，因为资历的原因，李德裕当时俨然有大权独揽的倾向。

如平定泽潞之乱、反击回鹘的军事行动，基本上是由李德裕出谋划策，然后通过武宗李炎颁诏发号施令，《旧唐书·李德裕传》记载：

自开成五年冬回纥至天德，至会昌四年八月平泽潞，首尾五年，其筹机宜，选用将帅，军中书诏，奏请云合，起草指踪，皆独决于德裕，诸相无预焉。

上述记载说明了李德裕在武宗一朝具有绝对权威。正是因为武宗的绝对信任，使得他遇事极少找其他的宰相进行商议，即使偶尔召开会议讨论大政方针，最终也必须按照李德裕的意图去办，所谓开会讨论不过是走个形式。因此武宗一朝的宰相虽然名义上不是一个人，但由于李德裕的大权独揽，其他宰相班子成员全都成了陪衬。

武宗李炎让李德裕走到了政治生涯的顶峰，同样因为秉政日久，高高在上，也让李德裕养成了遇事唯我独尊的执政习惯。很多执政大臣虽然敢怒不敢言，但对李德裕的不满已经十分严重。

值得一提的是，当时朝廷的朋党之争，并未因李德裕的专权而得以缓解。李德裕充分利用自己的绝对权威大力提携本党成员，进而打击排斥牛党。如牛党成员崔铉、杜悰曾经身居相位，就是因为和李德裕分属两个水火不容的派系，最终被排挤出宰相班子，崔铉出任陕虢观察使，杜悰出任剑南东川节度使。

李德裕这样不遗余力地打击牛党，让当时的朝臣颇有怨言，认为李德裕这是在逐步毁掉朝廷。会昌五年（845 年）十二月，李德裕对给事中韦弘质上疏论事的随意处置，在朝廷内引起公愤，也使得他自武宗李炎即位以来的尊贵地位第一次受到挑战。

给事中韦弘质认为，会昌年间以来，宰相之权已经严重过大，而如今宰相府又兼领盐铁、度支、户部三司事务，总掌天下财政大权，这是不合时宜的。

在李德裕看来，韦弘质的上疏不仅是针对自己，而且明显具有挑衅的味道，以李德裕当时的地位和性格来讲，是绝对不允许随便有人对自己主持下的朝政说三道四的，因此他立即上疏武宗李炎，反驳韦弘质的言论。

在奏疏中，李德裕除了表白自己尽心尽力辅佐皇帝以及列举历史上很多皇帝对于离间皇帝和宰相关系是如何处理的事例之外，还极力诋毁韦弘质的为人，说韦弘质是卑贱之人，对上亵渎明主，而且又有看轻宰相的意思。

上述这些其实都不足以引起公愤，之所以会引起公愤是他在奏疏中有这样两句话：

“伏望陛下知其邪计从朋党而来，每事明察，遏绝将来之渐，则朝廷安静，邪党自销。”

李德裕的言论等于是在说韦弘质的上疏并不是个人行为，背后隐藏着朋党攻击意图，是有人在背后唆使，韦弘质才敢如此肆无忌惮地上疏。李德裕的意思其实很明显，他将矛头对准了牛党，因为牛李党争已经存在将近50年，谁都知道能够攻击李党的肯定是牛党。

不久后，韦弘质被贬出京城，随着他的离去，朝廷内一时间激起千层浪。

李德裕看到来自官员们的舆论压力颇大，于是他再次上奏武宗李炎，字里行间虽然有想缓解朝廷官员不满之意，但政出宰相这一根本原则问题他是丝毫不让步的。在李德裕看来，朝廷如果想要提高尊严，使官员们能够恪尽职守，增强各个部门的行政效率，朝廷大权就必须归于宰相，由宰相来协调统一各种职权。

面对李德裕的上疏，李炎虽然对他随意处置韦弘质有些不满，但大体上同意他关于政出宰相的论述。但尽管如此，李德裕在朝廷内的形势愈发不利，除了因为他大权独揽，排斥异己，招致官员的严重不满之外，还因为他在复出之后，在武宗一朝对宦官的权势进行了很多限制。最初宦官们迫于形势而暂时忍耐，不过他们还是利用自己特殊的身份，利用终日可以接近皇帝的有利条件，在武宗李炎面前不断进谗，称李德裕专权太甚，已经引起百官强烈不满等情形，最终使得武宗李炎与这位言听计从的宰相开始有了隔阂。

不过，李炎在此后没多久便病逝。李忱即位前就已经对李德裕的专权行为产生不满，况且李德裕是先皇的宠臣，作为新君的李忱，势必要清除先皇的诸多痕迹，所以无论从哪个角度来看，李德裕都是要被清除的对象。

所以李忱即位伊始，就开始了清除李德裕的计划。只不过谁也想不到，作为先皇的绝对宠臣，倒台竟是如此之快。

## 牛党复兴

李德裕的专权不仅让众多朝廷官员怨言颇多，最关键的是皇帝李忱对他的专权也是十分憎恶，并由此产生了对李德裕主持下的武宗会昌一朝政治的强烈逆反情绪。不过，在李忱即位的时候，因为所谓的武宗李炎的遗诏中还写着由李德裕摄冢宰，在太极殿举行的李忱即位仪式上，宰相李德裕是理所当然地手捧新皇帝即位册文的不二人选，而且以武宗李炎训话形式的册文中，丝毫看不出对李德裕有什么不利之处，所以李忱暂时没有采取任何行动。

但是当即位典礼结束后，李忱对左右的人不无调侃地说："刚才靠近我的人就是宰相李德裕吗？难怪他每看我一眼，都会让我感到一种头发直立起来的恐怖！"

李忱的话一出口，左右的人全都意识到，让皇帝陛下感到恐怖实在不是件值得炫耀的事情，人们隐约预感，先皇的绝对宠臣距离倒霉的日子不远了。

果然，在即位典礼结束的仅仅四天后，李忱按礼法脱去丧服，开始上朝主政。第二天便下诏让李德裕以宰相之衔出任江陵尹、荆南节度使。

尽管当时很多人对李忱即位后，李德裕的地位将会有所变化这一点早有预感，但李忱处置如此迅速果断，还是让众人有些始料未及。而李德裕更是没有想到，随着李忱的即位，自己的地位会一落千丈，所以当诏令宣布后，包括李德裕在内的很多人无不为之惊诧。

自此之后李德裕被一贬再贬，凡是以往与他往来密切者，也多被牵连免官。随着李党的逐渐没落，牛党势力开始复兴，朝廷内的牛李党争逐渐进入牛党势力占绝对优势的最后时期，而以李德裕为首的李党则完全处在被排斥打击的不利地位，标志着牛党势力全面复兴的是皇帝李忱起用白敏中。

白敏中，字用晦，华州下邽人。与白居易是同族兄弟，穆宗李恒在位的长庆年间考中进士，在节度使李听的幕府中任掌书记。会昌年间历任殿中侍御史、分司东都、户部员外郎等职。

李炎在位时十分欣赏白居易的才气，想要召他入朝任职。但是白居易与杨虞卿是姻亲关系，而杨虞卿与李宗闵交往密切，他们都是李德裕的政敌，所以李炎想要召白居易入朝，遭到了李德裕的强烈反对。李德裕上奏武宗李炎，说白居易虽然有才气，但体弱多病不堪重用，不过李德裕倒是没把事情做绝，他在强烈阻止白居易入朝的同时，为了照顾皇帝陛下的面子，向李炎推荐了白敏中。李德裕认为白敏中文笔不在白居易之下，而且风度不凡。

如果李德裕知道后来白敏中是如何对待自己的，他一定会为当初极力推荐白敏中而后悔不已。

会昌二年（842 年）九月，在李德裕的极力推荐下，李炎下诏任命白敏中为翰林学士。白敏中十分明白李德裕之所以推荐自己，并不是因为他真的看重自己，而是因为他在阻止族兄白居易。由于当时李德裕位高权重，身为牛党成员的白敏中无力与之抗衡，所以只好选择韬光养晦，将自己真实目的隐藏起来。

会昌六年（846 年）三月，李忱即位后罢免李德裕，白敏中终于等来了机会。

五月十日，李忱下诏任命白敏中从翰林学士、兵部侍郎晋位同中书门下平章事，成为众宰辅之首，相当于李德裕在武宗李炎时期的地位。

当时白敏中立即利用自己受宠的有利形势，开始对李德裕及其同党大张挞伐，同时援引提拔牛党成员和曾经受过李德裕打击排斥的官员。白敏中是个头脑灵活的人，为了彻底整治李党一派，他为自己制订了详细的计划。

李炎在位时，曾经将身为牛党成员的几位宰相全部外贬。白敏中首先就是要初步改善在会昌年间被贬黜的五位宰相的处境，进一步提高他们的地位。牛党的奠基人牛僧孺此时身在循州司马任上，所处偏远，官职卑微，白敏中重新任命他为衡州长史。牛僧孺于次年病逝衡州，算是善终。

牛党二号人物李宗闵被李炎贬到封州。白敏中果断提拔他为郴州司马，可惜李宗闵还没离开封州便因病去世；牛党核心成员崔珙时任恩州司马，被改任为安州长史；潮州刺史杨嗣复改任为江州刺史；李珏为郴州刺史。白敏中提携牛党成员，其实是想制造一种牛党复兴的声势，仔细观察他所提拔的这些人的官职，并不是什么了不起的大官，不遗余力地排挤李德裕才是白敏中的根本目的。

在改善被贬黜的牛党成员处境的同时，白敏中没有忘记提拔在武宗李炎时期被李德裕压制不受重用的官员。例如，刑部侍郎马直加封为盐铁转运使；刑部尚书、判度支崔元式为门下侍郎；翰林学士、户部侍郎韦琮为中书侍郎，而且这些人全都加上同平章事的头衔，使之具有宰相的地位和权力。

在白敏中看来，这些人虽然不是牛党成员，但敌人的敌人就是朋友，是可以团结的力量。

九月，在白敏中的运作下，李德裕被再次罢免，免去其江陵尹、荆南节度使的职务，而且同中书门下平章事的宰相头衔也一并解除，降任为东都留守。白敏中还指使曾经追随李德裕的官员李咸，让他揭发李德裕许多不为人知的“阴事”，李德裕因此而罪加一等。皇帝李忱下令将其东都留守降为太子少保分司东都之职。

白敏中仅仅用了不到半年的时间，就让曾经权威显赫的李德裕一落千丈，这其中固然是皇帝李忱起到了决定作用，但白敏中无疑起到了推波助澜的作用。而且在排斥李德裕及其同党的过程中，无论是皇帝李忱还是白敏中其实都不是一个人在战斗，在他们身边还有一个极其重要的人物，这个人就是白敏中向李忱极力推荐的令狐绹。

令狐绹是已故名臣令狐楚之子，令狐楚是唐德宗李适时期贞元七年（791 年）的进士，以才思俊丽称誉天下，历仕德、顺、宪、穆、敬、文六朝皇帝，官至尚书左仆射，爵封彭阳郡开国公。甘露之变后，文宗李昂想要任用他为宰相，但由于令狐楚为王涯等大臣遇害鸣冤叫屈，所以被宦官仇士良所嫉恨而未成。

大中元年（847 年）六月的一天，李忱召白敏中议事时，问他当年参加宪宗李纯的葬礼时，在半路上忽然遇到风雨，当时百官和后宫全都四散躲避，只有一个高个子长着长髯的护陵使攀附在宪宗李纯的灵柩上不肯离去，这个人是谁？白敏中当即告诉李忱这个人就是历仕六朝的令狐楚，然后他又向李忱详细介绍了令狐楚的为人以及才学和经历。

李忱知道后，十分欣赏令狐楚的才学和气节，只是当时令狐楚已经去世多年，李忱对此颇为遗憾。于是他又询问白敏中，令狐楚是否有胜任宰相的后代。白敏中顺势就说其子令狐绹才学盖世、器宇轩昂，是个能胜任宰相的难得人才，将令狐绹推荐给了李忱。

李忱当即下诏，将身在湖州担任刺史的令狐绹调入朝廷，任命为考功郎中、知制诰。在令狐绹接受任命入朝谢恩时，李忱向他问起当年宪宗李纯的许多事情，令狐绹都能如数家珍般地侃侃而谈，使李忱不由得龙颜大悦，于是继续擢升他为翰林承旨。此后，李忱逐渐将令狐绹倚为心腹，据史料记载，令狐绹经常奉命入宫和李忱商谈国事一直到深夜，商谈结束后李忱让令狐绹坐着自己的乘舆回府，搞得令狐绹府上的人以为是皇帝陛下驾到，等到看见令狐绹下来时，所有人全都大吃一惊。

值得一提的是，令狐绹是李忱在位时期任期时间最长的宰相。

令狐绹因为白敏中的推荐而得到皇帝李忱的赏识，同样他也成为了白敏中的亲密战友。此后在皇帝李忱的支持下，令狐绹和白敏中上下互相配合，对李德裕的打击排挤不断升级，到大中元年（847 年）底，李德裕分司东都的职位又被贬为潮州司马。李忱在贬黜的制词中将李德裕批评得体无完肤，而且制词结尾部分，李忱写了这样一句话：

“纵逢恩赦，不在量移之限。”

这最后一句话，充分表露了李忱以及牛党势力要将李德裕置之死地而后快的心态。因为在唐朝，被贬黜到偏远地区的官员，遇有皇帝恩赦是可以迁移到生活条件较好的内地州县安置的，这在当时叫量移。但是李忱却将李德裕列在了“不在量移之限”的行列，这表明至少在李忱在位期间，李德裕已经不可能再重新回到朝廷之内。

事实证明，自此之后李德裕再也没能被重新起用，政治生命就此终结，而且以他为核心的李党势力，被彻底地击垮而土崩瓦解。不过，当时谁也不会想到，李党势力退出朝廷的政治舞台居然源于会昌五年（845 年）发生的吴湘盗用程粮钱案。

## 吴湘翻案

吴湘是会昌年间淮南节度使李绅管辖下的扬州江都县尉，哥哥吴汝纳时任河南府永宁县尉，叔叔吴武陵曾经担任韶州刺史，后来因为贪污被贬为播州司户。当时李德裕在朝中掌权，以吴武陵贪赃枉法之事有意压制吴汝纳，使其官职久久不能得到升迁，吴汝纳因此嫉恨李德裕，转向投靠李宗闵和杨嗣复，而成为牛党成员。

会昌五年（845 年）六月，吴湘盗用程粮钱一事被人揭发检举，所谓程粮钱是指官员因公出差远行，朝廷按照路程的远近计程发放粮食，因为粮食太重不便携带，就以钱财代替发放，这笔钱就叫程粮钱。

吴湘盗用程粮钱犯案后，因为叔叔吴汝纳已经是牛党成员，所以李德裕下令彻查这件事。经过调查又发现吴湘强娶百姓颜悦之女为妻，李德裕在案卷中说此女是颜悦的继室夫人焦氏所生，焦氏的法律地位又不是士族，所以这桩婚姻在当时属于非法。

淮南节度使李绅是李党成员，他下令让观察判官魏铏对吴湘严加审讯。吴湘对贪赃之事供认不讳，李绅估计娶颜悦之女的钱财也是来源于这笔赃款，在没有详细调查的情况下，判处吴湘死罪，并对吴湘之妻颜氏施以笞刑后流放澧州。

当李绅将吴湘的案子审结上报朝廷时，朝廷上下对李德裕和吴武陵的旧怨早有所闻，所以很多人怀疑李绅在其中做了手脚。吴湘虽然盗用程粮钱，但罪不至死，于是朝臣们纷纷上疏武宗李炎，请求复核此案。

在朝臣们舆论的压力下，武宗李炎派御史崔元藻、李稠前往扬州复查吴湘之案。崔、李二人经过详细核查，得出的结果是吴湘盗用程粮钱的确属实，可以依法定罪，但强娶的百姓颜悦之女，并不是继室夫人焦氏所生，而是正室夫人王氏所生，王氏本人士族出身，而颜悦也曾经担任过青州衙推，也算是有身份的人，这与扬州方面所呈报的有些出入。李德裕在得知崔、李二人的调查结果后十分不满意，认为他们的调查结果模棱两可，没有结论，于是下令外贬崔元藻为端州司户，李稠为汀州司户。

李德裕出于本派系的私利，对崔、李二人的复查结果视而不见，而且将皇帝派去复查的人外贬，从中也可以看出李德裕在会昌年间权势和地位已经达到什么程度。他没有再派官员进行核查，更没有将案件交给朝廷司法部门详断，更不顾很多人的反对，便下令按李绅最初呈报的案卷将吴湘处死。

其实，崔、李二人对吴湘一案的复查结果还是比较客观公正的。如果李德裕能够稍稍冷静一下，听进去一些不同意见，对吴湘进行合理的量刑，或许就不会有后来的严重后果，而且这个案件本身并不复杂，影响也没有那么大，然而如果将它和党争联系到一起，就使得原本十分简单的案件变成了政治斗争。

事实证明，李德裕可以利用吴湘的案子大做文章，白敏中就为什么不能呢？终于在李忱当上皇帝后，本来已经结案很长时间的吴湘之案再次被翻出来，白敏中利用为吴湘翻案的机会，先后牵连进来很多李党成员，并让他们断送官职，进而一举摧毁李党势力。

大中元年（847 年）九月，在白敏中的指使下，吴汝纳首先上疏李忱为吴湘鸣冤，说弟弟吴湘虽然盗用程粮钱，但罪不至死，是李德裕和李绅出于私利欺骗先帝，妄杀吴湘。

对于吴湘的案子，李忱并不十分了解，于是他召回当年复查该案的崔元藻让他重新核查此案。崔元藻因为当初核查这个案子而被李德裕贬了官，心中对其十分嫉恨，所以在重新核查该案时，心中已经有了倾向牛党的想法，因此与白敏中和令狐绹等人排挤打击李德裕的目的一拍即合。

经过例行公事般的调查后，崔元藻上奏皇帝李忱，也说吴湘贪赃之事的确属实，但不构成死罪，所娶的颜氏和其父颜悦也并非庶民百姓，所以这段婚姻根本不存在违法行为。他还进一步揭发，认为吴湘之所以会被处死，完全是时任桂管观察使的李德裕的同党郑亚首倡，推官元寿、扬府录事参军李恪等人百般罗织罪名，由西川节度使李回极力促成的。

事实上，崔元藻的奏文等于是在告诉皇帝李忱，吴湘的案子是以李德裕为首的李党势力一手操控的结果。这样使得本来就想排挤李德裕的皇帝李忱更加找到借口，对李德裕加以贬黜。

于是，吴湘案件的翻案已成定局，李忱下令御史台会同刑部、大理寺，共同对吴湘案件进行最后的审核。可以预料的是最终三司一致认为崔元藻所奏与吴汝纳所陈述的一致。

大中二年（848 年）正月，李忱下诏分别对当年处理吴湘案件的有关重要官员给予相关处分，贬黜李回为湖南观察使，郑亚为循州刺史。中书舍人崔嘏在起草贬黜李德裕的制词时，因为没能充分表达清李德裕的罪名，也受到牵连被贬为端州刺史，而对于元寿、李恪等低级别的官员，李忱下令进行杖刑后永不叙用。

经过这次整治，李党势力在朝廷已经没有立足之地。但以白敏中为首的牛党，对李德裕的打击排挤并未就此收手，在李忱下诏贬黜李党没多久，大理卿卢言、刑部侍郎马植、御史中丞魏扶等人继续就吴湘案件大做文章，他们联名上疏皇帝李忱，认为李绅妄杀无辜，造成吴湘被处死的冤案，都是因为李德裕在会昌年间专权的结果，甚至达到了贬黜御史的地步，实在是没有天理。如果仅仅是贬为潮州司马，不足以震慑其心，希望皇帝陛下重新考虑处置李德裕的问题。

在牛党成员的煽动下，皇帝李忱决定继续贬黜李德裕，继上次下诏贬黜李党成员的八个月后，李忱再次下诏贬李德裕为崖州司户参军，在诏文中李忱对李德裕处置吴湘案件给予了最终的定性：

“夺他人之懿绩，为私门之令猷，附会李绅之曲情，断成吴湘之冤狱。”

李忱在诏文的结尾，依然加上了“纵逢恩赦，不在量移之限”这句话，充分说明李忱时刻没有忘记要将李德裕狠狠地踩在脚下，绝不给李党势力东山再起的机会。

当时再次被贬的还有李回这个李德裕忠实的追随者。最初，李忱是想让他以太子宾客的身份分司东都，可是诏文起草完毕后，给事中认为处分太轻，将诏文奉还李忱，于是李忱改贬李回为贺州刺史。

李德裕倒台后，被牵连的官员为数不少，绝大部分人都是朝廷中的文臣，当然受牵连的也有武将，其中以兼任河中、河阳、凤翔三镇节度使的石雄为典型代表。

石雄作为武宗李炎时期反击回鹘、平定泽潞之乱中战功最为卓著的将领，深得李德裕的赏识和信任，就连武宗李炎本人也称赞石雄的勇猛是很少有人能比得上的。所以在会昌年间，石雄仰仗皇帝和宰相的绝对宠信而身兼三镇节度使，算是李党成员之一。

可是随着李忱即位后对李德裕的打击排挤，李党失势后，石雄也失去了靠山。朝廷内取而代之的牛党势力对石雄颇为忌惮，虽然他们知道石雄是一位智勇双全的武将，是帝国镇守边塞不可多得的人才，但出于本派之私利，他们还是以防止李党死灰复燃为借口，鼓动皇帝李忱解除了石雄三镇节度使的职务，并让其奉诏入朝听候安排。

石雄虽然是个武将，但李德裕倒台，他十分明白对于自己意味着什么，在奉诏入朝后，他立即前往政事堂求见白敏中，希望朝廷看在自己曾经有功于国家的分上，委任自己一个偏远地区的节度使之职以终老。

但是石雄的请求最终被拒绝了。牛党解除石雄的职务，就是因为他是李党成员，白敏中为此还挖苦石雄，说他过去的功劳，朝廷以三镇节度使作为对他回报已经足够了，他实在不应再奢求什么。不过白敏中并没有将事情做绝，在充分考虑石雄的请求后，他委任了石雄一个左龙武统军的职务，将他留在了皇宫之内。事实上，等于是将石雄置于自己的眼皮底下加以监视。

石雄是牛党势力排挤打击李党势力官员的最后一人，随着石雄被变相软禁，和牛党势力斗争 40 余年的李党势力终于以惨败而告别朝廷政治舞台，其党魁李德裕在大中三年（849 年）到达贬所崖州。

事实上，凡是被贬到崖州的官员，基本上都不会有什么好下场。当年杨炎和韦执谊被贬崖州，一个没走到崖州便被缢杀，一个在崖州郁郁而终。而现在李德裕也要到那里去，这让他心中不禁产生阴影，在到达崖州后，别有一番滋味在心头的李德裕登上崖州城楼赋诗一首：

独上高楼望帝京，
鸟飞犹是半年程。
青山似欲留人住，
百匝千遭绕郡城。

或许此时的李德裕已经明白，在政治斗争中，一个人无论是得势还是失势，其实都没有道理可讲。那一刻我们几乎可以听到李德裕对世事无常的那一声长叹，长叹悠悠之间涵盖了他的一生，也涵盖了一部历经 40 余年牛李党争的晚唐历史。

大中十三年（849 年）闰十一月，李德裕病逝于崖州，终年 63 岁。

一代名相就此悲情谢幕！

李德裕虽然离开了这个世界，但是关于他的话题以及牛李党争的历史，千百年来却始终没有停止讨论。与他同时代的李商隐评价李德裕是“成万古之良相，为一代之高士”，然而事实果真如此吗？

或许，李商隐的评价只说对了一半。

## 不是终结

以李德裕为首的李党势力在持续40多年的牛李党争中，最终以惨败彻底退出政治舞台而告终，但我们不能否认，李德裕依然是晚唐的著名政治家。从元和年间开始步入仕途，历经宪、穆、敬、文、武、宣六朝，长期地方任职的经历，担任过浙西、郑滑、剑南、西川、淮南、荆南等镇观察使和节度使。在朝廷中历任监察御史、翰林学士、中书舍人、御史中丞、兵部侍郎、兵部尚书、门下侍郎同平章事，加官至太尉，晋封卫国公。

李德裕在政治上主张强化中央集权，在大唐帝国国势逐渐衰弱的情况下，主张树立朝廷权威，对不听命的藩镇采取强硬对策，以维护的帝国的统一，而且强调整顿吏治，提高行政效率。

武宗李炎在位的会昌年间，是李德裕人生最为得意的时期。由于他深的李炎的信任，其胆识和才学得以充分发挥，并在处理会昌年间的一系列重大政治事件中发挥了至关重要的作用。

李德裕从幼年起，就继承家学渊源，勤奋刻苦地攻读《汉书》《左氏春秋》等史料典籍，成年后喜好著书写文，官居宰相后虽然政务繁忙，但依旧笔耕不辍。在他长安城的安邑里府邸中有起草院，其中又有精思亭，每当遇到朝廷需要用兵的大事时，李德裕都要独处其中，凝思运筹地为皇帝起草诏令文书。而且李德裕著述颇丰，流传至今的有《会昌一品集》《次柳氏旧闻》，已经散佚的有《文武两朝献替记》《会昌伐叛记》《大和辩谤略》等。

除了李商隐给予其极高的评价之外，近代的梁启超也对其颇为赞誉，将他与管仲、商鞅、诸葛亮、王安石、张居正并列，称他是中国古代六大政治家之一。可是我们知道，与这五个人比起来，李德裕无论从名气还是历史功绩来看，都无法和他们相比。究其根本原因则是因为他陷入了影响大唐帝国国运的党争事件中，而且从个人品格来讲，李德裕虽然才学俱佳，但实事求是地说，其心胸并不宽广。

政治上的有所作为不应该掩盖自身性格和气质的缺陷，李德裕为人孤峭，以才学自负而特达不群。虽然他对朝廷中的党争问题深恶痛绝，但因为特殊的出身以及心胸狭小，尤其在他手握大权之时，没能摆脱维护本派系之私利的想法，致使其热衷于党同伐异。

即使在他被贬黜之后，又著《穷愁志》三卷共计四十九论，深刻阐述党争问题。虽然他在著述中一再为自己开脱，在序文中也称这本著作仅仅是在朋友间作为交流使用，但文章中依旧散发着浓厚的朋党气息，而且隐含着对牛党成员的人身攻击，这不能不说与他的个人品格和心胸有关。

对于牛党的魁首的牛僧孺，即使在李德裕最为失意潦倒之时，依然没有忘记诋毁攻击。他在评论牛僧孺所著的《周秦行记》时，利用牛僧孺的姓氏大做文章，称之为“太牢”，甚至说牛僧孺“阴怀逆节”。而那个时候牛僧孺已经死去，但李德裕仍以如此恶毒的语言对逝者肆意诋毁，并以未处置牛僧孺的族人而深深遗憾，甚至将对牛僧孺的报复转嫁到其子孙的身上。他对牛僧孺刻骨铭心的仇恨，使得他心态完全失衡，而这对于评论他这个晚唐政治家来讲不能不说是一种遗憾。

如果将李德裕的功过做一个划分，会昌年间的励精图治与深陷牛李党争，单从这两个方面来看，李德裕的功过可以划分为五五开。但如果站在晚唐历史的宏观角度来看，因为“牛李党争”使得大唐帝国加剧了内耗，李德裕实在无法和前边提到的五位宰相相提并论。

以李德裕大中三年（849 年）死于崖州贬所为标志，这场从宪宗李纯在位已开端倪，历时约 40 余年的“牛李党争”，终于以牛党的全面胜利和李党的彻底失败而宣告结束。

“牛李党争”是晚唐历史的三大祸害之一，两党之争既有社会的历史根源，又与同时代的政治问题有着密切的关系。牛党成员多为出身庶族，通过科举考试进入仕途；而李党则代表那个时代日趋没落的世家大族。事实上，“牛李党争”的主要分歧是围绕对待藩镇和科举采取什么态度展开的。

在对待藩镇的问题上，从李德裕的父亲李吉甫担任宰相时起，就极力主张抑制藩镇势力的发展，对敢于和中央分庭抗礼、不听朝命的藩镇，坚决以武力讨伐。但牛党则由于自身与藩镇势力的千丝万缕的联系，对藩镇多采取妥协迁就、曲线救国的一种策略，但在李党看来完全不能容忍。

如果我们仔细梳理，就会发现无论是李吉甫还是李德裕担任宰相的宪宗、武宗时期，藩镇们大为收敛，不敢过分造次；而在穆宗、敬宗、文宗时期，藩镇势力颇为嚣张，这不能不说与两党对藩镇的态度有着十分重要的关系。

李党的压制藩镇政策，减轻了因藩镇割据和混战所造成的危害，有利于大唐帝国的统一和改善民生，元和中兴恰好说明了这一点，这是对李党应该给予积极评价的一方面。但在对待科举问题上，李党成员因为出身的缘故而产生了局限性，特别是李德裕顽固坚持门第观念，肆意诋毁科举制度，在科举制度已经成为那个时代主要选官途径，并且不断完善和发展的形势下，李德裕的攻击否定科举制显然与时代背道而驰。

而且在李德裕的影响下，李党成员甚至有了废除科举的呼声，这其中以文宗时期的李党成员郑覃最为积极。当时他上疏文宗李昂，认为南北朝时期多用文采华丽之士，所以出现不治的局面。在郑覃看来，只要有才能就可以重用，为什么偏要通过考试才决定重用谁呢？

郑覃还进一步举例说，陈后主、隋炀帝都是能写文章的高手，但就是不懂得怎样治理天下，所以最后搞得天下大乱，写文章只是雕虫小技，希望皇帝陛下不要过分看重。

由郑覃的话我们可以明显看出，牛、李二党的政治主张和观点各有所长，同时也有各自的短板，客观地说不能一概而论，不能完全肯定或完全否定，如“长庆销兵”事件就不能完全说牛党对待藩镇只是姑息。

但是“牛李党争”毕竟是大唐帝国逐渐走向衰落的一个源头，无论他们是怎样的政治观点，其斗争不仅加剧了帝国的内耗，而且不可避免地带有帝国高层在政治上无所作为的痕迹。

“牛李党争”虽然是唐朝初年以来士族和庶族两种政治势力斗争的继续，但唐朝建立以后的二百多年时间里，通过科举制度进入仕途的庶族出身的官员，已经在官员队伍中占了绝大多数，他们的政治地位已经与唐朝初年不可同日而语，甚至早已经成为李唐皇室所依靠的主要统治势力。

同样，这些庶族出身的官员在皇帝那里得到了过去只有士族势力才能享有的政治和经济特权，一部分庶族随着时间的推移逐渐摇身变成世家大族，因此牛李党争能够持续 40 余年已经不能与唐初的士庶斗争同日而语。

因为自身的切身利益，牛李两党党争激烈之时，李党得势时，牛党必非之；同样牛党走红时，李党也是诋毁不断。长期的朋党之争，与藩镇割据、宦官专权互为表里，加剧了大唐帝国政治走向没落的速度，虽然两党之争终结，但大唐帝国的衰落却并没有终结，虽然“小太宗”李忱勤于政事、孜孜求治，但终究挽救不了大唐帝国走向衰弱的颓势。

# 第十三章
# 收复河湟

在李忱的支持和运作下，“牛李党争”已然成为历史名词。虽然在对待牛李党争的问题上，李忱明显偏袒牛党，其所作所为有待商榷，而且他的执政理念明显带有“反会昌之政”的倾向，然而就其帝王生涯的主要方面来说，其功绩虽然比不上宪宗李纯，但确实在穆、敬、文、武诸帝之上，在晚唐衰弱的政治形势下，带给人以耳目一新的感觉。除了治理朝政之外，李忱时时处处以武宗李炎作为参照，李炎在位时曾经威制回鹘，所以李忱也想通过自己的努力，对外树立大唐帝国的国威。

因此他将目光瞄向了帝国的西南边陲。

吐蕃！这个与大唐帝国对抗很久而大唐没有取得胜绩的少数民族政权，成为李忱树立大唐国威的首要目标。

## 吐蕃内乱

在介绍李忱和吐蕃展开较量之前，我们先来回顾一下自大唐建立之后，唐朝和吐蕃之间的历史过往。

前边我们介绍过文成公主进藏和亲的一些事情，那个时候因为李世民天可汗威名远播，加上文成公主进藏，所以大唐和吐蕃的关系处于蜜月期。到了高宗李治和武则天时代，吐蕃灭掉吐谷浑，进逼唐朝的河西、陇右地区，而后便与唐朝围绕安西四镇以及西突厥十姓部落展开了激烈的争夺。自此之后唐朝与吐蕃的关系在和平与交战、缓和与冲突的不断交替中曲折发展。

景龙三年（709 年），金城公主进藏和亲后，吐蕃得到了河西九曲地区，对唐朝的陇右地区构成了强大的威胁。唐朝因此被迫调集重兵进入河西、陇右地区以加强防御。

安史之乱爆发后，唐朝将河西、陇右等边镇军队东调平叛，边防空虚，给了吐蕃入侵的机会。吐蕃趁机进入河西陇右，先是切断了唐朝与安西、北庭的联系，不久便完全占领了上述地区，进而又向南征服南诏。当时吐蕃控制了东起四川西部、甘肃陇山以西，西至中亚，北到今天新疆南部的广袤地区，而且吐蕃利用唐朝内乱的机会，不断侵扰中原，宝应二年（763 年）一路打到长安，迫使代宗李豫退出长安就是最好的例证。

德宗李适即位后，北方的回鹘兴起，开始与吐蕃争夺北庭地区，由于吐蕃将精兵调往北部，因此南诏利用这个机会，摆脱了吐蕃的控制，与唐朝互通友好。吐蕃见自己陷入孤立境地，于是改变策略，主动向唐朝请盟，而唐朝也想罢兵修好，于是在穆宗李恒在位的长庆年间，终于举行了唐蕃关系史上具有重要影响的长庆会盟。从此之后，唐朝与吐蕃虽然仍有短暂的毁盟现象发生，但由于它们同时走向衰弱，因此，不再发生大规模的军事冲突。

安史之乱结束后，吐蕃虽然乘机攻占了唐朝的大片土地，但由于吐蕃又同时向西出兵与大食、唐朝争夺安西四镇等西域之地，向北与回鹘争夺北庭地区，连年的扩张战争，加重了吐蕃国内的赋税和兵役负担。而且吐蕃境内连续发生自然灾害，使得民不聊生，于是，平民、奴隶们掀起了一轮又一轮反抗王室和贵族的斗争。

与此同时，吐蕃的最高执政者赞普已经是形同傀儡，以尚结赞为首的大贵族垄断政权，形成权臣当道，并排斥异己操纵赞普继承权，使王室和贵族之间争夺王权愈演愈烈。

弃松德赞赞普死后，长子牟尼即位，由于其推行的经济政策侵犯了贵族利益，于是被其母哲蚌氏毒死，由三弟牟笛赞普即位。由于哲蚌氏的独断专权，牟笛赞普依靠佛教首领钵阐布的保护才得以保全性命。因此，作为回报，在牟笛赞普在位时期，佛教势力迅速发展，并成为王室的支持者，由此引发了宗教冲突。

牟笛赞普死后，其子可黎可足赞普即位，因为可黎可足赞普体弱多病，所以由钵阐布执政，在钵阐布的怂恿支持下，当时僧人们大肆聚敛财富，可黎可足赞普用于供养一名僧人的费用，高达七户平民的赋税。因此反对赞普的贵族势力便以灭佛为号召，展开了激烈的夺权斗争，贵族们不断散布谣言说钵阐布与王后通奸有染，然后将其杀死，并在841年又杀死可黎可足赞普，拥立其弟达磨为赞普。

据《新唐书·吐蕃》记载，可黎可足赞普在位期间，吐蕃国内发生多次地震，岷山崩塌，洮水逆流三日，老鼠大肆啃食庄稼，百姓发生饥荒瘟疫，死难者伏尸遍地，鄯、廓两州地区的百姓在夜里听到打更的鼓声，都会受到惊吓。

本来吐蕃的百姓指望达磨赞普即位后，能够改变吐番的萧条景象，进而改善民生。可是由于达磨赞普嗜酒无度、喜好打猎，而且性格凶顽，缺少仁慈之心，所以使得吐蕃内政更加混乱。在内耗不止的情况下，吐蕃逐渐衰落下去，再也没有重现唐朝初年的辉煌。

达磨在位两年后，于唐朝会昌二年（842年）十月死去，十二月，吐蕃使者论普热前往京城长安报丧。武宗李炎派将作少监李璟前往吐蕃吊唁。

就在李璟吊唁完毕刚刚离开吐蕃后，吐蕃便发生了内乱，其导火索是赞普的继承问题。

因为达磨赞普没有子嗣，于是他的妃子琳氏在一帮佞臣的支持运作下，拥立达磨的兄长尚延立之子乞离胡为赞普。可是，此时的乞离胡只有三岁，谁都明白大权其实是掌握在上任赞普王妃琳氏和一帮佞臣的手里，而且当时在拥立乞离胡即位后，琳氏一伙人将十几个深得人心的老臣全都排挤出朝廷，引起了老臣们的严重不满，其中以宰相结都那反应最为激烈。

面对乞离胡的时候，结都那就是不肯跪拜，他哭着对众人说，赞普宗族有很多人，但琳氏不是皇后，却擅自立她家族之人为赞普，谁能心服？恐怕就连鬼神都不会享受她的祭祀。如果照此下去政权必亡，前些年吐蕃发生很多自然灾害，恐怕就是现在国之将亡的预兆，只叹老夫没有兵权，无法勘正内乱以报先赞普的恩德，现在只有以死相报。说完后，他拔出刀割伤自己的脸，然后大哭着离开朝堂。

结都那的激烈反应很是出乎所有人的意料，很多朝臣都在为这个忠心耿耿的老臣担心。而事实证明，琳氏一伙并没有放过结都那，就在结都那离开朝堂不久后，琳氏一伙人突袭结都那的府邸，将其族人全部杀死。

可是琳氏除了拥立乞离胡之外，在掌权后还大肆分封本家族的人，可是又没有循例入朝请求册封。于是，其行为招致吐蕃民众的愤慨，在矛盾的不断升级下，终于酿成了大规模的军事冲突。



## 内讧交兵

当吐蕃内部矛盾不断激化之时，唐朝也只能维持现有疆界与吐蕃对峙。对于经常从原州、会州各地进逼骚扰长安的吐蕃军队，唐朝军队只好轮番进行“防秋”，疲于应付而只有招架之功，即使与吐蕃的使节往来，也是只是礼节性，已经没有曾经以雄厚实力为后盾的震慑作用可言。

会昌三年（843 年）二月，在唐朝反击回鹘之时，黠戛斯趁回鹘衰弱时，大举进攻回鹘控制的安西、北庭地区，并邀请唐朝出兵支援。当时负责接待黠戛斯使臣的赵藩上疏武宗李炎，认为朝廷应该利用这个机会出兵应援，进而一举夺回本属于唐朝的安西和北庭地区。不过，宰相李德裕以朝廷正在与回鹘作战，抽调不出兵力为由，上疏劝说李炎回绝了黠戛斯的邀请。

与此同时，吐蕃内部发生内乱，时任洛门川讨击使的论恐热，召集部将扬言琳氏所立的可汗不仅没有经过大唐的册封，而且残害忠良，胁迫群臣，实在没有资格做可汗，自己准备入诛琳氏。

论恐热很快便纠集了吐蕃在河、陇地区三个部落的一万余名士兵，与青海节度使谋划举兵。论恐热自称国相，领兵进至渭州，与屯驻在薄寒山的吐蕃宰相尚罗思交战。尚罗思兵败逃亡松州，在那里纠集苏毗、吐谷浑、羊同等部落八万余众，同时焚烧桥梁，据洮水之险，以阻击论恐热的进攻。

当时论恐热隔着洮水恫吓苏毗等部落，告诉他们自己是上天派来平定内乱的，现在自己已经成为吐蕃国相，拥有了全部兵权，如果顽抗到底，定将屠灭整个部落。

苏毗等部落本来就是赶鸭子上架，他们完全不知道论恐热的虚实状况，因此犹豫不战。论恐热趁机指挥大军渡过洮水，收降苏毗等部落。尚罗思大军不战而逃，最终尚罗思死于乱军之中。

于是，论恐热趁机整合各部落以及尚罗思的军队将近十万人，挥师进兵松州，在进兵的过程中，论恐热每到一处就实行屠戮政策，铁蹄所至陈尸狼藉。或许当时谁也不会想到，论恐热虽然打着匡复王室的旗号，进而起兵靖难，事实上他内心却是在阴谋夺取赞普权力的野心家。不过，论恐热虽然拥兵十余万，但在他的心中却始终惧怕一个人，这个人就是时任鄯州节度使的尚婢婢。

尚婢婢出身显贵，先辈世代担任宰相之职，他本人略通史书，不愿出来做官。可黎可足赞普在位时，强令他担任鄯州节度使，因为尚婢婢为人宽厚，而且沉稳有谋略，所以深得将士爱戴，因此鄯州军队在当时的吐蕃军队中算是战斗力很强大的。

论恐热十分明白要想实现自己的野心，必须要迈过尚婢婢这一关，因此，在会昌三年（843 年）七月，论恐热指挥大军进兵鄯州，正式宣布与尚婢婢开战。一时间吐蕃北部边境至鄯州间旌旗招展，鼙鼓震天，完全笼罩在大战一触即发的紧张气氛中。

然而论恐热却出师不利，当大军行至镇西郡时，忽然遭遇雷电和大风的袭击，一时间论恐热不仅辎重损毁甚多，而且损兵折将，仅被雷电劈中烧死的部将就有十多人。论恐热认为尚未开战便遭此不幸是为不祥之兆，心中十分郁闷，因此暂时按兵不动，就地休整。

尚婢婢见论恐热来势汹汹，便施以欲擒故纵之计，先骄其志然后伺机进兵。于是，他下令打点金帛、牛、酒等物，派使臣前往论恐热军中进行犒劳，而且为论恐热带去了一封言辞极其谦恭的信札。在信中，尚婢婢不仅肯定了论恐热举义兵靖难的正义之举，而且自称无论从才能还是威望都比不上论恐热，自己目前最大的愿望就是希望论恐热能够批准自己告老还乡。

论恐热阅毕信札，被尚婢婢的吹捧之词搞得忘乎所以，顿时利令智昏，他真的认为尚婢婢面对自己的十余万大军，从心里产生了恐惧。当时论恐热将尚婢婢的信札遍示诸将，而且以居高临下的口气给尚婢婢回信，告诉他不要害怕，自己是不会为难他的，然后便领兵退回渭州。

面对论恐热的退兵，尚婢婢觉得十分搞笑，因为这一次他着实拿论恐热开涮了一把，当然他也明白，解除了论恐热对鄯州的威胁，接下来自己该缓过手来，向论恐热发起进攻了。

同年九月，尚婢婢探听到论恐热屯兵大非川，于是派遣部将庞结心、莽罗、薛吕率领五万骑兵发动进攻。到达河州以南后，莽罗、薛吕部署四万人在险隘设伏，庞结心则带领一万人埋伏于论恐热大营前的柳林之中，并派一千骑兵登山居高，以飞矢射书于论恐热大营前，肆意辱骂以引诱论恐热出战。

论恐热见尚婢婢胆敢前来挑战，而且言辞不逊，盛怒之下倾巢而出应战。庞结心见状佯装不敌，向北败退，论恐热于是挥兵紧追不舍。庞结心一退数十里，逐渐将论恐热引进了莽罗、薛吕设置的圈套中，当论恐热进入圈套后，四万大军同时而起四面合击，截断论恐热的退路，当时又值大风天气，飞沙漫天，庞结心指挥人马趁势掩杀，论恐热大败只身单骑而逃，其部众伤亡惨重，前后伏尸将近五十里。

论恐热在大非川惨败后恼羞成怒，于是开始对部下产生猜忌之心。在他看来，大非川之战，有的人态度十分可疑，针对这个问题论恐热开始着手解决，不过他解决的方式过于简单粗暴，只知道对怀疑对象展开杀戮，这就导致其内部更加众叛亲离，很多将领先后归降尚婢婢。

会昌四年（844 年）三月，论恐热带领部众进犯鄯州，尚婢婢分兵五路拒敌，导致论恐热进兵极为不顺，无奈之下他退守东谷山坚守，尚婢婢设置木栅包围东谷山，断绝论恐热的水源。仅过了十天，论恐热全军便因为无水而尽皆溃散，只有百余名骑兵随论恐热逃奔至薄寒山。

在充分吸取了东谷山失败的教训后，论恐热在薄寒山设寨自保，招募残部又纠集数千人，先后在褐鸡山、南谷等地与尚婢婢接连几次交兵，可是却连战连败。自此之后论恐热与尚婢婢在鄯州、渭州等地形成胶着对峙，彼此连年交战。

此时，正值回鹘乌介可汗在唐朝的反击下，率领部众西逃黑车子。武宗李炎当即决定趁回鹘西逃、吐蕃内乱的机会，出兵收复河西、陇右被吐蕃攻占的地区，宰相李德裕建议派遣刘濛为巡边使，主持筹集兵源和粮饷等事宜，同时派出探马不断侦察吐蕃守军之虚实，等待有利时机出兵。

然而就在唐朝做好出兵准备的时候，武宗李炎驾崩。论恐热未等唐朝出兵，趁武宗李炎去世的国丧期间，纠集党项、回鹘部分部落率先向河西地区发动进攻，这正好给了皇帝李忱绝好的反击吐蕃的借口。

## 出兵反击

大中元年（847 年）五月，李忱诏令河东节度使王宰率军反击论恐热。在这次战役中，王宰以沙陀酋长朱邪赤心的部队为先锋，从麟州渡过黄河，在盐州与论恐热展开遭遇战，结果大败论恐热，将其赶出该地区。

大中二年（848 年）十二月，凤翔节度使崔珙奏报，说官军打败了吐蕃，收复了唐蕃交接处的清水。清水原来隶属于秦州，因为秦州目前还在吐蕃的控制之下，所以李忱让凤翔暂时接管。

论恐热在盐州被唐军打败后重整残部，派遣部将莽罗领兵两万急速向西，继续进攻尚婢婢。尚婢婢命令部将拓跋怀光领兵迎战，结果大破莽罗于南谷。论空热不得已退守河州，与身在河源屯兵的尚婢婢形成对峙。

本来尚婢婢想让人马暂时休整，然后伺机进攻论恐热，可是部将们在看到论恐热屡战屡败后，都想建立荡平论恐热的功劳，所以纷纷劝尚婢婢出兵河州。虽然遭到了尚婢婢的反对，但诸将执意出战，尚婢婢见众意难违，于是默许诸将出战，可是他预料到了此战必败，于是他带领部分人马坚守黄河大桥以观时变。事实证明，尚婢婢的预料十分准确，众将出战后，因为轻敌被论恐热打得大败，尚婢婢无奈之下只得焚毁河桥退守鄯州。

此战过后，论恐热和尚婢婢的实力开始发生变化，在很长的一段时间内，论恐热取得了压倒性的优势。

对于唐朝而言，论恐热和尚婢婢的不断交战，所带来的结果就是很多地方的大批将领投靠过来。自从吐蕃内乱以来，许多吐蕃部众及此前被吐蕃掠去的汉族吏民投归唐朝者络绎不绝。尚婢婢在与论恐热的斗争中，为了孤立论恐热，曾经发布檄文，鼓励在吐蕃的汉族人归唐。

这样就促成了很多吐蕃地方的汉族官吏、守将以及原州、秦州、安乐三州及石门、驿藏、木峡、制胜、六盘、萧关七关守军投降唐朝。

当时针对诸多军民投靠唐朝，皇帝李忱特意委任太仆卿陆耽为宣谕使，前往各地进行宣慰，并下令沿边的泾原、灵武、凤翔、邠宁、振武各节度使同时出兵，再次向吐蕃控制下的河西、陇右地区推进。

大中三年（849 年）六月，泾原节度使康季荣上奏朝廷，称已经成功接收原州境内的石门、驿藏、木峡、六盘、制胜六关。一个月后灵武节度使朱叔明进占安乐州，邠宁节度使张君绪进占萧关，凤翔节度使李玭攻取秦州。

唐军接连大败吐蕃，这是自“安史之乱”以后，唐朝在与吐蕃的对抗中首次取得如此辉煌的战绩。尽管这些胜利首先是源于吐蕃的内乱，但将近百年时间对吐蕃鲜有胜绩，还是让当时的朝野上下为此大肆炫耀了一番。

当时居住在上述三州七关地区的河西、陇右汉族百姓数千人，扶老携幼地来到长安，感谢朝廷成功收复河陇，使百姓们终于摆脱了吐蕃人的奴役。皇帝李忱亲自在延喜门接见了这些百姓，下令让他们脱去胡服，改穿汉族服装，并赏赐绢布十五万匹。

大中四年（850 年）九月，论恐热与尚婢婢再起战端。

当时论恐热派大将莽罗率兵在鸡顶关以南架桥，一直通向白土岭，向尚婢婢发起进攻。尚婢婢让部将尚铎罗迎战，结果因为迎战仓促而失利，不得已退守梨牛峡。尚婢婢复派大将磨离罴子、烛卢巩力共赴梨牛峡援救，两个人到达目的地后，烛卢巩力主张据险坚守，然后出奇兵截断论恐热大军的粮道，让其进退不得，不过十天半个月其部众必定溃散。

但磨离罴子则主张立即出兵，以求速战速决，结果两个人争执不已，各不相让，烛卢巩力负气之下称病返回鄯州。本来尚婢婢派出两员大将援救尚铎罗，兵力已经十分充足，但因为烛卢巩力的离去，导致救援的兵力严重削弱，最终磨离罴子轻率领兵出战，被打得惨败，其本人也死于乱军之中。

留守鄯州的尚婢婢也因为粮食匮乏，只好留下拓跋怀光坚守鄯州，自己则带领三千人马，就水草于甘州以西。论恐热闻讯后，带领五千骑兵跟踪追击，一路上大肆劫掠，鄯、廓、肃、伊、西诸州都未能幸免，论恐热大军所到之地，百姓深受其害，史料记载，五千里间，积尸狼藉，赤地殆尽。

不过论恐热虽然对尚婢婢具有压倒性的优势，但因为残暴至极，部众积怨甚深，尚婢婢部将拓跋怀光又派人暗中策反其部众，结果追随论恐热的很多部众或返居原部落，或向拓跋怀光投降。论恐热越发感觉孤立，于是只好打出唐朝的旗号，以恢复其失去的相关势力。为了凝聚人心，论恐热向吐蕃各部扬言，说自己能向唐朝借兵五十万，来消灭不服从自己的人，然后以渭州为国都，请唐朝册封自己为赞普。

事实证明，论恐热还真是言出必行。大中五年（851 年）五月，论恐热果然来到长安，此时朝廷上下对吐蕃内部的情况并不十分了解，所以依然对论恐热以礼接待。皇帝李忱专门派尚书左丞李景让赴礼宾院向论恐热询问他此番入朝的目的，论恐热当时十分高傲，开口便让李景让回去转告皇帝李忱，首先封自己为河渭节度使。

面对论恐热的要求，李景让不敢怠慢，立即向皇帝李忱进行报告，当即被李忱回绝，并亲自在朝堂上接见了论恐热，对于册封一事，李忱只字未提，就像会见一位普通的少数民族客人一样，好言抚慰一番后，赏赐些礼物便打发他回去。

事实上，李忱用一种自己特有的态度在告诉论恐热，吐蕃已经不再是从前的吐蕃，这个曾经和大唐掰过上百年手腕的国家，现在已经不入大唐的法眼。

论恐热十分扫兴地离开长安，对朝廷的憎恨陡增，在返回老巢洛门川后，收拾余部伺机骚扰唐境。但是恰逢连绵大雨，由于军中缺少粮食，部众多有散去，论恐热只好率领仅剩下的三百余人辗转来到廓州。

值得一提的是，就在尚婢婢远走甘州以西，论恐热实力急剧衰弱之时，原来隶属唐朝河西、陇右的汉族官民也纷纷拿起武器反抗吐蕃的奴役，进而驱逐吐蕃守将，这其中最为著名的，当属沙州人张义潮领导的守土斗争和归唐壮举。

## 张义潮归唐

沙州治所为敦煌，下辖敦煌、寿昌二县，地处河西走廊的西口，是丝绸之路上的大站之一，最初沙州隶属于设在凉州的河西节度使管辖。安史之乱后，吐蕃趁河西、陇右的唐军东调平叛之际，先后攻占了凉、甘、肃等州，河西节度使被迫移驻沙州。唐代宗李豫在位的大历年间，沙州被吐蕃包围，刺史周鼎向回鹘求援，但是等了很多年也没有等来回鹘援兵，于是他提出想要焚毁城郭，带领军民东奔归唐，但是遭到了部众的反对。

当时知兵马使阎朝将周鼎缢杀，自领州事，但城中守军缺乏粮食，阎朝见状出府库财帛，又据城坚守两年之久，直至城中粮食枯竭，才投降了吐蕃。从周鼎向回鹘求援到阎朝投降吐蕃，沙州的守城作战持续长达11年之久。投降吐蕃后，城中官民皆改穿吐蕃服饰，每逢岁时祭祀祖先，他们都要换上汉族的服装，可见沙州官民还是心系大唐。

张义潮是张掖人，他虽然身遭吐蕃役属，但和沙州的其他人一样，时刻没有忘记自己的故国，于是他暗中结纳豪杰之士，谋划重归大唐。

大中四年（850年）四月，在经过周密的计划后，张义潮身披铠甲，手执兵刃，率众突袭州衙，城中百姓皆助其声势，吐蕃守将防备不及仓皇逃走，张义潮趁势接管沙州。他带领汉族百姓修缮甲兵，不断扩充势力，相继收复周边被吐蕃控制的十一个州县，并派出使者赶赴天德城，通过防御使周丕向朝廷报告沙州的形势。




朝廷接到张义潮的奏报是在大中五年（851年）二月，皇帝李忱看到奏报后欣喜异常，当即任命张义潮为沙州防御使。当年十月，张义潮又派兄长张义潭和部将李明达、李明振、吴正安等29人入朝，进献瓜、沙、伊、肃、鄯、甘、河、兰、岷、廓等十一州地图和户籍，至此被吐蕃占领的河湟故地又重新为唐朝所有。

十一月，皇帝李忱下诏以沙州为归义军，统领上述十一州，任命张义潮为节度、管内观察、处置、押蕃落、营田、度支等使，并晋封金紫光禄大夫、检校吏部尚书、兼金吾大将军、特进、食邑两千户，实封三百户，同时任命在收复十一州过程中为张义潮谋划的判官曹义金为归义军长史。

随着河湟十一州地区重归大唐，吐蕃在河西、陇右地区的势力更加衰弱，拥有兵将的将领们只能负隅据守而已，吐蕃部众已经是分别聚居，不再形成统一。

张义潮的兴起，不仅使唐朝成功收复河湟失地，最重要的是他的崛起使得吐蕃王国逐渐走向四分五裂乃至衰亡。当然关于张义潮我们并没有说完，事实上他所掌控的归义军，后来随着时间的推移，逐渐成为地方割据势力，以至于唐朝灭亡之后依然存在。

唐懿宗的咸通二年（861 年），张义潮率领蕃汉联军七千人向西推进，收复凉州。咸通三年（862 年），唐朝在凉州设立节度使治所，统领凉、洮、西、鄯、河、临六州。

就在这一年，曾经在吐蕃诸部落中处于奴仆地位的温末向唐朝入贡。最初温末部落的人是为吐蕃富户大姓从事农耕放牧的奴仆，战时则随军出战，一个富户家庭往往有奴仆数十人。后来因为吐蕃衰弱，这些奴仆们大多脱离主人，自相结合成部落，以致吐蕃诸部族中微弱无依靠者都投奔温末部落，他们大多聚集在张义潮管辖的归义军境内。

唐懿宗咸通七年（866 年）二月，张义潮奏报朝廷，北庭回鹘仆固俊攻克西州、北庭、轮台、清镇诸城。此时在河湟地区最具实力的，是尚恐热率领的部众，这一年唐朝的鄯城使张季颙击败尚恐热，其余众东进邠宁，又被节度使薛弘宗击败，尚恐热带领残部又向北退去，但是又与回鹘发生冲突，结果在交战中尚恐热兵败身死，传首长安。

与此同时，一直穷居在廓州的论恐热忽然复起，企图纠集附近的吐蕃部落骚扰大唐边境。但由于论恐热十分残暴，经常欺压周边部落，以至于和诸部落积怨颇深，非但无人响应，反而到处碰壁。其中有的部落向身在鄯州原尚婢婢部将拓跋怀光报告了论恐热的行踪，拓跋怀光得到消息后立即领兵追击，大破论恐热。

八个月后，拓跋怀光又率领五百骑兵突袭廓州，并生擒论恐热，先是砍断其双脚，然后斩首传至长安，其部众被俘者全部迁居岭南。随着论恐热的死去，立国二百年之久的吐蕃政权终于衰亡，大唐帝国来自西部的威胁彻底解除。

但那个时候大唐帝国内部已经是病入膏肓，中原地区战乱四起，无暇顾及治理西部。虽然吐蕃衰亡，但是河西、陇右地区只是保持形式上的管辖权，张义潮管辖的归义军其实算是个独立王国。

咸通八年（867 年）二月，张义潮得到朝廷的允许，入朝觐见皇帝，入朝后被唐懿宗授予检校司徒、右神武大将军，并赏赐土地、府邸，以其族子张淮深代为节度使。咸通十三年（872 年）八月，张义潮病逝于长安，终年74岁，死后追赠太保。

由于大唐帝国末期的动荡，唐僖宗之后，归义军所管辖的地区仅剩下瓜、沙二州。张淮深死后，其弟继任节度使，临终之时又托孤于张义潮的女婿，时任瓜州刺史的索勋，但是索勋是个极有野心的人，自立为节度使后，于景福元年（892年）骗取朝廷的正式委任，结果在当地引起众怒。

当时张义潮的第十四女、凉州司马李明振之妻率众袭杀索勋，并上表朝廷请求以张义潮之孙张承奉为节度使。乾宁元年（894年），朝廷派使臣前往沙州宣慰，除了委任节度使之职外，为酬报李明振夫妇的定难之功，诏命以李明振长子李弘愿为沙州刺史兼节度副使；次子李弘定为瓜州刺史、墨离军押蕃落等使；三子李弘谏为甘州刺史。

唐朝灭亡以后，归义军节度使张承奉见各地节度使陆续称王，于是也自称“西汉金山国白衣天子”。不久曹氏家族取代张氏家族掌握沙州政权，停止使用“金山”国号，恢复归义军节度使的称号，五代北宋时期，向中原历代王朝进贡，北宋景祐三年（1036年）被西夏吞并。

可以说，由张义潮奠基的归义军不仅经历了悠久的历史，而且使唐朝成功收复河湟地区，算是大功一件。归义军最终亡于西夏，是唐朝灭亡以后很久的事情。事实上，在唐朝晚期，尤其是武宗李炎和皇帝李忱在位时期，就经常受到西夏国的创建民族党项的侵扰。

## 党项之忧

党项是羌族的一支，又称党项羌。唐朝初年在今天四川及青海河曲各地设置了许多羁縻州府，同时委任党项各部酋长进行治理。后来因为吐蕃的强势逼迫，党项族陆续东迁至庆州，又另设静边州进行安置。

安史之乱以后，党项又陆续内迁至灵、庆、银、夏诸州。这一时期，党项经常与吐谷浑勾结骚扰大唐边境。郭子仪镇守西北边境时，为防止党项与吐谷浑、吐蕃联合入侵，上表朝廷将静边州、夏州等地的党项部众迁至银州之北、夏州之东，同时迁吐谷浑部众于夏州之南。自此称居住在庆州的党项族为东山部，在夏州之南居住的称为南山部，在夏州境内的称为平夏部。东山部、平夏部之中有一部分逐水草移居石州。因此，武宗李炎时期，党项族的势力可以说已东进至河东地区。

党项在兴兵骚扰唐境的同时，还经常以良马从唐朝边境换购铠甲，以肥羊换购弓箭。针对这个情况，当时鄜坊道军粮使李石上表朝廷，请求禁止商人将旗帜、甲胄、兵器等军需用品输入党项聚居区，而且规定有告密者将得到违禁商人的全部财富。

尽管如此，靠近唐朝的党项部族让然以很快的速度兴盛起来，商贾以丝织品与党项交易牛羊牲畜，沿边的节度使也因利所驱，与党项开展互市贸易，而且多为强买强卖，极为不公平，于是引起了党项人的怨恨。应该说，上述事件是党项侵扰唐境的一个导火索，随着党项部族侵扰规模的不断扩大，后来完全阻断了唐朝与西北重镇灵州、盐州的交通联系。

武宗李炎即位之初，对党项主要采取安抚之策，曾经任命三名侍御史分别主持党项诸部，效果还是不错的。可是随着时间的推移，党项部族不再骚扰唐境，朝廷见边境没有战事，就召回了三位侍御史（“久而无状，寻皆罢之”）。

会昌三年（843 年）十一月，邠宁节度使上报朝廷说党项再次侵扰唐境，当时宰相李德裕建议武宗李炎对其进行安抚。

李炎接受了李德裕的建议，以皇子李岐为灵夏等六道元帅，兼安抚党项大使，又以御史中丞李回为安抚党项副使，史馆修撰郑亚为元帅判官，带着诏书前往安抚党项部众。这是武宗李炎在位时期对党项采取的最重要的措施，也是最合适的措施。因为从当时的局势来看，内有泽璐之乱，外有回鹘近塞，比起这两个大事，党项毕竟还是次要的。

党项就是利用这个机会，在会昌年间不断侵扰唐境。西北诸镇虽然有时忍无可忍而不得不进行反击，但由于没有统一指挥和部署，所以基本上毫无效果，等到李忱即位时，党项的侵扰已经越来越严重。

大中四年（850 年）十二月，党项再次侵扰邠州。皇帝李忱抱着一反会昌之政的心态，在对党项的问题上决定采取强硬态度，任命宰相白敏中为都统，凤翔节度使李业、河东节度使李拭兼招讨党项使，合并进讨党项部众。

在大军出发之际，皇帝李忱在近苑对着百步之外只有一尺高的竹子发誓，如果上天让党项灭亡，现在就让自己射中竹子，如果射不中，自己就动用全国之力，一举荡平党项部族，绝不能将祸害留给子孙。结果李忱一发而中，将竹子射为两半，果然不久后就平定了对唐朝威胁最大的党项南山部落。

皇帝李忱十分明白党项侵扰唐境的根本原因，就是边镇将领垂涎党项的牛马，不仅强取豪夺，而且对党项苛刻诛杀，从而引起党项部众的愤怒而发生的。所以在派遣大军进行征讨的同时，他特意选派文臣取代性格生猛的武将担任边镇将领，而且在这些文臣赴任之前，他都要亲自叮嘱在当地处理党项的问题时，一定要讲究方式方法，目的是为了孤立党项那些反叛的部落。

经过李忱的部署和安排，效果十分显著。

大中五年（851 年）四月，宰相白敏中向皇帝李忱报告，称唐军在夏州三交谷打败党项九千余帐。七月，白敏中又上奏皇帝李忱，称南山党项部落因为朝廷大军接连围剿，已经食物匮乏，开始向朝廷请降。此时白敏中统率朝廷大军讨伐党项已近半年，皇帝李忱也正在为无法筹集到足够的经费以支持继续讨伐而焦虑，而且劳师远征将士疲惫，如今听闻南山部落请降，正中李忱下怀，于是他下诏赦免南山部落，表示既往不咎。

南山部落是当时党项诸部中势力最大的部落，它的投降意味着困扰唐朝多年的党项侵扰问题已经基本解决。大中五年（851 年）十月，皇帝李忱以平定党项诸部为名，下诏免去白敏中的都统之职，以司空、平章事兼邠宁节度使。从这个任命来看，李忱虽然撤销了讨伐党项的军事机构，但他充分吸取了武宗李炎废除主持党项诸部的三御史职务的教训，仍然将白敏中留在驾驭党项的前沿阵地。因为他知道尽管党项已平，但这个部族只要存在，或许未来就会生出乱子。

事实证明，不久之后党项果然东山再起，开始继续侵扰唐境。而那个时候因为西川需要精心治理，李忱已经将白敏中调任西川节度使，党项的再次侵扰，让他一时间找不到比白敏中更为出色的人担任邠宁节度使。就在他左右为难之际，有一天李忱在翰林院与翰林学士毕诚讨论如何加强边防一事时，在对话的过程中，李忱发现毕诚不仅思路清晰，而且对党项侵扰问题提出了诸多切实可行的建议，李忱当即决定任用毕诚主持解决党项侵扰问题。

李忱先是提拔毕诚为刑部侍郎，以提高其官职和威望，然后又任命他为邠宁节度使、河西供军安抚使，让他放手去干。而毕诚也的确没有辜负李忱的期望，到任后一方面对侵扰唐境的党项部落进行征讨；另一方面又遣使安抚党项诸部，在恩威并使的策略下，党项侵扰问题再次被解决。

可是毕诚也知道，想要威慑党项，仅仅在其侵扰时进行征讨还远远不够，必须要做到兵多粮足，做好持久战的准备。基于这种指导思想，他在当地广为招募士兵，就地开辟荒田，组织屯田生产。据史料记载，在毕诚的组织下，当地一年收获的粮食多达三十万石，节省从中原运粮的经费达到百万贯。由于毕诚的努力经营，党项诸部在看到唐朝有打持久战的准备后，不敢轻易侵扰边境，唐朝西北边境在数年内保持了难得的安定。

然而在唐懿宗之后，中原地区战乱四起，唐朝自顾不暇，再也没有力量威慑党项诸部。于是党项势力日益增强，其中平夏部的首领拓跋思恭在咸通十三年（872 年）进占宥州，自称刺史。黄巢起义爆发后，唐朝曾经利用拓跋思恭成功镇压黄巢起义，因此任命拓跋思恭为定难军节度使，自此之后，党项在唐朝边境的割据已经成为事实，一直到后世李元昊统一党项各部，建立西夏王国。

# 第十四章
# 遗憾结局

## 复兴佛教

唐朝从宪宗李纯之后到皇帝李忱在位时期被称作晚唐。因为藩镇割据、宦官专权、朋党之争导致帝国内部陷入无休止的纷争之中，大唐帝国也因此被日益加剧的社会矛盾所纠缠困扰，但到了皇帝李忱即位后，还是努力挽救帝国的颓败形势，《资治通鉴》中这样评价李忱：

性明察沉断，用法无私，从谏如流，重惜官赏，恭谨节俭，惠爱民物，故大中之政，讫于唐亡，人思咏之，谓之小太宗。

尽管李忱在位时期的所作所为未能从根本上挽救唐朝走向衰弱的颓势，但就其帝王生涯的主要方面来说，还是远在穆、敬、文、武诸帝之上，在晚唐的政治形势中独树一帜，给人以耳目一新之感。由于李忱与先皇武宗李炎之间身份的微妙关系，使得他从即位伊始就一反会昌之政而行之，尤其在对待佛教的态度上，李忱堪称为佛教翻了一个大案。

事实上，李忱本人也是个虔诚的道教徒，所以说他复兴佛教与自身信仰并无关联，完全出于政治需要。在李忱即位的第二个月，即会昌六年（846年）四月，在他下令贬黜宰相李德裕为荆南节度使，罢免一批李党成员的同时，他下令杖杀武宗李炎宠幸的道士赵归真等十二人，将罗浮山人轩辕集流放岭南。

和武宗李炎废除佛教一样的是，李忱复兴佛教也是首先从长安开始的。会昌六年（846年）五月，主管长安诸佛寺事务的左右街功德使上奏皇帝李忱，说按照李忱的意图已经将长安城内的知名寺庙的名字，重新恢复为会昌废佛之前的名字，同时又下令恢复会昌废佛之前的制度，重新规定涉及僧尼的事务依旧划归功德使管理，不再隶属于鸿胪寺，今后凡有世俗之人出家为僧尼者，仍由祠部颁赠度牒。

恢复佛教事务的相关制度，是李忱在位时期复兴佛教的标志。大中元年（847年）闰三月，李忱就恢复和重建在会昌废佛被毁寺院一事特意颁布诏令，在诏令中李忱指出，会昌废佛运动虽然初衷是好的，但实际操作严重出现偏差（“厘革过当”）。针对这种情况，李忱命令恢复全部寺庙的功能，并让在会昌废佛运动中受到打击的高僧主持这项工作，并规定所辖的官府不得随便干预。

从李忱颁布的诏令来看，显然是在会昌六年（846年）五月颁布的诏令基础上，下令恢复各地佛寺的。而会昌六年诏令的全文今天已经找不到，但日本僧人圆仁的《入唐求法巡行礼记》则记载了一些珍贵的资料，可以多少了解到当时皇帝李忱复兴佛教的情况，尤其是对各州佛寺及僧人的许多规定。

如在圆仁的著作中记述道：

> 五月中大赦，兼有敕天下每州造两寺，节度府许造三所寺，每寺置五十僧。去年还俗僧五十以上者，许依旧出家，其中年登八十者，国家赐五贯文。还定三长月，依旧断屠。

通过上述记载，我们可以清楚地了解到，李忱对于复兴佛教并不仅仅限于出台相关政策，对于具体事务事实上规定得也十分详细，而且对于僧俗之间的角色转换也是规定得十分宽松。这一切都让先前经历会昌废佛劫后余生的僧尼们，有如翻身得解放的感觉。

大中五年（851 年）正月，李忱决定将复兴佛教的规模扩大到全国各地，他诏令不仅是京畿地区，全国各郡县如果兴建寺庙，当地官府不应禁止，而且应当允许僧尼和住持兴建寺庙。从这个诏令可以看出，历经五年的时间，朝廷在城镇地区复兴佛教的任务已经基本完成，开始将重点转向乡村。

由于李忱的积极提倡和大力扶持，佛教势力很快再次复兴，寺院和僧尼的数量都以极快的速度增长起来。这引起了很多朝官的警觉，很多人纷纷上疏李忱，提醒他佛教的迅速恢复和再次过度发展所带来的消极影响。

如大中五年（851 年）六月，进士孙樵上疏李忱，他认为，自从李忱即位后，兴建寺庙的规模已经超出了本朝佛教势力最为鼎盛的开元时期，而那个时候老百姓还有余力可以生存，可是现在民力已经出现枯竭，而且僧尼的数量直线上升，恐怕又会重新回到会昌年间以前僧尼泛滥的局面。

在孙樵上疏的一个月后，宰相班子成员也集体上疏，以河湟地区正在对吐蕃用兵为由，希望皇帝李忱能够暂缓修建佛教寺庙。通过孙樵以及宰相班子的上疏，我们可以看出，当时天下州府及其以下的乡村大兴土木，广建佛寺，已经达到了相当大的规模，虽然李忱同意了宰相们的请求，但因重建佛寺而造成的扰民费财已经成为事实。

大中六年（852 年）十二月，主管佛教事务的祠部上疏李忱，认为修建寺庙和剃度僧尼应该按照相关的法律法规执行，而不应该是拍脑门决定。祠部的建议虽然得到了李忱的肯定，但是在那个皇帝意志决定一切的时代，祠部的建议并不能遏制兴建寺院过快过多以及僧尼剃度泛滥的问题。当时佛教虽然不能完全恢复到会昌废佛以前的繁荣程度，但在皇帝李忱的大力扶持下，寺院的经济力量迅速恢复和发展。

值得一提的是，由于李忱当时对佛教的复兴，使得在他的儿子唐懿宗成为唐朝末年皇帝佞佛的突出代表。

## 郭氏之死

复兴佛教是李忱一反会昌之政的标志性举措。事实上，在他即位之后一直没有忘记元和末年父皇李纯被害一事。前边我们简要说过李忱复仇太皇太后郭氏的事情，早在李忱即位之初，就兴起大狱，惩治当年谋害宪宗李纯的乱臣贼子，将参与当年谋害李纯的外戚宦官等全部处死，而且又借郭太后去世的机会，有意贬损其葬礼的规格，故意报怨于郭太后。

李忱之所以这样做，除了为宪宗李纯报仇之外，事实上为生母郑氏出气也是原因之一。

前边在介绍元和年间后宫波澜的时候，我们说过宪宗李纯不立郭氏为皇后的具体原因。除了郭氏家族的特殊背景之外，还有一个重要原因就是李纯在后宫嬖艳甚多，而在这些女子中，李忱的生母郑氏就是其中的一个。

这个本是镇海节度使李锜小妾的女子，在宪宗李纯平定李锜的叛乱后被送进皇宫，开始仅是贵妃郭氏的一个侍儿，后来因为其面容姣好，被宪宗李纯宠幸生下了李忱。

郑氏因为宪宗李纯的宠幸而身价倍增，可以说是一步登天。当然这对于贵妃郭氏而言不是一件什么好事，再加上郭氏本身就不是心胸开阔的人，女人天生的嫉妒心使得她对郑氏受宠气愤难平，随着时间的推移，她与郑氏之间矛盾开始加剧。

李纯在世的时候，两个女人之间的斗争还可以得到制约，两个人基本处于平衡状态。但随着元和十五年（820 年）正月李纯的去世，穆宗李恒的即位，郭氏的地位陡然上升，郑氏的地位则一落千丈。

当年李纯被谋害时，李忱虽然年纪尚小，但对于时事还是存有很深的记忆。很多年来，他一直怀疑是兄长李恒和其母郭氏谋害的皇帝李纯，但又找不到真凭实据。一直到文宗李昂即位后，开始对当年谋害宪宗李纯进行清算时，李忱的内心才稍稍得到安慰。但穆、敬、文、武四帝时期，都对郭氏颇为尊奉，这又让李忱感觉当年谋害父皇的真正主使者郭氏没有得到惩罚，而始终耿耿于怀。

在李忱当上皇帝之前，他根本不会想到日后还有机会报复郭氏。当会昌六年（846 年）三月，他意外登上皇位后，多年郁积在他心中对郭氏的那股怨恨，瞬间爆发出来，也就是从那一刻起他决定对郭氏展开报复。

李忱当上皇帝，随之而来的就是母以子贵。在李忱即位的一个月后，就尊郑氏为皇太后，由于他始终未能抹去父皇李纯之死所造成的对郭氏的宿怨，他将生母郑太后奉养在大明宫中朝夕躬省，而郭氏虽然仍居住在兴庆宫，李忱却对她极少问候。

对于郭氏而言，地位陡然间的变化让她始料未及，看着郑氏母以子贵，联想起自己由昔日的豪奢尊贵，到现在的凄凉冷清，郭氏心中不由得生出一股悲凉，进而造成内心极度的失落，不久便因为精神抑郁而染病在床。

郭氏因为李忱的故意报复而卧病在床，这是李忱内心所愿意看到的，但作为垂范天下先的皇帝，他也明白，虽然他不是郭氏亲生之子，但毕竟有母子名分，如果过分展开报复，会让自己在天下人面前背上不孝的骂名。就这样在碍于名分和礼节的分上，在大中二年（848 年）五月，郭氏病情日益加重的情况下，李忱先后在五月十四日和二十日两次颁诏，暂时停止处理一切政务，专心侍奉郭氏。

按说对于郭氏来讲，李忱的做法已经很合乎礼法，他做到了自己该做的事情。郭氏也应该如此，此时她最应该做的就是转变自己的心态，利用李忱侍奉自己的机会，主动与李忱和好。

但前边我们说过，郭氏不是个心胸宽广的人，尽管李忱亲自侍奉其左右，但因为性格偏执的原因，她仍然不能缓解对李忱的怨恨之心。就在李忱颁布第二道诏书的两天后，郭氏在两名宫女的扶持下，登上兴庆宫中的勤政楼，举目望去，心中再次产生悲凉之感。在她看来，这座皇宫从前是在自己的掌控之下，而现在自己则犹如傀儡一般被李忱拿捏在手中。这种身份上的陡然变化，让站在勤政楼上的郭氏情绪逐渐激动，最终心态的失衡终于让她做出了错误的举动。当时，她一边号啕大哭，一边径直向前想要纵身跃下勤政楼，幸亏两个宫女眼疾手快，一把将其拉回。

郭氏只是一时情绪失控才有这样的出格行为。但消息传到皇帝李忱那里时，李忱顿时勃然大怒。他认为这是郭氏想以自杀的方式，让自己背上不孝的骂名，据史料记载，当晚郭氏便暴崩于兴庆宫。

所谓的“暴崩”，一般是指非疾病原因的突然死亡，如宪宗李纯就是暴崩。史书中的这种记述其实是在暗示，在郭氏之死的背后，皇帝李忱起到了某种助推作用，只是没有确切的证据，所以才记载得比较隐晦。

郭氏之死在朝廷中引起了许多人的议论，虽然谁也没有证据是皇帝陛下害死了嫡母，但联系诸多事件的发生，人们内心还是坚信郭氏绝非正常死亡。

而且在郭氏葬礼的问题上，李忱以生母郑太后的缘故，有意降低规格。朝廷的相关机构按照李忱的意愿，为郭氏上尊号为懿安皇太后，并请葬郭氏于宪宗李纯陵墓景陵的外园。

对于这个安排，当时满朝文武百官非议颇多，但敢于站出来直言的只有礼部检讨管王皋。他上疏李忱认为，将郭氏葬于景陵的外园不合乎礼法，虽然宪宗李纯始终没有册立皇后，但因为李纯和郭氏之子李恒后来做了皇帝，郭氏便等同于皇后，所以应该将郭氏合葬于景陵，而且其牌位也应该入附宪宗庙。

李忱看过王皋的奏疏后，一把将奏疏撕得粉碎，并让宰相白敏中亲自质问王皋为什么违背圣意上这么个奏疏。王皋又进一步详细做出解释。

他认为郭氏是汾阳王（郭子仪）的孙女，首先出身高贵，而且早在宪宗李纯还是太子之时就是东宫正妃。之所以没有被立为皇后，是因为宪宗李纯宠幸的妃子太多，郭氏母仪天下历经五朝，不能因为当初没被立为皇后，而现在就降低其葬礼的规格。

王皋的上疏让皇帝李忱十分不满。在白敏中质问他之后，李忱又让另一位宰相周墀向王皋施加压力，试图让他改变主意。但王皋不为所动，依然坚持自己的观点，而且据理力争，毫不示弱，李忱一怒之下次日将王皋贬为句容县令。

按照皇帝李忱的意图，郭氏最终还是被葬在了景陵外园。到了唐懿宗咸通年间，王皋被重新起用为礼官，对于郭氏的安葬问题，他旧事重提，在懿宗皇帝面前申辩前论，终于说动懿宗皇帝下诏，将郭氏的牌位入附宪宗庙。虽然这个女人最终也没能进入景陵与宪宗李纯合葬，但好歹也得到了陪祀宪宗的地位，如果她在天有灵也可以瞑目了。

后世对于李忱的评价大多都是溢美之词，但当评价到李忱对待郭氏的葬礼问题时就显得颇有微词，说他是“以平日疑忿之心，欲黜其礼”，这个评价也成为对李忱一生为数不多的负面评价之一。

## 死于丹药

人们对于李忱一生为数不多的负面评价，除了降低郭氏葬礼规格这个事件之外，对李忱诟病最大的还是他对道教的过度崇信以及对丹药的痴迷。如果说复兴佛教是出于政治需要，那么对于道教，李忱则是从心底里虔诚地信服。

李忱虽然自称能把秦始皇、汉武帝崇信方术、求取不死仙药被方士所惑的事情引以为戒，但他最终也没能抵挡住方士们所炫耀的长生不死之术的诱惑，过分宠信道士，大量服食丹药，而成为又一个因丹药中毒死亡的皇帝。

李忱即位之初，下令诛杀武宗李炎宠信的道士赵归真、邓元起等人，他的这种做法不是因为他排斥道教，而是一反会昌之政的一种举措。不久之后他便亲受法箓于衡山道士刘玄靖，并在刘玄靖的请求下，下诏在三元日禁屠断钓，法司不决死刑，由此开启了他崇信道教之路。

和唐朝其他宠信道教的皇帝一样，李忱对于道教也是大力扶持。例如，大中五年(851年)五月，河中节度使郑光上疏李忱，称永乐县道士侯道华"飞升"，于是李忱立即下诏改侯道华所居道院为升仙院，并赏赐绢帛五百匹，以用于内部修饰。大中八年（854年）八月，又下诏重新修缮武宗李炎时期修建的望仙台，以便道士们随时探讨道术神仙之说。不过此项工程浩大，遭到了右补阙陈珈的强烈反对，最终无奈之下只得简单修缮了事，并改望仙台为文思院。

李忱虽然在即位之后一反会昌之政，但在崇信道教这方面，却紧步武宗李炎之后尘，引起了朝中诸多大臣的反对。尤其是在李忱晚年因为过量服食丹药而导致体力渐衰之时，大臣们的反对更加强烈。

大中十一年（857年）九月，李忱派心腹宦官赶赴岭南罗浮山迎接曾经被他下令流放的道士轩辕集入宫。从他颁布的诏令来看，他迎回轩辕集的目的，是因为这个道士精通长生不老之说以及拥有其他道士没有的灵丹妙药（"善于摄生，年龄亦寿"），归根到底还是想追求长生不老。

针对李忱的这个做法，除了上述提到的右补阙陈珈之外，左拾遗王谱、右拾遗薛延杰等人都曾经纷纷上疏劝谏李忱不要过分崇信道教。

事实上，“明察沉断”的李忱，十分清楚大臣们的劝谏是有道理的，但因为自己的欲望，他无法摆脱对神仙方术的痴迷，所以他对大臣们的劝谏并没有采取极端方式去应对，而是委派宰相崔慎去向大臣们做解释工作。他告诉大臣们自己知道先前诸多皇帝过分崇信道教的结果，现在迎回轩辕集，就是想和他聊聊天。

大臣们明白，皇帝陛下的这种解释明显是在敷衍，所以全都选择了沉默。轩辕集在大中十二年（858 年）正月到达长安，刚到长安，李忱便在宫中召见了他。李忱本以为轩辕集会为自己带来长生不老的丹药，所以在简单的寒暄过后，他便问道：

“先生道术高深，可有什么不死仙药吗？”

“去除声色犬马，喜怒哀乐始终如一，广施恩德，自然与天地合德，为什么偏要求取长生之法呢？”

轩辕集的回答十分出乎李忱的意料，他不知道这个道士为什么放过了这次极好的宣传长生不死之术的机会，在听到轩辕集这种冠冕堂皇的回答后，李忱大失所望，于是让轩辕集前往馆驿休息。

轩辕集此次在长安只待了几个月，便坚决要求返回罗浮山，据《旧唐书·宣宗本纪》记载，在临别之际，李忱问了轩辕集一个十分玄妙的问题：

“先生现在舍朕而去，是不是国家将会有什么灾难？先生能否告诉朕，朕能拥有天下多少年呢？”

对于李忱的提问，当时轩辕集并没有正面回答，而是让人取过笔墨写下了“四十”两个字，但又将其中的“十”挑在“四”字之上，这样就变成了“十四”。而李忱在位正好十四年，于是后世的治史者便将这个“十四”与李忱在位前后共计十四年联系在一起，而且由衷地发出了“兴替有数，其若是乎”的感叹。

对于轩辕集写的“十四”两个字，李忱并没有十分在意，而且在轩辕集离开后，他更加依赖丹药，虽然他不曾拒绝朝臣的劝谏，但对于追求长生不死之术依旧痴心不改。到大中十三年（859 年）正月，李忱因为丹药毒力的作用，已经出现严重的烦躁不安，不仅性情怪异，而且猜忌之心颇重。

八个月后，李忱疽发于背，病情日渐沉重。与此同时，围绕李忱百年之后的皇位继承问题，各种政治势力开始展开了激烈的较量和争夺。

自敬宗李湛时期以来，由于宦官的干预，围绕皇位更替的斗争日益残酷，搞得皇帝本身已经十分厌恶有人提及册立储君事宜。除非皇帝本人有此愿望，而李忱就是其中的一个。

早在大中十年（856 年）正月，李忱召宰相班子成员讨论时事时，宰相裴休便趁机向李忱建议早日册立储君事宜，结果导致李忱因此大发雷霆，很不客气地告诉裴休说，如果册立了储君，朕就会成为闲人。裴休因此十分担忧，但又不敢在皇帝面前再提册立储君一事，因此多次请求辞去宰相职务，想避免日后因为册立储君一事惹出麻烦。

李忱的身体每况愈下，他想用大赦天下的方法祈求病体康复，但是又找不到合适的理由。宰相崔慎趁机进言，认为太子是国家未来的根本所在，如果现在册立储君，就会找到大赦天下的理由。但即使这样，李忱也是以沉默的方式婉拒了崔慎的建议。

两位宰相劝谏李忱早立太子，都被李忱所拒绝，但册立储君又是皇帝所绕不开的事情，那李忱为什么对册立储君一事如此反感呢？难道仅仅是因为宦官干预皇位献替事宜，让李忱内心不情愿册立储君吗？或许这只是其中的一个原因。事实上，李忱迟迟不愿意册立储君，有其不为人知的苦衷。

李忱有 12 个儿子，因为他始终未册立皇后，所以这些儿子只有长幼之序，而无嫡庶之分。长子李温在会昌六年（846 年）封为郓王，但是李忱却十分不喜欢这个儿子，而偏爱三子夔王李滋。

长子李温因为得不到宠爱而出居十六王宅，夔王李滋以下的五个兄弟居住在大明宫内。李忱以谏议大夫郑漳、兵部郎中李邺为夔王李滋的侍读，其实，他是有意将李滋作为储君的人选，但又担心因废长立幼而引发朝臣的反对甚至是动乱，可以说理想与现实的矛盾始终困扰着李忱，这也就是为什么宰相建议早立储君而李忱拒绝的原因所在。

大中十三年（859 年）八月初，李忱已经病入膏肓，朝臣们已经很多天没有见到李忱的身影，人们预感到已经当了将近 14 年皇帝的李忱大限将至。好在李忱此时脑子并不糊涂，在弥留之际，他知道册立储君一事再也无法避而不谈，因此他秘密叮嘱时任枢密使的宦官王归长、马公儒以及宣徽南院使王居方，共同商议起草诏书立夔王李滋为皇太子，准备随时继承皇位。

王归长、马公儒等人都是李忱十分宠信的宦官，所以他才将身后之事托付给他们。当时的宦官势力基本上还算团结一致，只有左军中尉王宗实与王归长等人有矛盾，被视为异己势力。但王归长虽然等人虽然深受李忱宠信，却没有掌握兵权，真正掌握禁军兵权的是神策军的左、右两个中尉。

王归长等人唯恐王宗实利用手中的兵权从中阻挠册立储君事宜，所以想利用代皇帝陛下起草诏书的机会，将王宗实贬出京城长安。

于是在起草完册立储君的诏书后，王归长等人又起草了一份贬黜王宗实的诏书，将其贬为淮南监军，理由是与诸人不睦，不利内廷团结。

次日，王归长假借李忱的诏令让王宗实在宣化门外接受诏书。王宗实接受诏书的时候显得很是平静，他也知道在宦官势力中，自己被大家视为异类，现在被外贬也是很正常的事情，所以他恭敬地叩了三个头，便起身准备前往淮南赴任。

可是就在王宗实转身刚要离开时，副使亓元实提醒他，说中尉大人已经有一个月的时间没有看见皇帝陛下了，而且只限于在门外照顾皇帝陛下的起居，今天的事情谁也说不清真假，为什么不朝见皇陛下后再离京呢？

亓元实的提醒让王宗实顿时疑窦丛生，于是他决定进入宫中面见李忱问清真假。但是此时宫中各处已经在王归长的安排下，增加了守卫士兵，王宗实只得暂时回到自己的住所，然后召集自己掌控的左神策军一千人，在亓元实等禁军将领的护卫下，硬闯皇帝李忱的寝殿。

当王宗实到达李忱的寝殿后，发现里边哭声一片，等到走近李忱的御榻，王宗实才发现皇帝陛下已经咽气多时，刹那间王宗实终于明白原来自己差一点被王归长忽悠。

于是，这个本就脾气火暴的左军中尉开始面露杀机。

## 尾声

“王归长，你胆子好大！居然敢矫诏！陛下尸骨未寒，你就做出欺君之事，我差一点被你蒙骗过去！”

王宗实的语调虽然不高，但在场的人听得都是毛骨悚然，所以在他说完后，王归长顿时慌了手脚，连忙带着众人跪倒在王宗实面前。

“中尉大人原谅我吧，我也是一时糊涂！”

“一时糊涂？要不是亓将军提醒我，恐怕我此刻已在前往淮南的路上，那个时候你是不是会更糊涂啊？”王宗实反唇相讥。

听到王宗实如此刁钻的话后，王归长开始沉默不语，他隐约地感觉到自己可能活不过今天。不过王宗实倒还是十分理智，他知道此时此刻不是大开杀戒的时候，他最应该做的是立即让新君即位。在王宗实看来，夔王李滋如果继承皇位，那么自己将毫无拥立之功，谁都知道皇帝陛下本来就倾向李滋做储君。所以王宗实当即决定让宣徽北院使齐元简迎立李忱的长子郓王李温为储君。

当时王宗实以李忱的名义颁布诏书，宣布立郓王李温为皇太子，同时改名为李漼。

在安排好一切后，王宗实并没有忘记“报答”王归长等人，他让神策军士兵将王归长、马公儒等人带至偏殿缢杀。

大中十三年（859 年）八月十三日，皇太子李漼在王宗实等人的拥护下，于李忱的灵柩之前继承皇位。李漼能够登上皇位，又一次反映了晚唐时期宦官专权的实际情况。所不同的是，在此前宦官拥立新皇帝的过程中，尚且要将宰相推向前台主持一切，如当年王守澄拥立文宗李昂的时候，就将裴度推向前台。而现在李漼之立则是王宗实等宦官一手包办，宰相只是在既定事实面前签字同意而已。

在王宗实以皇帝李忱名义起草的李漼即位的诏书中，对李漼可谓是倍加夸赞，说他是“幼有圣质，孝敬温文，宏博慎敏，凛天地之仁厚，含日月之贞明”。

但后来的事实证明，即位时已经 27 岁的李漼，完全是个昏庸骄奢的皇帝，选择他继承皇位是个不折不扣的错误。从他即位开始到唐朝灭亡，后世的治史者称这段时期为大唐帝国的衰亡期。

**图书在版编目（CIP）数据**

唐朝那些事儿. 陆, 帝国落日卷 / 冬雪心境著. —北京：中国工人出版社，2014.5
ISBN 978-7-5008-5790-7

Ⅰ.①唐… Ⅱ.①冬… Ⅲ.①中国历史—唐代—通俗读物 Ⅳ.①K242.09

中国版本图书馆CIP数据核字（2014）第096854号

唐朝那些事儿.陆　帝国落日卷

| | |
|---|---|
| **出 版 人** | 李庆堂 |
| **责任编辑** | 李　倩 |
| **责任校对** | 张圣南 |
| **责任印制** | 栾征宇 |
| **出版发行** | 中国工人出版社 |
| **地　　址** | 北京市东城区鼓楼外大街45号　邮编：100120 |
| **网　　址** | http://www.wp-china.com |
| **电　　话** | （010）62350006（总编室）　（010）62005039（营销出版部）<br>（010）82075934（社科文艺分社） |
| **发行热线** | （010）62005049（电话）　（010）62005042（传真） |
| **经　　销** | 各地书店 |
| **印　　刷** | 三河市国英印务有限公司 |
| **开　　本** | 710毫米×1000毫米　1/16 |
| **印　　张** | 17 |
| **字　　数** | 260千字 |
| **版　　次** | 2014年7月第1版　2024年1月第29次印刷 |
| **定　　价** | 32.80元 |